中原工学院学术专著出版基金资助

新发展理念的
理论逻辑与实践研究

刘宗涛　著

人 民 出 版 社

目　录

理论研究的价值在于解决现实问题

宗涛是我的学生，是一个踏实勤奋肯干的年轻人。从 2008 年进入中共中央党校读硕士研究生开始，他就经常向我请教理论和现实问题，并研读经典和前沿理论。在博士毕业进入高校工作的第三年，宗涛就拿到了国家社科基金一般项目，这对于一个初出茅庐的年轻学者来讲，是一个难得的成绩，显示出他的勤奋与能力。新发展理念是中国经济发展进入新常态后，习近平总书记在准确把脉中国经济问题的基础上，提出的发展理论，是引领中国经济社会发展全局的一个重要指导思想。新发展理念具有很强的内在逻辑性和现实针对性，是一个值得学者深入研究、官员和企业家常挂心头的发展理论。当然，作为一种指导发展的理论，贯彻落实新发展理念并不是一件简单容易的事情，正如习近平总书记所说，"是关系我国发展全局的一场深刻变革"。基于中国经济体制改革的长期性、计划与市场二元体制胶着的复杂性，坚定推进要素市场化改革、建立社会主义一元市场体制，是落实新发展理念、推动中国经济实现高质量发展的重要环节。作者对于如何贯彻落实新发展理念，提出了自己的一些思考和建议，具有一定的理论价值和现实意义。

概括本书的理论观点和研究方法，对于一位年轻学者，以下几点还是值得称赞的。

一是坚持全面深化改革是解决中国发展问题的基本前提，也是贯彻落实新发展理念的关键。中国经济的问题主要还是体制问题。作者认为，中国发展问题产生的根本原因是市场化水平不高，比如城乡区域差距问题产生的主要原因是以户籍、土地为代表的城乡区域之间二元体制的存在，创新能力不高也是因为创新资源主要不是依靠市场机制配置，因此要贯彻落实新发展理念，必须在深化改革的基础上，构建有利于实现新发展理念的体制机制。这就需要从根本上加快推进中国要素市场化改革，进一步完善社会主义市场经济体制。

二是注重马克思主义与西方经济理论相结合。马克思主义和西方经济理论都是立足于对现实问题的研究，在坚持真理与客观规律的基础上，从不同视角解析问题、提出对策，在认识经济规律和解决发展问题上具有相互补充、相辅相成的作用。作者在本书的研究方法中，并不拘泥于马克思主义发展理论的框架，也不迷信西方经济理论万能，而是基于事实的基础上根据研究需要，把马克思主义与西方经济理论结合起来，分析问题，提出对策。在研究过程中应用的研究方法、提出的结论对策，符合中国的具体国情和发展的理论逻辑。对于一些问题的研究如发展差距，利用数据和材料说话，具有一定的说服力。

三是注重现实研究和价值引领相结合。作者在研究中国发展问题的过程中，着重从现实的角度进行问题分析，对发展动力问题、发展不平衡问题、人与自然和谐共生问题、发展内外联动问题、社会公平正义问题的解析，都是立足于对现实问题的研究，对每一个问题也都进行了详实的数据和材料分析。在理论架构过程中，作者始终坚持发展的价值取向，即发展的终极目的是为了提升老百姓的民生福祉，紧紧围绕以人民为中心的发展和实现全体人民共同富裕的价值取向，这也是新发展理念的终极价值。作为理论研究，必须坚持问题导向、学理研究、探索规律、提出思路、实现价值。作者在理论建构的过程中能够坚持这一研究逻辑，对于一个青年学者来说，是一种难能可贵的品质。

四是坚持理论研究的逻辑性与系统性。从新发展理念的理论逻辑来看，作者分别从时代背景、理论基础、现实依据、核心问题、基本内涵、内在逻辑等方面进行理论建构，具有较强的逻辑性和系统性。从新发展理念的内在逻辑来看，作者提出，创新、协调、绿色、开放、共享五大理念分别从发展动力、发展要求、发展属性、发展环境、发展价值等方面构成高质量发展的内在逻辑，把新发展理念的内在逻辑性和有机统一性解读得较为准确，具有一定的理论价值。在提出实现路径中，作者从发展的领导力量、体制机制、现实依托、发展格局、主要抓手等方面提出应对思路，符合中国的现实国情，构成了实现新发展理念的现实逻辑。

对于一个涉及经济社会发展全局的重大理论问题和现实问题的研究，我认为有几个问题尚需深化，以使理论和对策更具针对性、有效性。

对经济体制改革问题的研究需要进一步深化。中国自 1978 年就开始了从传统计划经济体制向现代社会主义市场经济体制转轨的改革过程。然而，与俄罗斯和东欧国家的向私有制为主体的瞬时转轨不同，中国选择的是向以公有制为主体的渐进转轨。大多数东欧国家将近十年就完成了从计划经济向市场经济的转轨，而中国经济渐近型体制改革迄今已经历时四十余年还没有结束。这种市场与计划二元经济体制的长期并存胶着与中国发展的主要问题如经济结构失衡，有着直接的因果关系。这需要作者进行更加深入的关注和研究。

对于人口变动与经济发展之间的关系也需要进一步关注。人口流动受阻影响中国的工业化、城市化进程，这一点作者也有提及。但是，对于人口生育对经济发展造成的实际影响缺少关注。中国人口增长率过快下滑、人口结构过快少子化、经济主力人口规模 (22 岁到 44 岁) 萎缩和老龄化，是导致中国内需不足、产能过剩、经济增速下滑的一个重要原因，也是影响未来中国创新创业进一步发展的重要因素。对于人口变动与经济发展的相关性需要作者能够进一步关注并引入到自己的研究领域。

由于宗涛进入研究领域的时间还不长，在本书的整体框架上也稍显不足，系统性有待进一步提升优化，理论功底还有待进一步加深拓宽。但是，不管怎么说，本书还是下了很大功夫，对于新发展理念也进行了一个系统性的解读，具有一定的理论价值和现实意义。

中共中央党校（国家行政学院）科社部

教授、博士生导师

张　弥

2021 年 8 月 6 日

前　言

　　发展是解决我国一切问题的基础和关键。然而，发展起来以后的问题不比不发展时少。虽然我们已经取得了辉煌的发展成就，但是发展的不平衡不充分问题仍然突出。如何实现科学发展和高质量发展，依然是一个复杂的理论和现实问题。

　　2008 年国际金融危机之后，中国经济发展进入新常态，各种深层次的结构性与体制性问题逐渐凸显。在准确把握中国经济发展新的阶段性特征基础上，党的十八届五中全会提出了新发展理念，作为推动中国经济社会实现高质量发展的行动指南。然而，由于中国发展问题的复杂性与特殊性，如何运用新发展理念引领中国的发展全局，并不是一件简单易行的事情。

　　中国经济发展进入新常态后，我们面临的发展问题很多，其中最主要的问题表现为发展动力问题、发展不平衡问题、人与自然和谐共生问题、发展内外联动问题、社会公平正义问题。我国经济下行的主要原因就是发展动力不足、创新能力不强。传统的要素驱动和投资驱动力量减弱且难以为继，新的发展动力还没有培育起来，导致动力转换出现了相对真空。核心技术、关键技术对外依存度较高，一旦遭遇"断供"，就会产生"卡脖子"问题。发展不平衡不充分问题突出，城乡差距、区域差距、收入差距较大，产业结构、消费结构、分配结构、外贸结构不平衡，这也成为制约我国经济社会发展和人民美好生活的重要因素。经济体量大、发展方式粗放导致资源消耗过快、环境污染严重、生态系统失衡，协调推动经济发展与环境保护难度较大，人与自然关系紧张，自然灾害频发且损害严重。统筹国内发展与对外开放难度加大，内外需，进出口，引进来与走出去，引资与引技、引智不平衡，特别是近年来的"脱钩""断供""制裁"对我国经济发展造成严重困难。我国经济发展的蛋糕不断做大，但是分配不公问题依然比较突出，收入差距、财富差距、公共服务差距依然较大。改革的长期性、非均衡性、复杂性导致我国计划体制与市场体制长期并存胶着，是催生我国经济结构性问题的体制性因素。

新发展理念是一个系统的理论体系，集中回答了关于发展的目的、动力、方式、路径等一系列理论和实践问题，阐明了中国共产党关于发展的政治立场、价值导向、发展模式、发展道路等重大政治问题。以人民为中心的发展思想，是新发展理念的核心思想，是引领我国发展的终极价值。创新、协调、绿色、开放、共享五大理念，分别从发展动力、发展要求、发展属性、发展环境、发展价值等方面构成高质量发展的内在逻辑。新发展理念具有很强的有机统一性、人民至上性、现实针对性、时代趋势性。

以新发展理念引领我国高质量发展，是关系我国发展全局的一场深刻变革。无论是理论层面，还是现实层面，深化以市场为导向的全面改革是贯彻落实新发展理念、推动高质量发展的关键，促进商品要素自由流动和高效配置，完善社会主义市场经济体制，推动有效市场和有为政府有机结合。

办好中国的事，关键在党。贯彻落实新发展理念，干部是决定性因素。领导干部特别是党的高级领导干部，是我国经济社会运行发展的领导者、决策者和组织者，是推动新发展理念得以贯彻落实的重要力量。领导干部要转变发展观念，转变政绩观，提升经济专业水平，创新工作方法，坚持系统观念，善于运用市场手段和法治手段推动发展，增强推动改革的能力与担当。

制度问题是根本性问题，是实现发展的根本保障。加快构建有利于贯彻落实新发展理念的制度体系，为贯彻新发展理念提供体制机制保障。以体制创新推动科技创新，转变政府科技管理职能，推动创新资源高效配置，释放社会创新活力。构建城乡一体、区域协同、军民融合发展的体制机制，促进商品和要素在城乡、区域、军地之间自由高效流动。修改完善环保标准，健全生态保护补偿机制，构建以绿色发展为导向的体制机制。推动实施高水平的制度型开放，完善法治化、国际化、便利化的营商环境，创新和完善自由贸易试验区、自由贸易港等开放新形式。深化收入分配制度改革，提高公共服务水平和质量，建立更加公平更可持续的社会保障制度，加快构建有利于共享发展和实现共同富裕的体制机制。

构建现代化经济体系，夯实贯彻新发展理念的坚实基础。持续深化供给侧结构性改革，大力发展实体经济，防止经济"脱实向虚"。加快实施创新驱动发展战略，打好关键核心技术攻坚战，加强国际合作，化解"卡脖子"难题。加快实施区域协调发展战略，着力推动乡村振兴，缩小城乡区域差距。发展更高层次开放型经济，提高国际竞争力，推动对外开放朝着优化结构、拓展深度、提高效益方向转变。深化经济体制改革，建设充分发挥市场作用、更好发挥政府作用的经济体制。

着力构建新发展格局，统筹国内发展与对外开放。我国发展的外部环境面临的不稳定不确定因素增多，"两头在外"的发展模式不可持续，必须加快构建以国内大循环为主体、国内国际双循环相互促进的新发展格局。经济循环畅通与否，决定因素是市场机制的健全程度与运行效率。必须通过深化体制机制改革，破除市场运行的体制机制障碍，打造运转高效顺畅的国内大市场。坚持扩大内需战略基点，推动收入分配改革，缩小贫富差距，提升居民消费能力和消费水平。着力改善优化营商环境，提升对外开放水平，推动国内国际双循环顺畅互济。

增进民生福祉，夯实经济可持续发展基础。要把保障和改善民生作为主要抓手，从人民群众的切身利益问题入手，切实推动新发展理念落地生根。大力促进教育公平，加大教育投入，深化教育综合改革，努力办好人民满意的教育。坚持就业优先战略和积极的就业政策，实现更高质量和更充分就业。规范收入分配秩序，缩小贫富差距，提高居民收入水平。降低社保费率，完善筹资机制，建立更加公平更可持续的社会保障制度。深化医药卫生体制改革，注重提高应对突发公共卫生事件能力。加强和创新社会治理，建设社会治理共同体，为人民幸福生活创造和谐稳定的社会环境。

中华民族伟大复兴，绝不是轻轻松松、敲锣打鼓就能实现的。复兴之路并非坦途，充满着艰难险阻与风险挑战，需要举国上下共同努力。在中国开启全面建设社会主义现代化国家新征程的新发展阶段，如何完整、准确、全面贯彻新发展理念，实现高质量发展，仍是值得我们长期深入研究的重大课题。

第一章　新发展理念提出的时代背景

受 2008 年国际金融危机影响，全球经济进入了一个持续低迷期，且经济复苏乏力，由大繁荣进入大衰退，这种现象一度被称为"新常态"（New Normal）。长期以来，中国经济发展对外依靠出口拉动，对内依靠政府大规模投资驱动，受全球经济形势变动的影响很大。2008 年国际金融危机后，中国政府实施了强力刺激政策，使中国经济经历了一个短暂的复苏，随后持续下行，经济发展进入新常态。随着经济发展新常态的到来，中国经济社会发展呈现出明显的阶段性特征，一些结构性问题也随之暴露出来。新发展理念就是中国共产党为适应和引领经济发展新常态而提出的新发展观。

第一节　新发展理念提出的国际背景

2008 年爆发了国际金融危机，危机从金融领域蔓延到实体经济领域，造成实体经济的严重衰退，全球经济从大繁荣走向大衰退，世界经济走向新常态。世界经济新常态是中国共产党提出新发展理念的国际背景。

一、美国"次贷危机"引发国际金融危机

2007 年夏天美国爆发了"次贷危机",在经济全球化和信息化时代,危机很快演变成横扫全球的金融风暴,导致许多金融机构或倒闭、或被收购、或被接管,部分欧洲国家甚至陷入了主权债务危机。此次危机波及范围之广、影响程度之深、扩散速度之快,百年罕见。

(一)第三次全球化和第五次世界经济长周期

美国次贷危机之所以能够迅速波及全球,主要是因为全球化和信息化大发展的时代背景。

1.第三次经济全球化

冷战结束后世界进入了第三次全球化浪潮,建立起以美国为主导的全球经济体系,世界经济与美国经济出现比较明显的同步性特征。前社会主义转轨国家、新兴市场国家等纷纷被纳入以美国为主导的全球产业分工体系,"两个平行市场"统一为以市场经济为特征的整体,全球经济一体化。

以全球经济一体化为特征的第三次全球化是真正和全面意义上的全球化,美国成为世界经济的火车头和头号经济体。第三次经济全球化伴随着信息化,使得全球范围内各国经济更加紧密地联系在一起,不但促进了商品和要素等在全球范围内的流通和配置,促进了全球经济快速增长,同时也使得各经济体的周期性越来越具有全球同步性。

第三次全球化的特征可以总结为:全球经济真正一体化,各经济体越来越具有经济周期同步性特征,以美国为中心,信息化与全球化相互促进,虚拟经济与实体经济越来越相互分离等。全球化使各国在发挥比较优势、后发优势而获得全球化收益的同时,也加大了全球经济的系统性风险,使各国不得不承担由全球金融风险、经济风险等外部风险可能对本国经济造成破坏的风险。

2.信息化革命和第五次世界经济长周期

从 20 世纪 90 年代开始,以信息技术革命为中心的高新技术快速发展,促进了世界各国各地区之间的相互联系,缩短了人与人之间的距离,使世界经济活动越来越融为一个整体,极大地推动了全球化进程。信息化不仅促进

了全球化，更带来了世界经济第五次长周期的繁荣上升期。

经济长周期理论是由俄国经济学家尼古拉·康德拉季耶夫于 1925 年提出，后由一些优秀的经济学家对其进行了深入的研究和拓展。50 年左右的经济周期长波本质上就是熊彼特所说的创新周期：技术创新与进步的周期性变化导致了经济的长期周期性波动，这个经济周期长波所经历的时间也内在地由技术进步的周期性变化时间所决定；每一轮的经济长周期被划分为繁荣、衰退、萧条和复苏四个阶段，其中复苏和繁荣同属于上升阶段，而衰退和萧条则属于下降阶段。[①] 世界经济长周期在本质上是由大的产业革命决定的。从工业化开始，世界经济已经历了五个长周期。其中第五次世界经济长周期是从 1991 年起由美国掀起的信息技术创新与信息产业等为主导的新兴技术产业群所推动的，在 2009 年达到顶峰。由于此次国际金融危机的打击，从 2009 年开始，世界经济进入了衰退阶段。[②]

（二）美国次贷危机引发国际性金融危机

长期以来，美国金融机构盲目地向次级信用购房者发放抵押贷款。随着利率上涨和房价下降，次贷违约率不断上升，最终导致 2007 年夏季次贷危机的爆发。这场危机导致过度投资次贷金融衍生品的公司和机构纷纷倒闭，并在全球范围引发了严重的信贷紧缩。

美国次贷危机最终引发了波及全球的国际金融危机。2008 年 9 月，雷曼兄弟破产和美林公司被收购标志着金融危机的全面爆发，金融危机迅速蔓延美国、欧洲、日本及新兴经济国家。随着虚拟经济的灾难向实体经济扩散，世界各国的经济增速开始放缓下滑，失业率激增，一些国家开始出现严重的经济衰退。

（三）国际金融危机爆发的原因

国际金融危机是在全球化的背景下发生并迅速扩散和蔓延的。全球化使

---

① 李扬：《中国经济新常态与改革创新》，《中国人大》2016 年第 1 期。

② 陈漓高、齐俊妍、韦军亮：《第五轮世界经济长波进入衰退期的趋势、原因和特点分析》，《世界经济研究》2009 年第 5 期。

美国国内的次贷危机蔓延为全球性金融危机，并渗透到实体经济，对世界实体经济产生重大打击。其主要原因可以归结为以下几点。

第一，美国房地产泡沫经济和缺少金融监管的金融创新。"各国的资产价格大都出现了泡沫，然而，危机最终全面爆发却源自美国的房地产泡沫破裂，即次贷危机。"①在美国政府住房贷款政策的鼓励下，贷款手续简化，加上美国金融创新的推动，产生了巨大的房地产需求，从而推动房价飙升，形成了巨大的房地产泡沫。美国的金融创新，是在缺乏金融监管条件下，金融机构把住房抵押贷款证券化，产生了一种所谓"住宅抵押贷款支持证券"的金融衍生品，并在国内外金融市场不断交易和流通，同时把这种金融衍生品同其他行业的次级证券甚至垃圾证券"打包"出售。大量金融残次品甚至垃圾证券涌向了美国以至世界金融市场。②虚拟经济与实体经济的严重脱节，其后果就是金融危机的爆发。

第二，美国的赤字财政政策和过度消费模式。美国政府实施积极的财政政策造成了巨额的财政赤字，美国家庭靠贷款超前消费模式则造成了美国式的家庭负债生活模式。财政赤字和家庭过度消费则导致了美国的对外贸易逆差和贸易赤字；美国成为一个依靠举债消费运转的国家，而这种寅吃卯粮的过度举债消费模式必然不可持续。美国长期的贸易逆差导致美国的贸易赤字和经常账户赤字；与此相反，其他国家则必然是持有美国国债的增长和经常账户盈余。此消彼长的结果，必然是加剧世界经济结构的不平衡。这种世界经济结构失衡就成为引发国际金融危机和世界经济危机的结构性根本性原因。

第三，美元本位。全球化背景下，由于布雷顿森林体系造成世界货币体系中美元本位及与此相关的美国货币输出国和其他外围国家商品输出国、资源输出国的分工体系，导致了长期以来美国生产货币而其他国家生产商品的世界经济格局。"美国扩张性的财政和货币政策是造成此次全球失衡和金融危机的根本原因，美元的特殊地位或美元霸权在此发挥了重要作用。""美国

---

① 中国经济增长与宏观稳定课题组：《全球失衡、金融危机与中国经济的复苏》，《经济研究》2009 年第 5 期。

② 杨圣明：《美国金融危机的由来与根源》，《人民日报》2008 年 11 月 21 日。

政策之所以会对全球经济产生如此大的影响，主要源于美国在国际货币体系中的霸权地位。"① 美元本位，使美国成为世界主要的铸币国，美国借助美元本位等方面的优势成为世界经济体系的主导，其国内金融危机就具有引发全球性金融风险的影响力。

由此可见，美国次贷危机引发的全球性金融危机，与美国监管缺失状态下的金融创新造成房地产泡沫膨胀、美国长期赤字财政政策、过度消费模式、美元本位等因素有着直接关联。

此次国际金融危机是战后最严重的金融危机，在一定意义上也超过了1929年经济大危机，是全球化背景下第一次真正全球或世界性的金融危机。② 在经济全球化和信息化的推动下，金融危机的蔓延不但对美国及世界金融业造成重伤，而且打击了美国及其他发达国家的投资和消费并形成全球性需求萎缩，从而对美国及世界的实体经济造成沉重打击。

二、世界经济呈现"新常态"

金融危机沉重打击了世界经济的发展，使世界经济从繁荣走向衰退。正如太平洋投资管理公司（PIMCO）首席执行官穆罕默德·埃尔埃利安（Mohamed A. ElErian）2010年10月在一个演讲报告中指出的那样，2008年国际金融危机对世界经济的打击不仅仅是皮外伤（a mere flesh wound），而是伤筋动骨（cut to the bone）。③ 全球经济在危机之后开始迅速下行，增长率持续走低。

国际金融危机主要从这几个方面影响世界经济：第一，发达国家政府债务高企。为应对危机，主要发达国家投入了庞大的资金，把私人债务转为公

---

① 中国经济增长与宏观稳定课题组：《全球失衡、金融危机与中国经济的复苏》，《经济研究》2009年第5期。

② 宋立：《后危机时期的世界经济与中国经济走势展望》，2009年7月3日，见 http://mcrp.macrochina.com.cn/u/34/archives/2009/1754.html。

③ Mohamed A. El-Erian, "Navigating the New Normal in Industrial Countries", Per Jacobsson Foundation Lecture, October 10, 2010, 见 http://www.imf.org/external/np/speeches/2010/101010.htm。

共债务，由此背上了沉重的债务包袱，一些欧洲国家甚至陷入了主权债务危机。"除了爆发主权债务危机的部分欧洲国家外，目前主要发达国家公共债务水平远远超出国际公认的财政风险警戒线。"① 政府财政赤字过高，隐含着巨大的财政风险，并影响政府进一步的投资和调控能力。政府和企业在高杠杆下的"去杠杆化"心理和行为，也使得发展实体经济的投资和消费行为难以得到实质性提升。第二，总需求萎缩。金融危机造成主要发达国家消费需求萎缩，影响出口导向型的新兴市场等国家的出口贸易。总需求萎缩直接导致产能过剩和产品积压。第三，失业率攀升。金融危机使发达国家和一些新兴国家就业状况恶化，造成大量人员失业和再就业困难，直接影响居民经济收入，居民消费能力降低，进而影响整体经济发展和社会稳定。第四，世界贸易量减少。"受金融危机影响，2009 年全球贸易量减少了 12.2%，是 70 年来下滑幅度最大的一次。危机中发达国家贸易下降尤为显著，与 2008 年水平相比，2009 年美国的出口缩减了 17.9%，进口缩减了 25.9%。"② 第五，国际贸易保护主义抬头。在经济增长普遍放缓、失业率攀升的背景下，以保护本国产业和就业为名推行贸易保护，就自然成为各国政府的第一选择。贸易保护主义将影响全球化进程和全球贸易增长，抑制全球范围内的要素和产品流动。第六，金融危机对企业和人们的投资信心造成打击，进而影响其消费心理和经济行为。

2009 年初，全球最大的债券基金——美国太平洋投资管理公司（PIMCO）的两位首席投资官比尔·格罗斯和穆罕默德·埃尔埃利安，用"新常态"（New Normal）一词来归纳 2008 年金融危机之后世界经济特别是发达国家所发生的变化。③ 此后，"新常态"逐渐成为一个重要的经济概念，并得到主流媒体和国际经济学者们的认可。在后来的发展中，新常态一词与国际金融危机紧紧联系在一起，并成为描绘世界经济新特征的专用名词，用来描述世界经济在危机后将经历一个长期的"低增长、高失业以及投资的低

① 张钦辉、吉昱华：《国际金融危机对世界及中国经济的影响》，《特区经济》2011 年第 8 期。

② 金芳：《金融危机后的世界经济格局变化及其对美国经济的影响》，《世界经济研究》2010 年第 10 期。

③ 韩淼、李云路、刘斐：《"新常态"来源考》，2014 年 5 月 28 日，见 http://news.xinhuanet. com/fortune/2014-05/28/c_1110905132.htm。

回报"阶段。

新常态道出了人们对世界经济前景的悲观和失望。在国际金融危机爆发的前 20 年，是人类社会难以忘怀的一段"好时光"，经济持续高速增长，低通货膨胀率与低失业率并存，同时，经济周期波动的特征明显弱化，国际经济学界称这一时期为"大稳定"（Great Moderation），也就是"旧常态"。2008 年国际金融危机的爆发，结束了大稳定的"旧常态"。世界经济从"大稳定"转换为"大危机"，进入以长期结构深度调整与再平衡为主要内容的"新常态"。①2014 年 10 月，国际货币基金组织总裁拉加德用"新平庸"（New Mediocre）对新常态加以引申。她指出，全球新常态可以更贴切地被表述为全球发展的"新平庸"（New Mediocre），其基本表现是：全球经济被乌云笼罩，复苏乏力，呈现持续的低增长、低就业、高风险等特征。②2015 年 4 月 9 日，拉加德又进一步强调：必须加强全球合作和结构性改革，各国尽快共同行动，防止"新平庸"变成"新现实"（New Reality）。③"新平庸"更加形象地指出新常态背景下世界经济前景的不景气状态和人们的悲观心态。美国前财政部长萨默斯（Summers）曾在 2013 年底世界银行和国际货币基金组织年会上指出，自 2008 年金融危机以来，全球经济特别是主要发达经济体进入所谓的"长期停滞"（Secular Stagnation）时期。④

后危机时代伴随着我们的将是世界经济持续的低增长、高失业、高膨胀、高风险、投资的低回报率的经济"新常态"。

三、世界经济的深度调整与温和复苏

新常态下，世界经济在深度调整中曲折复苏。不断调整和低增长成为新常态下世界经济的重要特征。

① 李扬、张晓晶：《"新常态"：经济发展的逻辑与前景》，《经济研究》2015 年第 5 期。
② Christine Lagarde, The Challenge Facing the Global Economy: New Momentum to Overcome a New Mediocre. October 2, 2014, 见 http://www.imf.org/external/np/speeches/2014/100214.htm。
③ Christine Lagarde, Lift Growth Today, Tomorrow, Together. April 9, 2015, 见 http://www.imf.org/external/np/speeches/2015/040915.htm。
④ 李扬、张晓晶：《"新常态"：经济发展的逻辑与前景》，《经济研究》2015 年第 5 期。

　　国际金融危机后，全球经济从繁荣转向衰退，开始了全球范围内的一个长期深度的结构调整时期。全球经济深度大调整主要是各经济体为了适应国际金融危机造成的新的经济发展形势、并在新的国际经济格局重组中占据有利位置，维护各自利益和话语权，为各经济体自身经济的复苏和再度繁荣孕育新的增长点而做出的必然选择。

　　各经济体及国际组织频频出台新的财政政策和货币政策，调整经济复苏战略。危机后，各国调控政策和发展战略调整力度加大、方式增多、频率加快、越来越分化，导致不确定因素增多，风险加大。主要发达国家实施积极的财政政策和量化宽松的货币政策，并强调出口和再工业化等发展战略。新兴国家则加大投资力度，促进国内消费，减少对外需的依赖度。新兴国家经济增速明显高于发达国家，在危机后复苏过程中的这种非均衡性增长使双方的实力对比也发生变化。一些崛起的新兴大国试图建立自己在世界新秩序中的大国地位，而一些老牌大国则会因为危机的打击而陷入衰落，失去原有的话语权和影响力。同时，区域合作和区域一体化快速推进。世界经济和国际秩序在深度调整中将会达到一种新的动态平衡。

　　由于各经济体具有各自利益，在出台经济政策时很难真正团结一致，共同应对危机后面临的经济困难，这也加剧了政策的不稳定性和新的经济风险。

　　世界经济调整的目的是为了复苏和再度繁荣，然而世界经济的复苏之路是曲折的、非短期的和非同步的。受危机打击和周期性因素、结构性因素的影响，处于第五波长周期衰退阶段的世界经济仍然复苏乏力，经济增速在3%左右徘徊，并将长期处于低增长、高失业率和低投资回报的新常态。世界经济复苏需要时日，预计未来10—15年经济将低速增长。发达经济体和新兴经济体在整体上复苏步伐不一致，新兴经济体整体经济增长速度快于发达国家，成为世界经济增长的引擎；各类经济体内部也出现复苏步伐分化现象。但是，从整体上看，经济全球化在曲折中深化，贸易保护主义抬头，各种不确定因素和风险依然很大且交织在一起，新一轮科技革命仍在孕育之中，尚不能很快转化为现实的经济增长动力，世界经济复苏乏力，且尚需时日。

第二节　新发展理念提出的国内背景

中国经济进入新常态是中国共产党提出新发展理念的国内背景。国际金融危机后，世界经济进入了持续低增长的新常态时期，发达国家实施了再工业化战略和促进出口措施以恢复国内经济增长，对外需求萎缩。中国、印度等新兴经济体由于实施赶超战略下的出口导向型经济发展模式，受发达国家进口需求萎缩的影响很大。长期以来，出口一直是中国经济发展中的重要拉动力量，加上长期赶超发展战略下积累了大量的结构性问题，中国经济面临着结构调整和发展方式转型升级问题。在内外部因素共同作用下，中国经济在国际金融危机后合规律地进入了"新常态"。但是，中国经济新常态的内涵和寓意与世界经济新常态有着较大不同。

一、危机后中国经济的结构性减速

2008 年国际金融危机后，中国经济进入了减速下行阶段。我国经济减速下行，时间起点和表面原因与世界经济危机等外部因素有很大关联，但实质是因为我国经济结构长期失衡和矛盾积累爆发等内部因素所致，本质上属于结构性的减速下行。

（一）国际金融危机对中国经济的直接冲击

国际金融危机不但造成世界经济衰退，并对中国经济产生了重要冲击。除了中国金融投资机构和个人因购买美欧等国金融产品而遭受直接损失外，中国实体经济也受到较大影响。受危机影响，美国等发达国家对外需求萎缩，大幅度减少进口。中国经济对外依存度较高，国内消费相对不足，出口对经济增长的拉动很大。随着欧美对中国进口的减少，中国经济出口拉动力减弱，增速下行趋势明显，且下行压力加大。

中国出口出现负增长。2008 年下半年，受国际金融危机影响，中国出口急转直下，从年初的超过两位数增长迅速回落至负增长。2009 年第一季度，出口转为两位数负增长，且工业生产大幅下滑，发电量零增长，大量中小出口企业关闭，沿海地区失业潮出现。[①]2009 年我国全年货物进出口总额比 2008 年下降 13.9%，其中货物出口则下降高达 16.0%[②]；2010—2014 年，我国出口整体上仍处于增长态势，但是 2015 年和 2016 年，我国的出口持续出现负增长：2015 年货物进出口下降 7.0%，出口下降 1.8%[③]；2016 年货物进出口下降 0.9%，出口下降 1.9%[④]。截止危机前，我国经济对外依存度高达 60%—70%，外需成为我国经济增长的重要驱动力；国际金融危机导致我国的外需减少，出口下降，从而导致我国的经济增长速度下滑。[⑤]

对出口企业造成坏账等资金压力和损失。欧美等国家的一些进口企业由于受危机影响，资金周转难度增大，有的则直接倒闭，这些企业对中国的外向型企业的出口货款只能拖欠或者赖账，这种行为直接导致国内的外贸企业坏账增多以及直接的经济损失。[⑥]

失业率增加，就业和再就业难度加大。受出口贸易大幅度缩减及资金短缺影响，国内出现企业倒闭或者裁员现象，失业潮一度涌现，对就业和再就业均造成严重影响。

国内消费特别是居民消费受到影响。受金融危机悲观情绪蔓延、个人预期收入降低、失业压力增加等因素的影响，国内居民的消费意愿和消费能力下降，储蓄意愿和行为增加，以备不时之需；失业、股市动荡影响以及工资下降等因素导致个人收入和财富减少，直接影响居民消费能力。

民间资本投资受到影响。投资一直是中国经济增长的重要驱动力量，但

---

① 沈建光：《反思"四万亿"恐惧症》，2013 年 8 月 20 日，见 http://www.aisixiang.com/data/66928.html。

② 国家统计局：《中华人民共和国 2009 年国民经济和社会发展统计公报》，《人民日报》2010 年 2 月 25 日。

③ 国家统计局：《中华人民共和国 2015 年国民经济和社会发展统计公报》，《人民日报》2016 年 3 月 1 日。

④ 国家统计局：《中华人民共和国 2016 年国民经济和社会发展统计公报》，《人民日报》2017 年 3 月 1 日。

⑤ 国家行政学院宏观经济课题组：《国际金融危机对中国经济的影响及对策研究》，《经济研究参考》2009 年第 13 期。

⑥ 郑建红、徐少华：《当前全球金融危机对中国实体经济的影响及应对措施》，《金融与经济》2009 年第 2 期。

主要是依靠政府投资，民间投资不足一直是中国经济发展活力不足的重要因素。受危机影响，投资的风险增大，投资回报率降低，民营企业受危机打击或倒闭或缩减产能，投资规模大幅度减少，投资意愿和能力降低。

（二）中国政府对危机的应对

为化解国际金融危机对中国经济的负面影响和阻止经济快速下滑，中国政府加强了宏观调控力度，采取了积极的财政政策和适度宽松的货币政策，及扩大内需战略。对此，可以分为两个时期来论述：2008 年底至 2012 年底的强刺激政策和 2013 年后的"不搞强刺激＋加强结构性改革"。

第一，中国政府采取了危机应对一揽子计划。

转变财政和货币政策。中国政府于 2008 年 11 月 9 日宣布对财政和货币政策进行重大调整，由稳健的财政政策和从紧的货币政策转为积极的财政政策和适度宽松的货币政策。[①] 宏观政策从"稳健的财政政策＋从紧的货币政策"模式转变为年底的"积极的财政政策＋适度宽松的货币政策"模式。一方面，大规模增加政府支出和投资，实行结构性减税，加大中央财政赤字和国债规模；另一方面，连续两年实施广义货币 M_2 增长目标为 17% 的政策，加大货币投入量和放贷规模，以刺激经济增长活力。

实施四万亿元投资计划。中国政府于 2008 年 11 月推出了进一步扩大内需、促进经济平稳较快增长的十项措施。初步匡算，实施这十大措施，到 2010 年底约需投资四万亿元。当时的国务院常务会议要求扩大投资，"出手要快，出拳要重，措施要准，工作要实"，从这些措辞中可以看出推行刺激经济措施的紧迫性和政府保增长的决心。[②] 随着危机影响的持续加大，中国政府不断完善和充实应对国际金融危机的政策措施，逐步形成了应对国际金融危机的一揽子计划。

强刺激政策造成一定的负面影响。危机后，中国近中期经济发展趋势主要取决于我国经济增长新动力机制的形成和动力结构的转换。积极财政政策的基本作用只能是止跌企稳，经济真正复苏则需要内需导向下的自主性增长

---

① 《扩大内需促进增长十项措施出台》，《人民日报》2008 年 11 月 10 日。

② 《扩大内需促进增长十项措施出台》，《人民日报》2008 年 11 月 10 日。

机制来驱动。四万亿投资计划在应对危机冲击和保增长方面起到了一定的作用，但是中国经济由于一直存在着严重的结构性失衡问题和发展方式粗放等弊端，过度依赖投资和出口，四万亿计划实施期间，中国经济虽然在短时间得到了一定的恢复增长，却挡不住经济下行的趋势。随后经济增长持续走低，而且由于强刺激带来了不少弊端，不但使结构性问题加重，还更加推高了一些行业的产能过剩问题和地方政府债务高企问题等。所以，从长远看，中国需要从根本上推进结构性改革，以解决经济内生性增长问题。

第二，不搞"大水漫灌"强刺激＋推进结构性改革。

随着国际金融危机的结束，为应对危机而实施四万亿强刺激政策的负面效应也越来越明显，强刺激政策受到越来越多的诟病。政府从 2008 年底开始实施"积极的财政政策＋适度宽松的货币政策"调控模式之后，于 2011年转变为"积极的财政政策＋稳健的货币政策"模式，退出了"量化宽松"的调控政策。

2014 政府工作报告中明确提出，"把加快转变职能、简政放权作为本届政府开门第一件大事"，"着力深化改革开放，激发市场活力和内生动力"。[①]2015 年政府报告中表示，"通过全面深化改革，以释放市场活力对冲经济下行压力"。[②]2016 年政府报告中强调，不搞"大水漫灌"式的强刺激，持续推动结构性改革；创新宏观调控方式，实施区间调控、定向调控和相机调控三种方式，用好政府这只"看得见的手"。[③] 保持定力，不搞短期强刺激，从 2013 年开始大力推进简政放权，释放市场活力和民间资本活力，进行供给侧结构性改革，增加有效供给，平衡供需错配矛盾。从解决结构矛盾和增强内生性动力入手，打造中国经济升级版，政策开始从刺激依赖转向结构改革。

（三）中国经济进入结构性减速期及原因分析

中国经济从高速增长转变为中高速增长，进入一个结构性减速期。从

---

① 李克强：《2014 年政府工作报告》，《人民日报》2014 年 3 月 15 日。

② 李克强：《2015 年政府工作报告》，《人民日报》2015 年 3 月 17 日。

③ 李克强：《2016 年政府工作报告》，《人民日报》2016 年 3 月 18 日。

1978 年开始实施改革开放政策到 2011 年的 30 多年，中国经济以年均 9.9%
的高速增长，打破了日本、韩国、中国台湾等经济体的高增长时间记录[①]。
从 2011 年开始，我国经济增速进入下行通道，2011 年为增长率 9.3%，
2012 年和 2013 年经济增长率均为 7.7%（跌破 8%），2014 年为 7.4%（跌
破 7.5%），2015 年为 6.9%（跌破 7%），2016 年为 6.7%，2017 年为 6.9%，
2018 年又下降为 6.6%，经济持续下行趋势明显。我国经济已经从高速增长
进入了中高速增长轨道，而且经济下行趋势还在继续。

从学者和研究机构的研究成果来看，我国经济下行既有世界经济危机影
响的外部原因，又有我国经济结构长期失衡和矛盾积累爆发等内部原因。我
国经济减速是外因和内因共同作用的结果，内因是主要原因，外因只是导
火线。

从外部看，世界经济危机导致欧美国家经济陷入衰退而对我国产品的需
求减少，导致我国出口贸易大幅度萎缩，相关行业出现倒闭、停业或者缩减
产能现象，从而影响经济增长。1979—2012 年，我国货物出口保持在 20%
左右的年均增长率，快速成长为世界贸易大国。大规模出口和外向型发展，
成为我国经济高速增长的重要推动力。[②]2008 年国际金融危机爆发之时，我
国经济的对外依存度已超过 60%[③]。国际金融危机爆发后，西方发达国家经
济进入深度调整期，有效需求下降，为复苏而实施的再工业化和增强出口政
策导致产业回流本土，从而导致我国出口需求增速放缓。这些相关的外部因
素导致我国经济增长减速。

从内部看，我国经济增长因为长期依赖投资和要素驱动，属于粗放型增
长方式，这种高耗能高排放的发展方式不可能长期维持超高速发展，经济减
速是我国经济结构问题导致的结构性周期衰退。从研究结果来看，我国投
资率长期偏高，一度达到 50% 左右[④]，高投资成为我国经济增长的主要动力。

---

① 刘胜军：《通往"新常态"之路》，《中国经济报告》2015 年第 1 期。

② 习近平：《在省部级主要领导干部学习贯彻党的十八届五中全会精神专题研讨班上的讲
话》，《人民日报》2016 年 5 月 10 日。

③ 鄢来雄：《谨防输入型通胀带来"叠峰效应"》，《中国信息报（网络版）》2008 年 8 月 4 日，
见 http://www.zgxxb.com.cn/jqtt/201002263157.shtml。

④ 范建军：《我国储蓄率偏高的原因分析》，《中国经济时报》2014 年 3 月 21 日。

实施四万亿投资计划之后，投资对我国经济增长的拉动已经很有限了，不但导致部分行业产能严重过剩、高杠杆、高风险、高库存和低效率，而且造成我国经济结构中的产业结构、消费结构、区域结构、收入分配结构、对外贸易结构等方面的更大失衡。随着我国人口红利的消失、土地价格的上涨、资源环境约束趋紧，原有的依靠低价格低成本的要素规模驱动已经不可持续，而且原来驱动我国经济高增长的动力已经逐渐缩小或将消失。

二、中国经济发展进入新常态

2008 年国际金融危机之后，随着我国经济的持续性下滑，经济发展呈现出明显的阶段性新特征，我国经济进入了一个新的发展阶段。

早在 2012 年 11 月就有学者用"新常态"视角来描述和分析中国经济发展形势和发展问题（黄益平，2012）[1]，后来"新常态"的提法在小范围得到支持和认可，但是这个说法仅仅限于经济学界做小范围的学术研究使用。"新常态"真正成为描述中国经济发展新特征并成为中共基于治国理政高度而对中国经济发展形势作出的新判断始于 2014 年。

2014 年 5 月 9 日至 10 日，习近平在河南省考察工作时指出，我国发展仍处于重要战略机遇期，我们要增强信心，从当前我国经济发展的阶段性特征出发，适应新常态，保持战略上的平常心态。[2] 2014 年 7 月 29 日，习近平在与党外人士的座谈会上又一次提出，要正确认识中国经济发展的阶段性特征，进一步增强信心，适应新常态。[3]

紧接着，《人民日报》于 2014 年 8 月 5 日、6 日、7 日连续三天在头版位置刊登了三篇"新常态下的中国经济"的系列评论，对中国经济形势进行了新视角的分析，具体阐释了"中国经济新常态"的内容和意义。三篇评论指出：新常态标志着中国经济进入了更高层次的发展阶段；进入新常态，增长速度换挡期、结构调整阵痛期、前期刺激政策消化期"三期"叠加，各种

---

[1] 黄益平：《适应经济增长的"新常态"》，《21 世纪经济报道》2012 年 11 月 5 日。
[2] 张铎、鞠鹏：《深化改革发挥优势创新思路统筹兼顾　确保经济持续健康发展社会和谐稳定》，《人民日报》2014 年 5 月 11 日。
[3] 《中共中央召开党外人士座谈会》，《人民日报》2014 年 7 月 30 日。

矛盾和问题相互交织；我国经济发展正在迈入新的阶段，出现了趋势性、不可逆的新常态。① 这个系列评论初步为科学总结概括"新常态"内涵打下了理论基础，助推"新常态"成为描述中国经济发展新阶段的新概念。

2014 年 11 月 9 日，习近平在亚太经合组织工商领导人峰会上的演讲中首次系统阐述了"新常态"。习近平对中国经济新常态的阶段性特征概括为三点：一是从高速增长转为中高速增长；二是经济结构不断优化升级，第三产业、消费需求逐步成为主体；三是从要素驱动、投资驱动转向创新驱动。习近平还指出，新常态将给中国带来新的发展机遇。②

2014 年 12 月，中央经济工作会议首次提出"经济新常态"九大特征，并指出，"认识新常态，适应新常态，引领新常态，是当前和今后一个时期我国经济发展的大逻辑"。③

至此，中国经济进入新常态的判断成为我们党进一步谋划中国经济社会发展全局的逻辑起点和理论基础。

综上所述，关于我国经济新常态的特征，官方有几个不同的描述。第一，三期叠加。主要是指，增长速度换挡期、结构调整阵痛期、前期刺激政策消化期"三期叠加"，各种矛盾和问题相互交织。第二，"速度变化、结构优化、动力转化"④ 三大特点。这三大特点为习近平 2014 年所概括。第三，2014 年 12 月中央经济会议提出了我国经济进入新常态后经济发展九大趋势性变化。第四，党的十八届五中全会上做出"增长速度、发展方式、经济结构、发展动力"⑤ 四大变化的判断。虽然这些特征在文字描述上有所区别，

① 人民日报评论员：《经济形势闪耀新亮点——新常态下的中国经济（上）》，《人民日报》2014 年 8 月 5 日；人民日报评论员：《经济运行呈现新特征——新常态下的中国经济（中）》，《人民日报》2014 年 8 月 6 日；人民日报评论员：《经济发展迈入新阶段——新常态下的中国经济（下）》，《人民日报》2014 年 8 月 7 日。

② 习近平：《谋求持久发展　共筑亚太梦想——在亚太经合组织工商领导人峰会开幕式上的演讲》，《人民日报》2014 年 11 月 10 日。

③ 《中央经济工作会议在北京举行》，《人民日报》2014 年 12 月 12 日。

④ 习近平：《谋求持久发展　共筑亚太梦想——在亚太经合组织工商领导人峰会开幕式上的演讲》，《人民日报》2014 年 11 月 10 日。

⑤ 习近平：《关于〈中共中央关于制定国民经济和社会发展第十三个五年规划的建议〉的说明》，《人民日报》2015 年 11 月 4 日。

但是其基本判断是一致的。综合官方判断和学者研究成果，可以从以下六个方面来做一简单总结。

第一，中高速增长。经济增长由原来年均 10% 左右的高速增长转变为 7% 左右或者更低的中高速增长。增速变化是我国经济进入新常态后最明显的特征，也是提出新常态的缘起。关于中高速到底是多少，学者们可谓众说纷纭，从 5% 到 8% 不等[1]；中央的判断和要求是 6.5% 的底线和 7% 左右的可能。[2] 从目前实际形势和研究结果来看，我国经济增速下滑的趋势还在继续。

第二，发展方式转变。主要是从规模速度型转向质量效率型，从粗放型发展转向集约型发展，从外延型向内涵型增长方式转变。我国过去 30 多年的增长方式主要是发展中国家在赶超阶段的粗放型发展模式，这种靠上规模和扩大投入来维持的高速增长，对环境污染、资源消耗、生态破坏都已经接近或者达到了上限，不可能长期持续下去，出现增速下降是一种客观必然。

第三，结构优化。从数据上来看，我国经济结构在客观上处于一种优化的趋势。主要表现在：服务业成为第一大产业，服务业增加值占 GDP 比重不断上升，2015 年为 50.5%（首次超过 50%），2017 年达到 51.6%，2019 年达到 53.9%；消费在经济增长中发挥主要拉动作用，2019 年最终消费支出对国内生产总值增长的贡献率为 57.8%；高技术产业和装备制造业增速快于一般工业，高科技经济增长贡献率持续增加，2019 年科技进步贡献率为 59.5%；单位国内生产总值能耗持续下降（2015 年下降 5.6%，2018 年下降 3.1%，2019 年上半年同比下降 2.7%）；城镇化水平持续上升，2019 年常住人口城镇化率为 60.60%，户籍人口城镇化率为 44.38%。[3] 单从数据来看，中国经济新常态下，经济结构的确正在发生着积极变化，质量更好，结构更优。但是，从整体上来看，目前我国产业结构面临从中低端向中高端转型升级的任务仍然很重，经济结构失衡依然严重。所以，调整优化经济结构，既是我国经济发展的一种客观趋势，又需要从主观上下大力气来积极引导和推动，才能真正有所作为。

---

① 吴敬琏、厉以宁、林毅夫主编：《小趋势 2015：读懂新常态》，中信出版社 2015 年版。

② 习近平：《关于〈中共中央关于制定国民经济和社会发展第十三个五年规划的建议〉的说明》，《人民日报》2015 年 11 月 4 日。

③ 数据来源：国家统计局网站。

第四，动力转换。新常态下中国经济从要素驱动、投资驱动为主转向创新驱动为主。要素驱动和投资驱动分别从两个角度来解读旧常态下我国经济增长的动力机制。从劳动力、资本、资源、技术等四种生产要素投入来看，旧常态下我国经济主要靠劳动力、资本、资源（土地等）的大规模粗放式投入来推动增长，技术创新不足；从需求端的投资、出口、消费三驾马车来看，旧常态下我国主要靠投资和出口两个方面来拉动经济增长，国内消费特别是居民消费相对不足。创新是引领发展的第一动力，而我国创新能力一直不高，加上原有的要素投入和投资驱动也越来越乏力，所以，新常态下实施创新驱动发展势在必行。

第五，挑战增多，风险加大。我国经济在长期高速增长过程中，积累了很多结构性矛盾和社会性矛盾，经过金融危机的冲击使得我国经济增速下滑而导致很多矛盾和风险凸显，成为影响我国经济发展和社会稳定的重要因素。目前主要面临的风险挑战包括产能过剩、债务风险、金融风险、贫富差距大、要素成本上升、资源环境约束趋紧、内需不足和投资依赖等，各种风险和挑战交织。2010 年后我国成为上中等收入国家和全球第二大经济体，很容易陷入"中等收入陷阱"的泥潭。而从目前我国经济所面临的风险情况来看，已经表现出"中等收入陷阱"的一些相关特征[1]，加上我国经济面临的结构转型升级问题，有学者称我国面临"中等收入结构升级陷阱"。[2]

第六，市场为主导。厘清和规范市场与政府的关系问题是中国经济在新常态下乃至更长远时期必须解决好的问题。中国经济新常态的愿景和目标，就是使市场在资源配置中起决定性作用，建立一个真正意义上的市场国家。党的十八届三中全会提出，"使市场在资源配置中起决定性作用"，"着力解决市场体系不完善、政府干预过多和监管不到位问题"。[3] 厘清"政府与市场的边界"，"政府的归政府，市场的归市场"，"还私权给公民和企业"。[4]市场起主导性作用，是新常态要实现的未来目标和特征。

---

[1]　蔡昉、王美艳：《中国面对的收入差距现实与中等收入陷阱风险》，《中国人民大学学报》2014 年第 3 期。

[2]　李佐军：《中国进入"中等收入转型升级陷阱"敏感期》，《中国经济时报》2014 年 5 月 30 日。

[3]　《中共中央关于全面深化改革若干重大问题的决定》，《人民日报》2013 年 11 月 16 日。

[4]　郎咸平：《郎咸平说：中国经济的旧制度与新常态》，东方出版社 2014 年版，序言、导论。

以上几点是相互影响、相互联系的。虽然目前这些特征或已经形成，或正在形成，有的是现实态，有的是未来态，但已经初步表现出通往发达经济体所必须经历的某些特点。这些新特征，既是新常态与旧阶段的重要区别，又指出了我国经济社会发展的新趋势和未来方向。

三、经济新常态标志着中国经济进入高质量发展阶段

新常态表现为经济增长速度下滑，但是速度下滑不是新常态。如何来定位新常态呢？

首先，经济新常态标志着我国经济社会发展进入一个新阶段。"从历史长过程看，我国经济发展历程中新状态、新格局、新阶段总是在不断形成，经济发展新常态是这个长过程的一个阶段。"[①] 我国发展已经结束了经济高增长阶段，进入一个质量效益逐渐提升阶段。

经济新常态不同于旧常态，新常态下旧的发展模式已经不可持续，新的发展模式已经初露端倪。旧的高速增长模式对生产要素投入有很大的依赖性，对资源的消耗、环境的污染和生态的破坏很大，在经历长期高速增长后已经难以为继。

受国际金融危机影响，从 2010 年开始，世界经济表现出明显的"后危机"特征，中国经济和社会发展已经显现出明显的阶段性特征，表现为经济增速持续递减的新常态已经显现。中国人口结构从 2010 年左右开始进入"刘易斯拐点"、2010 年中国进入上中等收入国家行列及经济总量超过日本成为全球第二大经济体，中国的生产要素价格上涨，人口老龄化导致人口红利消失，经济体量增大导致增长难度加大，长期高速增长导致结构失衡、环境恶化和社会矛盾凸显。在内外部因素的共同作用下，我国从 2010 年开始出现发展阶段转换，经济增速明显下滑，继续实施强刺激措施已不再具有明显效果，反而出现更大的负面效应，投资调控几乎失灵。中国结束了高速增长阶段，开始进入了一个新的发展阶段，表现为一种"新常态"，亟待新的发展

---

① 习近平：《在省部级主要领导干部学习贯彻党的十八届五中全会精神专题研讨班上的讲话》，《人民日报》2016 年 5 月 10 日。

理念和发展政策来指导中国经济继续健康发展。由此可见，中国经济进入新常态，是国内外因素、主观行为和客观经济规律共同作用的必然结果，是中国经过长期高速粗放发展而亟待进入一个更高层次发展阶段的必然要求。"新常态是一个客观状态，是我国经济发展到今天这个阶段必然会出现的一种状态，是一种内在必然性。"①

新常态从其本源上来说主要是发生在经济领域，但是其影响远超出经济领域，已经成为影响中国整个社会发展阶段变化的主要因素和制定新的发展战略的重要依据，是中国百年社会主义初级阶段中的又一个重要子阶段。这一阶段将面临跨越"中等收入陷阱"进入高收入经济体的考验，面临从发展中国家的经济结构转型升级为以创新驱动为主的发达国家经济结构的考验，面临一个从政府主导下的后发赶超型国家进入市场主导下的引领型的市场国家的考验。这些都是中国经济社会改革开放后经过长期高速发展才会出现的新情况新问题，不可能出现在改革开放初期。所以说，新常态"是我国经济向形态更高级、分工更优化、结构更合理的阶段演进的必经阶段"。②

其次，新阶段的主要任务是推动我国经济发展从高速增长阶段向高质量发展阶段转换。发展不仅仅是数量上的增加、规模上的扩大和速度上的提高，更是发展质量和发展效益上的真实提升。鉴于经济新常态形成的原因和新常态下我国发展面临的主要问题，要实现新常态下中国经济的持续健康增长，就必须实现经济结构的转型升级和发展的提质增效。

危机后我国经济增速下滑既有国际金融危机打击下发达经济体对外需求萎缩、加强本土再工业化和出口战略的外部性原因，更有我国经济结构性失衡问题爆发的内部性原因。经历长期高速发展，中国既取得了经济财富上的积累，也使内部经济结构失衡问题越来越严重。长期追求 GDP 高速增长的发展导向，导致我国产业结构、需求结构、地区结构、城乡结构、收入分配结构、对外贸易结构等方面失衡越来越严重。我国结构性问题主要是"产业结构中第三产业比重依然偏低、需求结构中消费比例偏低、区域结构上东中

① 习近平:《在省部级主要领导干部学习贯彻党的十八届五中全会精神专题研讨班上的讲话》，《人民日报》2016 年 5 月 10 日。
② 习近平:《在省部级主要领导干部学习贯彻党的十八届五中全会精神专题研讨班上的讲话》，《人民日报》2016 年 5 月 10 日。

西不平衡、收入分配差距过大和对外贸易结构中货物贸易和服务业贸易不平衡五大问题"。[①] 长期追求规模和速度也导致我国经济发展质量和效益不高,资源浪费和环境污染严重。

新常态下经济增长减速有利于我们进行有效的经济结构调整和治理,夯实高质量发展的经济结构性基础。经济减速后,执政党和政府对经济刺激和经济减速有了深刻的认识,在政策选择上更趋理性,保持定力,不搞强刺激,坚定推进结构性改革,推动经济结构优化升级。这种对高速增长既不必要、也无可能、更承受不了的认识,有助于从顶层开启经济结构调整。克服了 GDP 情结和速度纠结的认识之后,使中国经济更有回旋余地进行结构调整。原来高速增长时期顾不上调整经济结构,保增长成为首要任务,现在速度下来了,就能更专注于调结构和转方式了。所以,从这个角度来看,速度下来也是好事情,不但有助于稳定心态,也能集中力量调结构了。速度下行压力增大在主客观上都起到了倒逼结构性改革和经济治理的作用。

新常态就是要在经济减速阶段经过治理和改革,从不均衡不协调的高速增长达到中高速的均衡性发展,达到经济增长主要依靠创新驱动、全要素生产效率提升和资源的优化配置,从而达到经济结构的优化升级。发展的平衡性、包容性、可持续性得到明显改善和提高,生态环境得以保护和修复,使人民生活环境和社会保障得到切实改善。因此,新常态就是要实现由非均衡增长向均衡发展状态的转变、由高速增长阶段走向高质量发展的一个阶段。

由此可见,在国际国内形势发生大转变的背景下,中国共产党顺应了世界新的发展潮流,在 2015 年 10 月 29 日第十八届中央委员会第五次全体会议上通过了《中共中央关于制定国民经济和社会发展第十三个五年规划的建议》,正式提出了"创新、协调、绿色、开放、共享"新发展理念,以解决中国发展面临的新问题,引导中国经济社会持续健康发展,完成中华民族伟大复兴的历史使命。

---

① 许宪春:《我国经济面临着五大结构性问题》,《光明日报》2015 年 7 月 16 日。

第二章 新发展理念提出的理论与实践基础

中国共产党提出新发展理念有其理论与实践基础，这个理论基础就是马克思主义发展观；这个实践基础就是世界社会主义发展的历史经验和中国共产党人的实践探索。

第一节 马克思主义发展观的基本观点①

马克思恩格斯关于发展的思想非常丰富。关于发展目的、发展动力、发展条件、发展状态、发展进程及要求等方面，马克思恩格斯都有着重要论述，其发展思想构成了马克思主义发展观的基本观点。马克思主义发展观的基本观点，也是我们党提出新发展理念的主要理论基础。

一、发展目的：人的自由全面发展

实现人的自由而全面发展是马克思主义发展观的终极目标，也是它的价值取向。马克思恩格斯毕生的目标和全部著述都是为了一个目的：实现人的解放和自由全面发展。

———————————

① 注：本节内容发表于《科学社会主义》2018 年第 4 期，有改动。

马克思恩格斯在《共产党宣言》中指出，"代替那存在着阶级和阶级对立的资产阶级旧社会的，将是这样一个联合体，在那里，每个人的自由发展是一切人的自由发展的条件。"①1894年恩格斯在给卡内帕的回信中，同样引用了这一句话来概括未来新时代的基本精神，并强调，除了这句话，他再也找不出合适的了。② 在《资本论》中，马克思指出，"每一个个人的全面而自由的发展"是构成更高级社会即共产主义社会形态的"基本原则"。③ 由此可见，马克思恩格斯认为，未来社会就是要实现人的自由全面发展。这就解决了马克思主义发展观的基本问题，即发展的根本目的是要实现人的自由而全面发展。

共产主义是实现人的自由全面发展的基本条件。恩格斯在《反杜林论》中指出，共产主义在某种意义上说，也就是实现人类从必然王国进入自由王国的飞跃提供物质和精神的条件。因为在共产主义社会里，由于实行了生产资料归社会占有的公有制，消灭了阶级和阶级差别，国家消亡了；由于生产力的高度发展，人们有可能达到高度文明的物质生活和精神生活，生产斗争停止了；由于科学文化的高度发展，人的认识能力、体力和智力得到充分的自由的发展，人们掌握自然规律和社会规律的能力大大提高，终于成为社会和自然界的主人。"一旦社会占有了生产资料，商品生产就将被消除，而产品对生产者的统治也将随之消除。……只是从这时起，人们才完全自觉地自己创造自己的历史；只是从这时起，由人们使之起作用的社会原因才大部分并且越来越多地达到他们所预期的效果。这是人类从必然王国进入自由王国的飞跃。"④

从上面的论述可以看出，实现人的自由而全面发展是马克思恩格斯发展思想的根本目标；实现的根本条件就是消除私有制，实现生产资料的社会占有，从而推动生产力的高度发展，在此基础上，才能彻底消除阻碍人的自由和全面发展的种种障碍，为人的自由全面发展提供物质、制度、文化和精神条件。

---

① 《马克思恩格斯选集》第1卷，人民出版社2012年版，第422页。
② 《马克思恩格斯选集》第4卷，人民出版社2012年版，第647页。
③ 《资本论》第1卷，人民出版社2004年版，第683页。
④ 《马克思恩格斯选集》第3卷，人民出版社2012年版，第671页。

二、发展动力：生产力是社会发展的决定性力量

马克思恩格斯关于生产力是社会发展的最主要的推动力量是其发展思想的重要组成部分，也是马克思主义唯物史观的基本观点。

生产力是一切社会发展的决定性力量。马克思恩格斯认为，物质资料生产是其他一切活动和人类历史的前提和基本条件。人的社会实践的基本活动的"基本形式当然是物质活动，一切其他的活动，如精神活动、政治活动、宗教活动等取决于它。"①"我们首先应当确定一切人类生存的第一个前提，也就是历史的第一个前提，这个前提是：人们为了能够'创造历史'，必须能够生活。但是为了生活，首先就需要吃喝住穿以及其他一些东西。因此第一个历史活动就是生产满足这些需要的资料，即生产物质生活本身，而且，这是人们从几千年前直到今天单是为了维持生活就必须每日每时从事的历史活动，是一切历史的基本条件。"②在此基础上，马克思恩格斯进一步阐明了一定社会的生产力与生产关系之间的辩证关系。人的社会活动包括三个方面：物质生活资料生产，新的需要的产生及人类自身的生产。这三种因素包括两个方面的因素：人与自然的关系和人与人的关系，形成生产力与生产关系两种因素。两者密不可分，并形成一定的生产方式，进而与一定的社会生活方式和社会阶段联系起来。马克思恩格斯强调了生产力在社会发展过程中的最终决定作用："人们所达到的生产力的总和决定着社会状况"。③在考察了生产力与交往关系的矛盾发展历史，特别是生产力与作为劳动组织形式和分工结果的所有制的矛盾发展历史，马克思恩格斯得出结论："一切历史冲突都根源于生产力和交往形式之间的矛盾"④，其他的都不过是这个矛盾所采取的附带形式。这样，马克思恩格斯就最终得出了生产力是一切社会发展的决定性力量和最活跃最革命的因素的结论。马克思在《哲学的贫困》中进一步指出："随着新生产力的获得，人们改变自己的生产方式，随着生产方式即谋生的方式的改变，人们也就会改变自己的一切社会关系。手推磨产生

---

① 《马克思恩格斯选集》第1卷，人民出版社2012年版，第203页。
② 《马克思恩格斯选集》第1卷，人民出版社2012年版，第158页。
③ 《马克思恩格斯选集》第1卷，人民出版社2012年版，第160页。
④ 《马克思恩格斯选集》第1卷，人民出版社2012年版，第196页。

的是封建主为首的社会，蒸汽磨产生的是工业资本家为首的社会。"①这就直接指出了新的生产力的产生，引起社会生产方式改变，进而改变社会形态的观点。

物质生产的基础性地位和生产力的决定性作用也决定着劳动人民（主要是工人阶级）的社会发展主体地位和主导作用。这个方面，马克思恩格斯指出了工人阶级是掌握先进生产力的主体和先进生产关系的代表，是一切阶级中最革命最有前途的阶级。"资产阶级把自己的工业、商业和交通发展到什么程度，它也就使无产阶级成长到什么程度。"②无产阶级与先进的生产关系（社会化大生产）相联系，代表着生产力的发展要求和社会的发展方向，所以是社会发展的主体和历史的创造者。

此外，马克思恩格斯也非常重视科技的作用和力量，对资本主义社会促进科学技术的巨大发展给予密切的关注和高度的评价。在他们看来，科学技术上的突破直接引起生产力的巨大进步，进而引起社会变革。至此，马克思恩格斯完成了马克思主义发展观关于社会发展动力的基本论述。

三、发展条件：交往的扩大促进社会发展

交往理论也是马克思恩格斯发展思想的重要组成部分。马克思以生产力的普遍发展促进交往为逻辑起点，经世界史形成，到促进人的解放及共产主义实现，其论述有一个逐步深化的逻辑过程。

首先，生产力的普遍发展形成各民族之间的普遍交往。"各民族之间的相互关系取决于每一个民族生产力、分工和内部交往的发展程度。"③生产力的发展导致分工的扩大，分工又促进了交换的发展和地区与世界市场的形成，最后各个民族的联系交往成为常态，这就冲破了民族和地域的壁垒，使每个民族只有依赖与其他民族的交往才能维系正常的生产和生活。其次，交往扩大为世界普遍交往促进世界历史形成。"各个相互影响的活

---

① 《马克思恩格斯文集》第 1 卷，人民出版社 2009 年版，第 602 页。

② 《马克思恩格斯选集》第 3 卷，人民出版社 2012 年版，第 27 页。

③ 《马克思恩格斯选集》第 1 卷，人民出版社 2012 年版，第 147 页。

动范围在这个发展进程中越是扩大，各民族的原始封闭状态由于日益完善的生产方式、交往以及因交往而自然形成的不同民族之间的分工消灭得越是彻底，历史也就越是成为世界历史。"① 第三，世界史的形成使个人的解放和共产主义的实现成为可能。"地域性的个人为世界历史性的、经验上普遍的个人所代替。"② 而"每一个单个人的解放的程度是与历史完全转变为世界历史的程度一致的。"③"交往的任何扩大都会消灭地域性的共产主义。共产主义只有作为占统治地位的各民族'一下子'同时发生的行动，在经验上才是可能的，而这是以生产力的普遍发展和与此相联系的世界交往为前提的。"④

由此可见，在生产力发展基础上产生的普遍交往对促进人的解放和社会的发展具有重要意义。而且也正是由于资本主义大工业对世界市场的开拓，消灭了自然形成的闭关自守状态，开创了世界历史，才使得共产主义的实现和人的自由全面发展具备了一种客观性和普遍性。马克思关于世界交往的理论是我们党对外开放政策与开放发展的理论基础，对我们党在新的历史条件下促进更高层次的开放局面具有重要的启示作用。

四、发展状态：人与自然的和解

实现人与自然的和解与和谐，是人类孜孜不倦的追求。促进资本主义条件下的人与自然关系从"紧张"到"和解"是马克思恩格斯的一个重要主张，也是他们社会发展思想的一个重要方面。

马克思恩格斯认为要实现人的解放，必须实现人与自然的"和解"。"和解"是建立在"矛盾"的基础上的，有"矛盾"才有"和解"一说。"和解"就是矛盾双方在本质上的相统一。马克思认为，人与自然和解的实质在于："人同自然界的完成了的本质的统一，是自然界的真正复活，是人的实现了

---

① 《马克思恩格斯选集》第1卷，人民出版社2012年版，第168页。
② 《马克思恩格斯选集》第1卷，人民出版社2012年版，第166页。
③ 《马克思恩格斯选集》第1卷，人民出版社2012年版，第169页。
④ 《马克思恩格斯选集》第1卷，人民出版社2012年版，第169页。

的自然主义和自然界的实现了的人道主义。"① 他的"和解"思想包括两个层面的含义：人与自然的和解及人与自身的和解。这两层含义主要是针对资本主义私有制条件下产生的两大突出矛盾而提出来的：人与自然的矛盾和人与人的矛盾。人与自然的和解既要否定资本主义工业文明以来所形成的对自然的掠夺和物质的享乐主义，又要强调必须以满足人类需求为基础和前提，突出和保障人的生存权与发展权，赋予人类在社会发展中的主体地位与发展目的的重要性。

人与自然具有一体性。马克思恩格斯全面表述了自然对人的重要性，指出人是自然的一部分。"自然界，就它自身不是人的身体而言，是人的无机的身体。人靠自然界生活。这就是说，自然界是人为了不致死亡而必须与之处于持续不断地交互作用过程的、人的身体。所谓人的肉体生活和精神生活同自然界相联系，不外是说自然界同自身相联系，因为人是自然界的一部分。"② 恩格斯在《自然辩证法》中也指出，"我们连同我们的肉、血和头脑都是属于自然界和存在于自然之中的"。③ 人与自然的一体性既是人与自然矛盾的基础，也是人与自然能够和解的基础。

资本主义生产方式加剧了人与自然的紧张关系。在《自然辩证法》中，恩格斯剖析了人与自然的矛盾根源在于劳动实践，提出了要站在自然看自然、正确认识和运用自然规律、对资本主义生产方式实行完全的变革等人与自然和解的思想。"西班牙的种植场主曾在古巴焚烧山坡上的森林，以为木灰作为肥料足够最能赢利的咖啡树利用一个世代之久，至于后来热带的倾盆大雨竟冲毁毫无保护的沃土而只留下赤裸裸的岩石，这同他们又有什么相干呢？在今天的生产方式中，面对自然界和社会，人们注意的主要只是最初的最明显的成果，可是后来人们又感到惊讶的是：取得上述成果的行为所产生的较远的后果，竟完全是另外一回事，在大多数情形下甚至是完全相反的；需要和供给之间的协调，竟变成二者的两极对立，每十年一次的工业周期的过程就显示了这种对立。"④ 马克思恩格斯认为资本主义

---

① 马克思：《1844年经济学哲学手稿》，人民出版社2000年版，第83页。
② 马克思：《1844年经济学哲学手稿》，人民出版社2000年版，第56页。
③ 《马克思恩格斯选集》第3卷，人民出版社2012年版，第998页。
④ 《马克思恩格斯选集》第3卷，人民出版社2012年版，第1001页。

对自然的破坏具有普遍性、全球性，其根源在于资本在全球无限扩张的本性。然而人类在发展过程中对自然界的过度索取和征服，都得到了自然界的惩罚和报复。"我们不要过分陶醉于对自然界的胜利。对于每一次这样的胜利，自然界都报复了我们。"① 同时，恩格斯也警告，"我们决不像征服者统治异族人那样支配自然界，决不像站在自然界之外的人似的去支配自然界"。②

推动人与自然关系和解必须具备一定的条件。马克思指出：在共产主义社会，"社会化的人，联合起来的生产者，将合理地调节他们和自然之间的物质变换，把它置于他们的共同控制之下，而不让它作为盲目的力量来统治自己。"③ 所以，在马克思恩格斯看来，一旦社会共同占有生产资料，人与自然的和解就将得到实现。社会共同占有生产资料虽然为人与自然和解提供了必要的社会条件，然而要真正实现人与自然和解还必须要以满足人们的生存需要和经济社会发展为基本前提，也就是实现生产力和经济的发展。马克思恩格斯曾明确指出："生产力的这种发展之所以是绝对必须的实际前提，还因为如果没有这种发展，那就只会有贫困、极端贫困的普遍化；而在极端贫困的情况下，必须重新开始争取必需品的斗争，全部陈腐污浊的东西又要死灰复燃。"④ 在极端贫困和欠发展的条件下，人们还必须为了生存而争斗，进一步掠夺自然、剥夺自然也就在所难免了，不但人与自然和解不了，人与人的和解也实现不了。

由此可见，在马克思、恩格斯看来，要实现人与自然的和解并最终实现人与人的和解，就必须在社会占有生产资料的条件下，大力发展生产力，消除贫困和两极分化，才能够最终实现人与自然、人与人的和解。这些思想，对于我们促进以人与自然和谐共生为价值目标的生态文明建设和绿色发展都有着重要的启示作用。

---

① 《马克思恩格斯选集》第 3 卷，人民出版社 2012 年版，第 998 页。
② 《马克思恩格斯选集》第 3 卷，人民出版社 2012 年版，第 998 页。
③ 《资本论》第 3 卷，人民出版社 2004 年版，第 928 页。
④ 《马克思恩格斯选集》第 1 卷，人民出版社 2012 年版，第 166 页。

五、发展过程及要求：社会发展是一个自然历史过程及协调发展思想

马克思恩格斯认为，人类社会发展是一个自然的历史过程。马克思曾提出了一个简要的表述："人们在自己生活的社会生产中发生一定的、必然的、不以他们的意志为转移的关系，即同他们的物质生产力的一定发展阶段相适应的生产关系。这些生产关系的总和构成社会的经济结构，即有法律的和政治的上层建筑竖立其上并有一定的社会意识形式与之相适应的现实基础。物质生活的生产方式制约着整个社会生活、政治生活和精神生活的过程。不是人们的意识决定人们的存在，相反，是人们的社会存在决定人们的意识。社会的物质生产力发展到一定阶段，便同它们一直在其中活动的现存生产关系或财产关系（这只是生产关系的法律用语）发生矛盾。于是这些关系便由生产力的发展形式变成生产力的桎梏。那时社会革命的时代就到来了。随着经济基础的变更，全部庞大的上层建筑也或慢或快地发生变革。"[①] 在这里，马克思直接提出了"生产力决定生产关系、生产关系进而决定上层建筑"和"社会存在决定社会意识"的层层决定关系和"上层建筑一定要适应生产关系、生产关系一定要适应生产力的发展水平"的层层适应原理，这就是人类社会发展的动力机制和规律。这两个层层决定和层层相适应的动力机制和发展规律指明了人类社会发展是一个自然过程。

马克思恩格斯关于社会协调发展思想也很丰富，主要包括经济与社会、地区之间、生产部门之间、人与自然等方面协调发展的思想。

经济与社会协调发展。经济社会协调发展主要体现在"两个相适应"上，这是马克思协调发展思想的核心。一个社会的生产关系和上层建筑必须在性质和形式上与其生产力的发展水平和总体状况相适应，不能脱离和超越生产力发展的实际状况和实际水平。这具有不以人的意志为转移的客观性。

地区协调发展。马克思的交往理论蕴含着促进地区协调发展思想。生产力的发展促进交往的扩大和世界市场的形成；普遍交往必然导致各地区、民族在发展水平上趋于同步，其发展差距和不平衡也会随着世界市场和交换的

---

① 《马克思恩格斯选集》第 2 卷，人民出版社 2012 年版，第 2—3 页。

扩大与交流而趋于平衡。

不同部门（主要是生产和消费）的平衡发展。马克思将社会生产分为两大部类：生产资料生产（第Ⅰ部类）和消费资料生产（第Ⅱ部类）。不管是简单再生产还是扩大再生产，包括两大部门内部的细分部门和细分产品，都必须在比例上保持合理的平衡关系，才能保证两大部类各自生产的产品与对方的相互交换，达到供求平衡，社会生产才得以实现和正常运行。[①]

人与自然相协调。人与自然的关系在资本主义私有制条件下是一种紧张的关系，资本的扩张本性造成了人类对自然界的疯狂掠夺和恣意破坏。马克思认为只有建立社会共同占有的生产资料公有制才能化解人与自然的矛盾，达到人与自然的和解。

总之，马克思恩格斯关于发展的思想和论述，已经从发展目的、发展动力、发展条件、发展状态、发展进程等方面，初步奠定了马克思主义发展观的基本思想和框架，对于经过了一定时期的工业化、现代化发展之后的社会主义国家和发展中国家，具有重要的指导意义。马克思恩格斯的发展思想亦即马克思主义发展观的基本观点，也是我们党形成和提出中国特色社会主义新发展理念的思想来源与理论基础。

第二节　中国共产党人的实践探索

在新中国成立前，中国共产党就在局部执政的条件下进行了发展实践探索。新中国成立后，中国共产党开始了在全国范围内以实现社会主义工业化和现代化为主要目标的社会发展实践探索。这个探索为中国共产党在中国经济发展进入新常态后提出新发展理念提供了实践基础。在这个发展的探索过程中，中国共产党分别产生和经历了新民主主义发展思想、传统社会主义发展理论、以改革开放促进发展的理论、科学发展观和新发展理念等几种类型的马克思主义发展理论。这些发展理论都与其所处的时代背景、发展任务、

[①]　《资本论》第2卷，人民出版社2004年版，第435—589页。

发展阶段和面临的发展问题等有着密不可分的关系。

一、新民主主义发展思想

新民主主义发展思想适应的社会发展阶段是新民主主义社会时期，即从1949年新民主主义革命胜利到1953年社会主义改造前。新民主主义社会是一个过渡性质的社会，是"替未来的更进步的更能自由地发展生产力的社会主义社会准备条件"。[①]"只有经过民主主义，才能达到社会主义，这是马克思的天经地义。"[②]新民主主义社会既不是资本主义社会，也不是社会主义社会，是为向社会主义社会转变做准备的过渡性社会。

新民主主义发展思想的根本目标就是实现工业化。毛泽东指出，"在新民主主义的政治条件获得之后，中国人民及其政府必须采取切实的步骤，在若干年内逐步地建立重工业和轻工业，使中国由农业国变为工业国。"[③]"中国工人阶级的任务，不但是为着建立新民主主义的国家而斗争，而且是为着中国的工业化和农业近代化而斗争。"[④]中国共产党依据中国国情提出了新民主主义工业化的设想，以尽快实现从落后的农业国向先进的工业国的转变。工业化、城市化和现代化是第二次世界大战后新独立的国家实现社会发展的必经之路和主要发展目标，也是发展经济学关于发展中国家实现发展的主要理论主张。

新民主主义的发展道路就是全面建设新民主主义的政治、经济和文化。从政治来看，新民主主义的政治，就是要建立各革命阶级的联合专政，其阶级结构主要包括"工人阶级、农民阶级、城市小资产阶级和民族资产阶级"[⑤]四个阶级，其中，无产阶级是领导阶级，工农联盟是主要基础；其功能主要包括"对人民内部的民主方面和对反动派的专政方面"[⑥]，这两个方面相互结

---

① 《毛泽东文集》第五卷，人民出版社1996年版，第61页。
② 《毛泽东选集》第三卷，人民出版社1991年版，第1060页。
③ 《毛泽东选集》第三卷，人民出版社1991年版，第1081页。
④ 《毛泽东选集》第三卷，人民出版社1991年版，第1081页。
⑤ 《毛泽东选集》第四卷，人民出版社1991年版，第1475页。
⑥ 《毛泽东选集》第四卷，人民出版社1991年版，第1475页。

合起来，就是人民民主专政。从经济来看，新民主主义的经济，就是要保持多种经济成分并存与发展。新民主主义的经济政策是实施三大经济纲领：即"没收地主阶级的土地归农民所有，没收蒋介石、宋子文、孔祥熙、陈立夫为首的垄断资本归新民主主义的国家所有，保护民族工商业"。[①] 这三大纲领实施以后，新民主主义的经济成分就主要包括社会主义性质的国营经济、半社会主义性质的合作社经济、私人资本主义经济、个体经济、国家和私人合作的国家资本主义等五种主要的经济成分。[②] 其中，国营经济是整个国民经济的领导力量，保护并鼓励私人资本主义经济的存在和发展。从文化上来看，新民主主义的文化，就是要发展无产阶级领导的、科学的、民族的、大众的文化。其中，无产阶级文化思想即共产主义思想居领导地位，允许其他文化的存在。由此可见，在新民主主义发展思想中，多种政治成分、多种经济成分和多种文化成分都是允许共存的，只是要由社会主义性质的成分为领导，允许非社会主义的政治、经济和文化成分的存在与发展。

新民主主义的发展手段就是允许多种社会阶级和经济成分的并存与发展，发挥市场机制的作用，发展商业贸易。新民主主义社会多种社会阶级和经济成分的存在和发展，必然要求经济社会发展存在着市场机制和商业贸易，这对于活跃市场、发展经济和提高生产力水平都有着重要的作用。因此，市场机制与商业贸易是新民主主义发展的必要手段。从中国当时社会发展的现实看，当时的私人手工业、私人资本主义经济、国家资本主义经济、公私合营经济、国营经济都有着一个良好的发展环境，市场活跃，经济的恢复和发展都很快。

虽然毛泽东最初的设想是经历一个相当长的时间，在完成国家工业化和农业现代化的基础上才开始向社会主义社会过渡。但在现实的实践中，中国新民主主义社会经历的时间并不长，只有3年多时间。虽然只有这3年多的实践探索，但是却为中国共产党的发展理论积累了宝贵的经验和财富。

新民主主义发展思想最大的特点在于它的社会、经济和文化成分上的多样性。它强调在无产阶级领导下，在政治上允许无产阶级、农民阶级、城市

---

① 《毛泽东选集》第四卷，人民出版社1991年版，第1255—1256页。

② 罗正楷主编：《中国共产党大典》上篇，红旗出版社1996年版，第496页。

小资产阶级和民族资产阶级四个阶级的存在；在国营经济等社会主义经济成分领导下，在经济上允许合作社经济、私人资本主义经济、国家资本主义经济、个体经济等多种经济成分的存在和发展；在文化上是无产阶级的社会主义文化领导下的民族的科学的大众的文化。新民主主义发展思想，既突出了社会主义因素在政治、经济、文化上的领导地位，又允许包括非社会主义因素在内的多个阶级、多种经济成分和多种文化并存下的多样化发展。由此可见，新民主主义社会的发展思想是一种整体的全面的协调的发展理论，符合当时中国社会生产力整体落后和发展不平衡的基本国情，有着极其宝贵的理论价值。

二、传统社会主义发展理论

1953—1956 年中国共产党带领人民在中国实施了农业、手工业和资本主义工商业的社会主义改造，基本上建立了一个传统的社会主义发展模式，直到 1978 年改革开放之前，中国基本上就是按照传统的社会主义发展模式来推进中国的社会主义工业化和现代化建设。虽然毛泽东从 1956 年开始就一直强调要"以苏为鉴"[1]，探索适合中国自己的工业化道路，但是在没有社会主义建设经验的情况下，中国在很大程度上借鉴了苏联的发展模式和发展经验，走上了传统的社会主义发展道路。中国这一时期的发展理论，从属于传统社会主义国家以苏联模式为基础而建立起来的发展理论。

中国传统社会主义发展理论的基本内容主要包括以下几个方面。第一，以实现社会主义工业化和四个现代化为目标，优先发展重工业。新中国成立以后，中国共产党主要是从工业化和经济增长视角来理解发展的含义，这也是第二次世界大战后新独立的国家的发展潮流。第二，速度至上的赶超发展模式。以超英赶美为目标，赶超时间也不断缩减。第三，不断提升公有制水平。以"一大二公三纯"为导向，不断提升所有制的公有化水平。第四，主要依靠国家计划和行政命令手段来管理经济。商品经济和市场机制受到排斥。第五，以发动阶级斗争和群众运动为主要方式，以人们对社会主义的向

---

① 《毛泽东文集》第七卷，人民出版社 1999 年版，第 23 页。

往而激发出来的奉献和拼搏精神作为发展动力,推动生产和发展。在一些"左"倾思想和口号的鼓动下,相继发动了"大跃进"运动、人民公社化运动、"文化大革命"等群众性运动来推动生产。

在传统社会主义发展理论的指导下,中国走的是一条传统的社会主义发展道路。在政治上,共产党执政、民主党派参政,权力较为集中,实行领导职务终身制,民主法制不健全并遭到破坏;在经济上,实施生产资料公有制(全民所有制和集体所有制),实行计划经济,限制市场经济和自由贸易;在文化上,以马克思主义为指导,人们的思想文化较为单一;在发展方式上,整体处于粗放式发展阶段,效率较低,资源浪费严重,存在重、轻、农等比例失衡问题。

传统社会主义发展理论的实施,在中国社会主义建设初期显示了巨大的优势和威力,取得了巨大的经济建设成就,人民生活水平有了较大提高,并初步建立了独立完整的社会主义工业体系和国防体系。但是由于经常受到"左"的思想干扰,犯有超越阶段、急于求成和阶级斗争扩大化的毛病,并最终导致"文化大革命"十年内乱,造成经济发展和国家建设方面的重大曲折。

三、以改革开放促进发展的理论

随着时代主题由"战争与革命"转向"和平与发展",国际局势向着政治多极化、经济全球化方向发展,科技革命日新月异,综合国力竞争日趋激烈。传统的战争思维和发展模式已经越来越不合时宜,特别是在"文化大革命"期间,我国的国民经济受到了重大冲击,由传统发展模式向新的发展模式转变已经是时代发展的客观要求和人民的迫切期盼。

1978年党的十一届三中全会开启了改革开放伟大事业,中国进入了一个社会剧变时期和经济高速增长阶段,改革开放成为这一时期中国社会发展的主要推动力量和发展战略。以改革开放促进发展的理论主要是以邓小平为核心的党的第二代中央领导集体开创并实施,由党的第三代中央领导集体继续发展并推向21世纪。

以改革开放促进发展的理论主要包括以下几个方面的内容。第一,以经济建设为中心，以实现社会主义现代化为目标。第二，以改革开放统领发展全局。强调改革是发展的动力，从农村到城市、从经济领域到其他各个领域，逐步推动改革向纵深扩展；中国的对外开放主要是引进国外的先进技术、资金和管理经验，参与国际分工和竞争，发挥比较优势，加入国际经济大循环，从沿海到沿江沿边，从"引进来"到"走出去"，朝着"全方位、多层次、宽领域"方向不断推进。第三，强调计划和市场都是手段，积极发挥市场的作用，建立和完善社会主义市场经济体制。第四，鼓励和发展多种经济成分并存的经济制度。鼓励非公有制经济发展，发展商品生产和对内对外贸易。第五，强调共同富裕。在实施路径上，鼓励"先富"，以"先富"带动"后富"，最终达到"共同富裕"；具体体现为"三步走"的发展战略和沿海内地"两个大局"思想。第六，重视科学技术的作用，并开始重视和推动创新的作用。提出"科学技术是第一生产力"和"加强科技创新"。

江泽民继承了邓小平的改革开放发展战略，继续推进改革开放事业在各领域继续深入展开，并把中国的改革开放事业推向了 21 世纪。在此基础上提出了建立社会主义市场经济体制、创新发展战略、可持续发展战略、走新型的工业化道路和人的全面发展思想。这些思想不但丰富了以改革开放促进发展的理论的内容，推进了中国的发展实践，而且为科学发展观的提出奠定了理论和实践基础，对中国共产党发展理论的创新和发展实践的推进起到了承前启后的历史性作用。

不管从理论还是实践来看，改革开放无疑是推动中国经济社会在这一时期快速发展的主要力量。改革僵化的传统体制，从传统的计划经济体制转变为现代的社会主义市场经济体制，使市场配置资源成为中国特色社会主义经济发展的重要法则，释放市场活力；实施对外开放政策，引进国外的先进技术、设备和资金，大大促进了国内技术水平的进步和提升，最主要的是，通过开放政策，中国经济开始融入世界经济，参与国际分工和竞争，能够利用好国内国际两种资源和两个市场，发挥自身的比较优势和后发优势，释放了中国经济的整体活力。

中国特色社会主义在这一时期开始形成并不断发展。中国特色社会主义是适合中国国情和时代发展特征的社会主义，是科学社会主义基本原理在中国的时代化和民族化，中国发展模式开始从传统社会主义发展模式转向具有民族特点和时代特征的中国特色社会主义模式。

在发展手段上，强调计划与市场相结合。从具体的发展手段来看，在微观经济领域上，积极发挥市场机制的调节作用，依靠市场手段来搞活经济；在宏观经济领域，依靠政府计划与宏观调控。虽然政府手段还占有很大的比重，但是经济管理方式已经开始把计划与市场结合起来，这是对传统经济理论的重大突破。

从发展方式来看，这一时期中国经济在整体上属于以要素投入为主的粗放发展方式，依靠低工资的人口红利和出口导向拉动经济增长，自我创新能力不强；虽然已经融入国际产业链，但是居于国际产业链低端，产品附加值较低，资源环境压力开始加大。

改革开放的实践及以改革开放促进发展的理论给中国带来了经济上的快速发展和社会的巨大进步，综合国力和国际地位迅速提高。在这一时期，中国的发展问题也开始积累并逐渐暴露，经济结构失衡、社会贫富差距拉大、思想道德滑坡、资源浪费、环境污染、生态破坏等问题越来越严重和凸显。转变发展模式，用更加科学的发展理论来指导中国的发展实践已经成为新世纪初期发展的重要时代课题。

四、科学发展观

进入 21 世纪，在总结前人发展理论和国内外发展经验，特别是总结"非典"工作的基础上，中国共产党于 2003 年顺势提出了一种新的发展理论——科学发展观。

根据党的十七大报告，"科学发展观，第一要义是发展，核心是以人为本，基本要求是全面协调可持续，根本方法是统筹兼顾。"[①] 具体来说就是：第一，必须坚持把发展作为党执政兴国的第一要务。第二，必须坚持以人为本。要始终把实现好、维护好、发展好最广大人民的根本利益作为党和国家一切工作的出发点和落脚点。第三，必须坚持全面协调可持续发展。第四，

---

① 胡锦涛：《高举中国特色社会主义伟大旗帜　为夺取全面建设小康社会新胜利而奋斗》，《人民日报》2007 年 10 月 15 日。

必须坚持统筹兼顾。

根据有关论述，科学发展观的具体发展目标可以归纳为四个方面：第一，全面建设小康社会；第二，实现中国特色社会主义新型工业化和现代化；第三，实现经济社会的又好又快发展；第四，促进人的全面发展。

科学发展观的发展动力主要是改革和创新。首先要继续深化改革，加快重要领域和关键环节改革步伐。其次是要依靠创新驱动发展，提高自主创新能力，建设创新型国家，实施创新驱动发展战略。

强调要走中国特色新型工业化道路。鉴于中国的工业化还没有完成，必须继续推进工业化，但是传统的"先污染、后治理"的工业化道路因为资源消耗过大过快和环境污染严重等因素已经在中国走不通了，中国必须走"坚持以信息化带动工业化，以工业化促进信息化，从而达到科技含量高、经济效益好、资源消耗低、环境污染少、人力资源优势能充分发挥的新型工业化路子"。①

在发展手段上强调要完善社会主义市场经济体制，健全现代市场体系，最大程度地发挥市场在资源配置中的基础性作用。通过充分发挥市场机制的作用，释放经济发展活力。

科学发展观已经明确提出了要加快转变经济发展方式，推动产业结构优化升级。主要是实现三个转变：第一，促进经济增长由主要依靠投资、出口拉动向依靠消费、投资、出口协调拉动转变；第二，由主要依靠第二产业带动向依靠第一、第二、第三产业协同带动转变；第三，由主要依靠增加物质资源消耗向主要依靠科技进步、劳动者素质提高、管理创新转变。②

科学发展观使发展的内涵得到了全面深刻的发展，从单纯经济发展扩展到社会全面发展，从物质文明发展转向人的自身发展，从当前发展转向可持续发展，从以物为本转向以人为本。在发展全局中要处理好各方面的关系，重点与全局的关系，经济与社会的关系，发展与环境的关系，速度与质量、规模与效益的关系，人与社会、人与人、人与自然的关系等等。

---

① 江泽民：《全面建设小康社会 开创中国特色社会主义事业新局面》，《人民日报》2002 年 11 月 18 日。

② 胡锦涛：《高举中国特色社会主义伟大旗帜 为夺取全面建设小康社会新胜利而奋斗》，《人民日报》2007 年 10 月 15 日。

五、新发展理念

发展的实践不会止步，发展新问题也在不断出现，因此，推动发展理论创新不仅是一种主观上的需要，更是一种客观必然。党的十八大之后，中国经济发展进入新常态，下行压力趋于加大，经济社会发展进入了一个以经济结构调整和发展方式转型为主要特征的发展阶段，提出一种适应和引领中国经济发展新常态的新发展理论已经势在必行，这种发展理论必须更趋于务实和明确具体，在宏观与微观层面具有更强的可操作性和指导性。2015 年 10 月 29 日，习近平在党的十八届五中全会上提出了以"创新、协调、绿色、开放、共享"为主要内容的新发展理念。①

从内容上来讲，新发展理念就是"创新、协调、绿色、开放、共享"理念。第一，创新是引领发展的第一动力；第二，协调是持续健康发展的内在要求；第三，绿色是永续发展的必要条件和人民对美好生活追求的重要体现；第四，开放是国家繁荣发展的必由之路；第五，共享是中国特色社会主义的本质要求。

新发展理念的具体发展目标就是到 2050 年建成社会主义现代化强国。新发展理念在价值层面的目标就是要实现以人民为中心的发展，也就是发展为了人民、发展依靠人民、发展成果由人民共享。

在发展动力上，新发展理念明确提出让创新成为发展的第一动力，实现发展的动力转换，以创新来驱动发展。创新驱动主要是科技创新和制度创新的双轮驱动。

在发展手段上，新发展理念强调要推进市场化改革，使市场在资源配置中发挥决定性作用，更好发挥政府作用。政府不再动辄使用强刺激政策，创新调控方式，使用区间调控、定向调控和相机调控。推进供给侧结构性改革，政府要简政放权，减税降费，降低企业成本，具体任务就是去产能、去库存、去杠杆、降成本、补短板。

在发展方式上，强调要从规模速度型转向质量效率型，也就是从粗放型

---

① 《中共中央关于制定国民经济和社会发展第十三个五年规划的建议》，《人民日报》2015 年 11 月 4 日。

发展转变为集约型发展。推动发展方式转换的基础是提升自主创新能力，建设创新型国家。体现新发展理念的发展就是高质量发展。

由此可见，新发展理念不但指明了未来发展的目标和方向，而且明确地指出了发展的手段和方法，体现了目标与手段的统一，纠正了过去党在理论上"重宏观轻微观""重方向轻方法"的倾向。新发展理念是新发展阶段指导我国实现高质量发展的行动指南。

总之，中国共产党针对不同的发展阶段和不同的发展环境，在发展实践的基础上提出了不同的发展理论。这些发展理论体现了中国共产党在不同的历史时期，始终以实现中华民族伟大复兴为己任，以实现社会主义现代化为目标，以促进社会的全面进步和人的全面发展为价值取向的使命担当与孜孜追求。

第三章　以人民为中心的发展思想

　　发展的含义是历史的、发展的。随着发展实践的不断推进，发展问题在不断解决中又不断产生，发展的内涵也随之不断深化。发展的问题很多，"为什么人的问题"始终是一个社会发展理论和发展实践所要解决的根本问题。树立新发展理念，首先要解决为什么人、由谁享有这个根本问题。以人民为中心的发展思想，就是对新时代发展理论根本问题的终极回答。习近平指出，"为人民谋幸福、为民族谋复兴，这既是我们党领导现代化建设的出发点和落脚点，也是新发展理念的'根'和'魂'。"①

第一节　发展思想的历史演进

　　发展和发展理论都是历史的，它们的内涵和表现形式会随着经济社会发展实践的不断深入而不断丰富和发展，应用的范围和领域也在不断扩展和延伸。本节我们将从经济社会发展视域中溯源发展思想如何由物的发展转向人的发展。

---

① 《习近平在省部级主要领导干部学习贯彻党的十九届五中全会精神专题研讨班开班式上发表重要讲话》，2021 年 1 月 12 日，见 https://www.ccps.gov.cn/tpxw/202101/t20210112_147078.shtml。

一、发展的基本含义

什么是发展？学者们对这一概念的界定是随着时代与社会的发展变化而发展变化的。黑格尔认为发展是人或社会由潜能上升到自在自为的过程。而当达尔文的进化论得到广泛传播的时候，发展就被认为是一种进步的过程。从 1848 年科学社会主义诞生以后，马克思主义学者则提出发展是要实现人的全面而自由的发展。二战后，发展的概念被广泛地应用于政治、经济、历史等各个学科领域当中。发展的含义是发展理论研究的首要的和基本的问题。

在汉语语境中，发展的基本含义是指事物由小到大、由简单到复杂、由低级到高级的变化①。现实来看，发展毕竟是一个多领域应用的综合概念，其含义也是随着学科应用范围的不同而有所不同。虽然其含义会有所区别，但又都有着内在相通的成分。

比如，美国著名的社会学家帕森斯从社会学的角度提出，发展即是由传统社会向现代社会的转变过程。纳克斯在经济学的领域对发展做出了解释："在经济落后国家发展问题的核心就是资本的形成。"② 印度学者阿马蒂亚·森则是从自由的角度来看待发展："发展可以看作是扩展人们享有的真实自由的一个过程。"③

在马克思主义哲学中，发展是变化的高级形式，"是从量变到质变的过程，是新东西的产生和旧东西的衰亡，是由低级形态到高级形态的前进上升运动"。④ 从发展的构成上讲，发展的含义同时包含"量"和"质"两个维度的变化，即发展包括数量规模上的增长和结构质量上的优化两大类，也就是正向的量变和质变。在正向的量变与质变中，发展更重要的是表现在事物的质的飞跃上，没有质变就没有发展。而量变，即数量和规模上的增长与扩

---

① 中国社会科学院语言研究所词典编辑室编：《现代汉语词典》（第 6 版），商务印书馆 2012 年版，第 351 页。

② 葛正鹏主编：《西方经济史论》，北京理工大学出版社 2008 年版，第 130 页。

③ [印]阿马蒂亚·森：《以自由看待发展》，任赜、于真译，中国人民大学出版社 2002 年版，第 1 页。

④ 韩树英主编：《马克思主义哲学纲要》（修订本），人民出版社 2004 年版，第 97 页。

大，并不是发展的全部内容，只是发展的基础。从这一点来看，"增长"与"发展"这两个概念既有联系，又有区别。所以，在哲学上，发展在本质上是新事物产生和旧事物灭亡，也就是在量变基础上质的飞跃。

所以，从一般性上来讲，发展就是事物的从小到大、从简单到复杂、从低级到高级的一种前进性和上升性的运动变化，包括数量规模上的增长和结构质量上的优化两大类。

但是，发展毕竟是要应用在经济、社会、政治、文化和人等等广泛的领域，由于这些广泛的应用，就会产生其在不同领域的表述形式和含义，这些不同的含义共同组成了发展的基本内涵。从经济社会发展这个大角度大视野来看发展，其基本内涵应该包括以下几个方面。

经济发展是发展的首要的和基本的内容。经济增长与发展是社会活动和其他发展的前提与基础，为人们从事其他活动提供了最基本的生产和生活资料，是社会发展的基础和保障。在经济领域，发展的最初含义只是增长，而且是单纯的经济增长。单纯的经济增长，只是从数量维度上来考虑发展的含义，一切都以数字来量化表示，忽视和抹杀了质量差异和结构变化，而且单向思维带来了诸多的现实问题。因此，发展的经济含义又扩展为经济增长、经济质量与结构优化，这样发展的经济含义就演变成为经济发展。从数量增长和结构优化两个维度来看，经济发展应该包括生产发展、经济增长、经济结构优化、质量与效益的提高、收入分配的公平化等方面的内容。所以，经济发展必须要兼顾生产力和生产关系、经济数量和经济质量、经济结构和经济效益、总量和人均等几个方面的关系。

社会发展是发展的主要内容。发展主要体现在经济发展基础上的社会进步。社会发展有广义和狭义之分：广义的社会发展涵盖经济发展、政治发展、文化发展、社会自身的发展、生态发展等等；狭义的社会发展主要指社会结构、社会关系、社会建设等方面的发展。具体来看，狭义的社会发展主要体现在社会结构的优化、社会关系的和谐、社会文明程度的提高和社会现代性的变迁上。随着发展实践的深入，发展的含义愈益体现为社会的整体进步上。社会发展与经济发展有着相互制约、相互促进、互为因果的关系。社会发展既要看量化指标，又要看定性评价；既要看硬件，又要看软件。

科学技术与文化道德层面的发展也是发展的题中应有之义，本质上属于精神层面的发展。科学技术和文化道德等人类在精神文明上的发展成果，能够为经济发展与社会进步提供智力支持和精神动力，其中科学技术又是第一生产力，能够给经济发展提供内生性和持续性的驱动力量。文化为人们提供精神食粮，满足人们对精神生活的需要。道德的发展能够促进社会的和谐稳定，是社会得以持续性运行的非强制性的内在保障。社会精神文化层面的发展和知识的积累传播，是社会发展的重要动力和内容。

生态文明的发展是人类发展到了一定阶段才会出现的一个历史性范畴。在人类社会工业化快速推进过程中，在经济粗放和快速增长的基础上，在生态环境遭到严重破坏、人类生存环境急剧恶化的情形下，人类在对经济社会发展问题进行深刻反思之后，建设生态文明的思想才得以产生。生态文明的出现是被动性的、不得已的结果，是伴随着发展问题的产生而产生的，是人类在工业化进程中为解决人与自然矛盾而产生的一种结果。建设生态文明直接关系到人类社会的生存和可持续发展。

发展最终还要体现和落实在人的发展和人的幸福上，这是发展的终极目标和发展的根本意义所在。人的发展包括人的解放、人的自由、人的各方面能力和关系的发展。人的解放是要把人从对人的奴役、对人的压迫、对人的束缚的各种关系、条件等状态中解放出来，使人从异己的、非人的、对象性的状态复归到真正的"人"的状态，从对象性的人复归到主体性的人，从工具性的人复归到目的性的人，通过发展来扩大人的选择权和扩展人的自由，使人的各种能力和社会关系在自主自觉中得以扩展。人的发展实际上就是使人与人的关系、人与社会的关系、人与自然的关系得到和谐发展。人的解放、人的自由、人的发展是互为因果的关系，相互促进，相互制约。人的解放和人的自由既是人的发展条件，又是人的发展目的，是工具与目的的统一。

综上所述，发展的基本含义包括：经济发展、社会发展、文化发展、生态发展和人的发展。发展是一个复合性概念和历史性范畴，其含义是随着发展实践的不断深入、发展问题的不断产生与不断解决的过程中得以不断丰富与扩展的。

二、发展理论的历史演进

近代以来对发展理论在发展观层面的研究和讨论主要是从西方社会的工业化开始。这里将从国际发展视野来讨论世界，特别是西方发达国家近现代以来关于发展理论的历史演进。

（一）经济增长论

发展理论在发展观层面的最初内容和形态主要表现为单纯的"经济增长论"，主要流行于 20 世纪 50 年代和 60 年代。经济增长论片面追求经济数量的增长和规模的扩大，忽视了经济的发展质量和结构优化，也忽视了社会进步、环境保护和人的发展。经济增长论的主要表现就是：单纯追求国民生产总值（GNP）、国内生产总值（GDP）、经济增长率和物质财富的增加等方面，全部活动的最终目标是获取利润。"凡是能带来利润的就干，凡是减少利润或造成亏损的就避免。"① 利润成了衡量一切活动得失成败的唯一尺度。

经济增长论在二战之后形成，其主要理论表现形态是早期发展经济学和现代化理论。二战后，随着世界殖民体系的土崩瓦解，亚、非、拉一大批民族国家获得独立，世界上涌现出许多发展中国家。为改变落后状况，这些传统的农业为主的发展中国家纷纷走上了以实现工业化为目标的发展道路，以研究发展中国家发展问题的发展经济学和现代化理论应运而生。当时的资本主义工业国家因为战争创伤和"冷战"局势的影响，恢复和发展经济也成为其主要任务。

早期的发展经济学和现代化理论主要运用西方发达国家的发展经验来规划发展中国家的经济发展，认为发展中国家必须重走一遍发达国家工业化的老路，以实现从传统农业社会向现代工业社会的转型；追求经济增长和实现工业化是主要目标；国内生产总值（GDP）的增长是衡量发展的主要标准；发展规划（计划）是实现工业化和实施追赶战略的重要手段。1956 年，美国经济学家 W. 阿瑟·刘易斯在《经济增长理论》一书中指出："发展中

---

① ［英］E.F. 舒马赫：《小的是美好的》，虞鸿钧、郑关林译，商务印书馆 1984 年版，第 178—179 页。

国家经济落后的原因在于工业化程度不够，经济馅饼不大；而加快工业化的步伐，提高工业化的程度，把经济馅饼做大，就会导致经济增长和社会进步。"①

经济增长论的缺陷主要是单一性、物本性、短视性，在理论上主要是混淆了"增长"与"发展"两个概念，把经济增长等同于发展。② 单纯的经济增长论和片面追求工业化的结果就是，许多发展中国家虽然实现了经济增长的目标，但是大多数人的生活水平并没有发生根本性变化，而且伴随着经济增长的结果是越来越广泛的绝对贫困、越来越严重的收入分配不公和越来越多的失业问题，经济结构畸形，资源过度消耗，环境污染严重，生态平衡遭到破坏。单纯对经济增长的追求造成了"有增长无发展"甚至"有增长负发展"的后果。

现代化理论也受到了拉美国家的依附理论和美国的世界体系理论的质疑与批判，特别是针对现代化理论中的"西方中心主义"方法和"西化"模式的质疑与批判尤为强烈。他们认为，西方化的现代化发展其实是一个被纳入不平等的资本主义世界经济体系的过程，是发展中国家对发达国家不断依附。③ 经济增长论被称为"传统发展观"，学界在 20 世纪 70 年代初开始了对传统发展观的反思和超越，产生了诸如经济社会发展观、可持续发展观、以人为中心发展观等类型。这些发展观都是一种综合的发展观，内容有交叉重叠，区别是各自所强调的重点不同，价值追求侧重点各异，针对不同的发展问题而有不同的表现。

（二）经济社会综合发展思想

在 20 世纪五六十年代，许多国家因片面追求经济增长和工业化而造成的"有经济增长而无社会发展"的结果促进了人们对单纯"经济增长论"的反思，从而形成了"经济社会综合发展思想"。

---

① ［美］W. 阿瑟·刘易斯：《经济增长理论》，转引自庞元正、苏振兴、丁冬红主编：《当代西方社会发展理论新词典》，吉林人民出版社 2001 年版，第 2 页。

② 苏振锋：《论现代发展观的演进与科学发展观的内涵》，《西北大学学报（哲学社会科学版）》2009 年第 2 期。

③ 佚名：《传统发展观面临挑战》，《当代世界社会主义问题》1994 年第 4 期。

在 20 世纪 70 年代，经济发展被重新定义为在经济迅速增长的基础上减少贫困、不平等和失业。达德利·西尔斯（Dudley Seers）指出："关于一个国家发展，要问的一个问题是：贫困正在发生什么变化？失业正在发生什么变化？不平等又在发生什么变化？如果一国能将这三个问题都从高水平上降下来，那么毫无疑问，它就一定处于一个各国都希望的发展时期。但如果其中有一两个问题变得越来越严重，尤其如果三者都变得严重，那么即便是人均收入翻倍了，将这种结果称为'发展'依然会令人不可思议。"[①] 这样，发展就扩展为一个多维的改进过程，涵盖了社会结构、流行的观念、国家制度等方面的改善，以及经济加速增长、降低不平等和根除贫困等诸多方面。

经济社会综合发展思想的主要观点表现为：在经济发展的基础上实现社会的全面进步，发展是经济增长与社会进步的统一；经济增长是社会发展的基础，社会发展是经济增长的目的；社会进步要做到减少贫困、不平等和失业。发展标准不再是单一的 GDP 增长，而是一个综合的标准体系。

1969—1973 年，美国一些学者发起了一个所谓的"社会指标运动"，提出建立一个包括经济、社会、环境、文化、生活等各项指标在内的新的发展价值评价体系，这是在历史上第一次冲击了以单一 GNP 为中心的传统经济学的发展观。[②] 联合国第二个发展十年（1970—1980 年）报告指出：发展已不再是单纯的经济增长，社会制度和社会结构的变迁以及社会福利设施的改善具有同等重要的地位。[③]

这种发展理论强调了经济发展与社会进步的协调，强调经济发展的同时注重社会结构的平衡和社会问题的解决，是一种综合发展、协调发展思想。这种发展思想也不断启迪人们，要从发展实践中不断产生的发展问题出发，在不断反思和促进发展问题解决的过程中推动发展理论的进步，使发展理论实现不断创新。经济社会综合发展思想的缺陷是它还没有考虑到发展的可持续性和后代人的发展问题，当然这也是因为当时的历史条件还没有使这个历史性课题凸显出来的缘故。

---

① 见［美］迈克尔·P. 托达罗、斯蒂芬·C. 史密斯：《发展经济学》，余向华、陈雪娟译，机械工业出版社 2009 年版，第 10—11 页。

② 见佚名：《传统发展观面临挑战》，《当代世界社会主义问题》1994 年第 4 期。

③ 见佚名：《发展观的历史沿革和发展国际上的几种发展观》，《求是》2004 年 5 期。

由于人类发展问题的不断产生，发展问题的性质也不断转换变化，经济社会发展思想已经不能够涵盖不断出现的发展问题了，发展问题也迅速超越了经济和社会领域，推动发展理论实现新的突破成为新的时代需要。

（三）可持续发展思想

20 世纪 70 年代初西方发达国家开始对工业化产生的生态危机、资源衰竭、环境污染等问题进行反思和讨论，特别是罗马俱乐部 1972 年发表了《增长的极限》，推动了人们对可持续发展问题的思考。可持续发展思想就是在此背景下产生的。

1987 年，联合国世界环境与发展委员会发布了《我们共同的未来》的研究报告，该报告首次清晰地表达了可持续发展的概念和思想，即"可持续发展是既满足当代的需求，又不对后代满足需求能力构成危害的发展"[1]。该报告为环境保护与人类发展的统一提供了一个基本框架和进一步研究的方向。

世界银行发布的《1992 年世界发展报告》，在完全赞同《我们共同的未来》关于可持续发展定义的基础上，以环境和发展为主题，进一步阐述了可持续发展的立场。[2] 报告呼吁并引入成本与效益比较分析发展与环境政策，并制定出可持续发展的政策与计划。

1992 年联合国环境与发展大会在巴西里约热内卢召开，大会通过了关于可持续发展的两个纲领性文件：《里约环境与发展宣言》与《21 世纪议程》。《里约环境与发展宣言》里面包含了"人类与自然和谐"（原则一）和"代际公平"（原则四）两个可持续发展的核心理念。这次会议确立了全球可持续发展战略，标志着可持续发展思想被绝大多数国家所认同。

从 2015 年开始，联合国的发展工作重心从实现千年发展目标转移到实现可持续发展目标上。2015 年 9 月，各国领导人在联合国举行的可持续发展峰会上通过了《2030 年可持续发展议程》，其中包括一系列以行动为导向

---

[1]　世界环境与发展委员会：《我们共同的未来》，王之佳、柯金良译，吉林人民出版社 1997 年版，第 52 页。

[2]　世界银行：《1992 年世界发展报告》，中国财政经济出版社 1992 年版，第 8 页。

且普遍适用的可持续发展目标，以及促进形成新的全球发展伙伴关系。联合国制定了多项计划，以确保可持续发展目标得以落实。

可持续发展思想是要解决在发展中产生的两大核心矛盾关系：经济发展与自然环境的矛盾，当代人发展与后代人发展的矛盾。由此产生对应的两大核心理念：人与自然和谐，代际公平。代际公平又催生了代内公平的思想。代内公平，指发展中国家与发达国家、穷人与富人都应公平地享有生存权和发展权，代内公平问题直接影响着人与自然、发展与环境之间的关系。

可持续发展思想的主要内容可以概括为：第一，肯定发展的必要性。可持续发展的核心思想是发展，只有继续发展才能使人们摆脱贫困，提高生活水平；只有发展才能为解决生态危机提供必要的物质基础和技术手段，才能最终打破贫困加剧和环境破坏的恶性循环。第二，人与自然关系和谐。要实现可持续发展，就必须处理好经济发展与环境保护的关系，促进人与自然关系和谐。环境保护需要经济发展为其提供必要的资金与技术支持，而环境保护的好坏也是衡量发展质量的指标之一。第三，代际公平。人类社会的历史是一个连续的过程，要使这一过程不至中断，就必须强调并妥善处理代际公平问题。代际公平既是一个持续发展问题，也是一个代际伦理问题，肯定后代人拥有与当代人同等的生存权和发展权，当代人必须留给后代人生存和发展所需要的必要资本，包括环境资本。第四，代内公平。主要是处理好发达国家与发展中国家在发展与环境保护中的责任与义务关系，这是在全球范围内实现向可持续发展转变的必要前提。发达国家在发展过程中已经消耗了地球上大量的资源和能源，并对全球气候和环境产生了巨大影响。因此，发达国家负有更多修复环境的责任。全球气候和环境具有流动性、共享性，发展中国家同样要承担相应的环境保护责任，不能以发展权为借口否认其对环境保护所应承担的责任与义务。

可持续发展思想是人类生存和永续发展的必然选择与趋势。可持续发展思想与以人为中心的发展思想都是人类发展理论演进的历史趋势，只是在发展主题和表达方式上各有侧重。前者强调发展与环境的关系，从发展的长远目标来考虑；后者从目的与手段的关系出发，强调发展的终极目的是为了实现人类福祉，发展是手段，人的幸福才是目的。

（四）以人为中心的发展思想

发展理念从"以物为中心"转移到"以人为中心"，是发展理论发展演变过程中的重大飞跃，是人类社会发展思想在价值取向上的重大转变。对传统"经济增长论"指导下产生的"有增长无发展"甚至"有增长负发展"问题的反思，除了产生经济社会综合发展思想、可持续发展思想等类型的发展理论，也同样开始了对人的发展问题的关注，产生了以人为中心的发展思想。这个反思和发展过程也开始于 20 世纪 70 年代，而且这一过程至今仍然在不断深化和扩展。

以人为中心的发展思想把发展的关注点放在促进人的发展和实现人的幸福上。发展与人的幸福是手段与目的关系，发展的最终目的是要实现人的解放、人的自由和人的发展，人是发展的主体和目的。以人为中心的发展思想把发展的关注点从"物"转移到了"人"，实现了发展目的和价值取向上的重大转变。它认为经济发展、政治发展、社会发展、文化发展和生态保护都是手段，其最终目的是为了促进人的发展、人的自由和幸福的实现。

以人为中心的发展理论有几个比较典型的代表：弗朗索瓦·佩鲁的《新发展观》（1983）、阿马蒂亚·森的"以自由为中心"的发展思想（1999）、联合国开发计划署的"人类发展思想"（《人类发展报告》，始于 1990 年，每年一期）、胡锦涛的科学发展观（2003）等等。它们的共同点是把发展的最终目的落在人的发展上，经济社会发展只是手段，人的发展才是终极目的。

弗朗索瓦·佩鲁提出了一种新发展观。法国著名经济学家和社会学家弗朗索瓦·佩鲁，受联合国教科文组织委托，于 1983 年出版了《新发展观》一书，该书被认为是新的综合发展观的标志性奠基之作。佩鲁提出了"整体的""内生的""综合的""以人为中心的""关注文化价值的"新发展理论，被称为"新发展观"。他提出的"为一切人的发展，把人的全面发展作为评价发展尺度和发展目的"的观点开启了一个新的发展时代。《新发展观》认为，发展应以人的价值、人的需要和人的潜力的发挥为中心，发展的宗旨在于满足人的基本需要，促进生活质量的提高和共同体每位成员的全面发展；真正的发展应当是经济、社会、人、自然之间的全面协调共进，这是一个社会能够正常运行和保持稳定的关键所在。① 佩鲁的发展理论把发展的关注中心从发展的客体转向了发展的主体，标志着西方发展理论实现了质的飞跃。

诺贝尔经济学奖获得者、印度学者阿马蒂亚·森被誉为"经济学良心的肩负者""穷人的经济学家"，其思想已经产生重大影响，联合国发布的《人类发展报告》就是按照他的理论框架设计的。阿马蒂亚·森的《以自由看待发展》（*Development as Freedom, 1999*）提出了一种"以人类自由为中心"的发展思想：扩展人类自由是发展的首要目的，又是它的主要手段。② 自由被阿马蒂亚·森列为其发展思想中的核心理念，而发展则是扩展人们享有真实自由的一个过程。阿马蒂亚·森提出了五种工具性自由：政治自由，经济自由，社会机会，透明性保证和防护性保障。这五种工具性自由能帮助人们更自由地生活并直接扩展他们的可行能力，同时它们也相互联系和补充。③ 此外，关于经济增长与自由的关系，W. 阿瑟·刘易斯认为，"经济增长的好处，不在于财富提高了快乐，而在于它扩大了人类的选择范围"④，经济增长成为扩大自由的工具和途径。

从 1990 年开始，联合国开发计划署每年组织专家和研究人员撰写与发布年度《人类发展报告》，提出并拓展了"人类整体发展"思想。人类整体发展思想强调一切以人为中心，着眼于人类自身的个体与整体的发展；人类发展是一个扩大人的选择权的过程，并提出人类发展指数（HDI）（1990）；消除贫困，提出人类贫困指数（HPI）（1996）；保障人权和推进民主是发展的重要内容（2000）。⑤

此外，中国共产党也分别提出了"以人为本"（2003）和"以人民为中心"（2015）的发展思想，从而在中国也实现了发展思想上的从"以物为中心"到"以人为中心"转变。

---

① [法] 弗朗索瓦·佩鲁：《新发展观》，张宁、丰子义译，华夏出版社 1987 年版。

② [印] 阿马蒂亚·森著：《以自由看待发展》，任赜、于真译，中国人民大学出版社 2012 年版，第 42 页。

③ [印] 阿马蒂亚·森著：《以自由看待发展》，任赜、于真译，中国人民大学出版社 2012 年版，第 31—33 页。

④ 见 [美] 迈克尔·P. 托达罗、斯蒂芬·C. 史密斯：《发展经济学》（第九版），余向华、陈雪娟译，机械工业出版社 2009 年版，第 15 页。

⑤ 见颜晓峰、谈万强主编：《发展观的历史进程》，人民出版社 2007 年版，第 620—629 页。

总之，从经济增长论到经济社会综合发展思想，再到可持续发展思想，并最终提出以人为中心的发展思想，人类发展理论经历了一个从片面到系统、从表层到深层、从不科学到相对科学的演变过程。发展理论的演变还在继续进行，人类社会发展的实践也在不断朝着更高更加复杂的层次推进。人类社会的发展实践不会止步，人们对发展理论的研究和创新也不会止步。

第二节 以人民为中心的发展思想

从发展理论演进的探讨中，我们发现，经济社会发展的问题很多，有宏观层面的核心理念和顶层设计问题，也有微观层面的具体实践问题。在发展的诸多问题中，发展的根本问题涉及发展的终极价值层面，也就是发展价值问题。发展的根本问题影响整个经济社会发展的制度设计、发展进程、具体政策的制定与实施。中国共产党在解决经济社会发展根本问题上提出了以人民为中心的思想，作为解决其他发展问题的终极价值引领。

一、人的问题是发展的根本问题

人的问题始终是马克思主义唯物史观的核心问题。马克思主义认为，人类社会是由人构成的，人的实践活动始终是人类社会存在的主要方式，也是人类社会得以正常运转和向前发展的物质基础与根本动力，人是实践活动的主体，也是实践活动的目的。所以，毛泽东指出，"为什么人的问题，是一个根本的问题，原则的问题。"[1] 马克思主义理论始终以人的问题为导向，把人的解放、人的发展作为研究的出发点和落脚点。

围绕为什么人的问题继续讨论，就是为多数人还是为少数人的问题。社会主义社会以前的所有阶级社会都是为了维护少数剥削阶级的统治地位和利益的，只有社会主义和共产主义运动，才是为绝大多数人谋解放、谋利益的

---

[1] 《毛泽东选集》第三卷，人民出版社 1991 年版，第 857 页。

活动。社会主义社会以前的阶级社会，生产资料私有制是其社会运转的制度
基础。不管是奴隶社会、封建社会，还是资本主义社会，私有制运转的结果
只能是少数人占有社会的绝大多数生产资料，多数人只有少数生产资料或者
没有任何生产资料，社会不得不以革命的形式，打破生产资料占有上的两极
分化，达到新的平衡，形成"历史周期律"。在奴隶社会，奴隶主不但占有
生产资料，而且占有奴隶的身体，奴隶被视为奴隶主的私有财产，没有人身
自由。在封建社会中，地主阶级占有社会主要的生产资料特别是土地，封建
社会的土地集中程度很高，当土地集中到一定程度，就会发生以"均田地"
为主要内容的农民起义，通过推翻旧的王朝，实现朝代更替，以达到新的土
地占有平衡。资本主义社会是人类社会的一大进步，但是在生产资料占有这
个问题上甚至比封建社会更彻底，"整个社会日益分裂为两大敌对的阵营，
分裂为两大相互直接对立的阶级：资产阶级和无产阶级"①。生产资料占有状
况决定产品占有与分配状况。这个规律也就决定了生产资料占优势的阶级一
般来说也是社会的统治阶级，并成为剥削被统治阶级的剥削阶级；生产资料
占有处于劣势地位的阶级就沦为被统治阶级和被剥削阶级。这些类型的社会
发展目的主要是为统治阶级和剥削阶级服务，也就是为少数人服务。

　　社会主义社会、共产主义社会通过建立生产资料公有制、消灭生产资
料私有制，积累为绝大多数人服务的物质基础。因为消灭生产资料私有制，
实行公有制，就能消除少数人依靠生产资料占用权而剥削其他人的可能性，
让经济社会发展为绝大多数劳动者服务的前提。正如马克思和恩格斯指出，
"过去的一切运动都是少数人的，或者为少数人谋利益的运动。无产阶级的
运动是绝大多数人的，为绝大多数人谋利益的独立的运动。"②毛泽东强调，
"共产党人的一切言论行动，必须以合乎最广大人民群众的最大利益，为最
广大人民群众所拥护为最高标准。"③习近平在党的十九大报告中提出"以人
民为中心"，"人民是历史的创造者，是决定党和国家前途命运的根本力量。
必须坚持人民主体地位，坚持立党为公、执政为民，践行全心全意为人民服

---

① 《马克思恩格斯选集》第 1 卷，人民出版社 2012 年版，第 401 页。
② 《马克思恩格斯选集》第 1 卷，人民出版社 2012 年版，第 411 页。
③ 《毛泽东选集》第三卷，人民出版社 1991 年版，第 1096 页。

务的根本宗旨，把党的群众路线贯彻到治国理政全部活动之中，把人民对美好生活的向往作为奋斗目标，依靠人民创造历史伟业。"[①] 这些都体现了社会主义运动和共产主义运动，是为了服务绝大多数人的运动。

人的发展是解决中国所有问题的关键。1993 年 9 月 16 日，邓小平同志与弟弟邓垦谈话时指出："十二亿人口怎样实现富裕，富裕起来怎样分配，这都是大问题。题目已经出来了，解决这个问题比解决发展起来的问题还困难。分配的问题大得很。我们讲要防止两极分化，实际上两极分化自然出现。要利用各种手段、各种方法、各种方案来解决这些问题。中国人能干，但是问题也会越来越多，越来越复杂，随时都会出现新问题。少部分人获得那么多财富，大多数人没有，这样发展下去总有一天会出问题。分配不公，会导致两极分化，到一定时候问题就会出来。这个问题要解决。过去我们讲先发展起来。现在看，发展起来以后的问题不比不发展时少。"[②] 中国经过几十年的改革开放取得了巨大成就，同时也积累了诸多的经济问题、社会矛盾、民生短板和生态环境危机。习近平同志指出，"作为一个拥有 13 亿多人口的世界最大发展中国家，发展是解决中国所有问题的关键，也是中国共产党执政兴国的第一要务。"[③] 发展是解决中国所有问题的关键，然而这里的发展已经不仅是指物质生产的发展问题，更多的是要解决好收入分配问题。收入分配问题是一个社会公平正义问题，也是一个事关社会能否持续健康发展的大问题，当然，这个问题在本质上属于人的问题。

"为什么人"的问题在发展领域就表现为发展"为什么人、由谁享有"这个核心问题。这个问题可以再进一步具体化为"发展为了谁、发展依靠谁、发展成果由谁享有"等系列问题。其中，"发展为了谁"是要解决发展目的问题；"发展依靠谁"是要解决发展的依靠力量问题；"发展成果由谁享有"是要解决发展的价值问题。

---

① 习近平：《决胜全面建成小康社会 夺取新时代中国特色社会主义伟大胜利》，《人民日报》2017 年 10 月 19 日。

② 中共中央文献研究室编：《邓小平年谱（1904—1974）》下卷，中央文献出版社 2004 年版，第 1364 页。

③ 习近平：《致"纪念〈发展权利宣言〉通过 30 周年国际研讨会"的贺信》，2016 年 12 月 4 日，见 http://www.xinhuanet.com//politics/2016-12/04/c_1120048817.htm。

二、以人民为中心的发展思想

中国共产党在十八届五中全会上明确提出，"人民是推动发展的主体和根本力量，实现好、维护好、发展好最广大人民根本利益是发展的根本目的。必须坚持以人民为中心的发展思想，把增进人民福祉、促进人的全面发展作为发展的出发点和落脚点"。①自此，以人民为中心的发展思想成为我们党推动发展的核心思想，是贯穿新发展理念的一条主线，是我们党关于发展价值目标的根本表述，并从中国发展的现实层面找到了一条实践马克思主义关于人的自由全面发展思想的具体路径。

（一）以人民为中心的发展思想的理论依据

习近平指出，"以人民为中心的发展思想，体现了我们党全心全意为人民服务的根本宗旨、人民是推动历史发展的根本力量的唯物史观和社会主义共同富裕的目标要求。"②从这段话中，我们能够洞悉中国共产党提出以人民为中心的发展思想的理论依据。这些理论依据可以归为三个方面。

第一，唯物史观关于人民是历史主体和历史创造者的观点。历史唯物主义从生产方式在人类社会存在和发展的基本条件出发，论证了人民群众是历史的主体和历史的创造者这一基本观点。马克思恩格斯在《德意志意识形态》中指出，"我们首先应当确定一切人类生存的第一个前提，也就是一切历史的第一个前提，这个前提就是：人们为了能够'创造历史'，必须能够生活。但是为了生活，首先就需要衣、食、住以及其他东西。因此第一个历史活动就是生产满足这些需要的资料，即生产物质生活本身，而且，这是人们从几千年前直到今天单是为了维持生活就必须每日每时从事的历史活动，是一切历史的基本条件。""这种活动的基本形式当然是物质活动，一切其他的活动，如精神活动、政治活动、宗教活动等都取决于它。"③马克思恩格斯认为历史

---

① 《中共中央关于制定国民经济和社会发展第十三个五年规划的建议》，《人民日报》2015年11月4日。

② 中共中央宣传部编：《习近平总书记系列重要讲话读本（2016年版）》，学习出版社、人民出版社2016年版，第127—129页。

③ 《马克思恩格斯选集》第1卷，人民出版社2012年版，第158、203页。

的第一个前提是物质生产活动，物质生产活动又是精神、政治、宗教等活动的基础。人民群众正是人类全部历史活动即物质生产、精神生产、政治变革等活动的承担者和主体。正是这些物质的和精神的实践活动才推动了人类历史的发展。毛泽东更是直接指出："人民、只有人民，才是创造世界历史的动力。"[①]唯物史观关于人民是历史主体、历史创造者和发展动力的观点，是我们党提出"以人民为中心的发展思想"的第一个理论依据。

第二，党的初心与使命。马克思恩格斯在《共产党宣言》中提出，"无产阶级的运动是绝大多数人的，为绝大多数人谋利益的独立的运动"。[②]"为绝大多数人谋利益"就是无产阶级运动的最初动机，实际上也就是初心和使命的一种表述。党的十九大报告将中国共产党人的初心和使命概括为："中国共产党人的初心和使命，就是为中国人民谋幸福，为中华民族谋复兴。"[③]党的十九大召开的时间，虽然距离党的一大召开将近一百年，但是十九大关于党的初心与使命的提法，却是对中国共产党成立百年以来自觉践行"为人民服务"宗旨的鲜明写照和准确概括，体现了中国共产党的党性与人民性的始终一致性。所以，"不忘初心、牢记使命"，是中国共产党能够始终坚持"以人民为中心的发展思想"的历史自觉。

第三，社会主义本质论。回顾党的十一届三中全会以前的历史，我们党领导人民在革命和建设过程中都取得了巨大的历史成就，但也出现了一些探索上的失误，付出过沉重的代价。出现这些失误和代价都有一个思想认识上的根源，这就是对"什么是社会主义，怎样建设社会主义"这个基本问题没有搞清楚。这个基本问题属于社会主义本质层面上的问题。在改革开放最初的 14 年实践中，邓小平也一直在思索这个被他称为"首要的基本理论问题"。直到 1992 年初，邓小平在南方谈话中，才正式提出，"社会主义的本质，是解放生产力，发展生产力，消灭剥削，消除两极分化，最终达到共同富裕"。[④] 这是邓小平基于实践基础上长期思考的科学论断。共同富裕是社

---

① 《毛泽东选集》第三卷，人民出版社 1991 年版，第 1031 页。

② 《马克思恩格斯选集》第 1 卷，人民出版社 2012 年版，第 411 页。

③ 习近平：《决胜全面建成小康社会 夺取新时代中国特色社会主义伟大胜利》，《人民日报》2017 年 10 月 19 日。

④ 《邓小平文选》第三卷，人民出版社 1993 年版，第 373 页。

会主义社会的根本要求，也是邓小平专门针对可能出现的"两极分化"问题而提出的。邓小平在 1985 年的一次讲话中明确指出，"如果我们的政策导致两极分化，我们就失败了"。[①] 在改革开放实践中，我们虽然很好地解决了"先富"问题，"共富"问题却依然存在，且出现了"发展不平衡不充分"的新问题，地区差距、城乡差距、行业差距，已经成为推高我国基尼系数的主要因素。为此，党的十九大指出，"新时代我国社会主要矛盾是人民日益增长的美好生活需要和不平衡不充分的发展之间的矛盾，必须坚持以人民为中心的发展思想，不断促进人的全面发展、全体人民共同富裕"。[②]"以人民为中心的发展思想"就是针对新时代我国社会主要矛盾而提出的对治之方，也是实现社会主义"共同富裕"本质要求的主要途径。

（二）以人民为中心的发展思想的基本内涵

习近平指出："以人民为中心的发展思想，不是一个抽象的、玄奥的概念，不能只停留在口头上、止步于思想环节，而要体现在经济社会发展各个环节。要坚持人民主体地位，顺应人民群众对美好生活的向往，不断实现好、维护好、发展好最广大人民根本利益，做到发展为了人民、发展依靠人民、发展成果由人民共享。"[③] 这段话为我们认识"以人民为中心的发展思想"的基本内涵提供了一个视角。

首先，"发展为了人民"是中国共产党提出"以人民为中心的发展思想"的根本目的。"实现好、维护好、发展好最广大人民根本利益是发展的根本目的。"[④] 很多国家在发展的初期，把经济增长等同于经济发展，甚至把GDP增长作为经济发展的唯一评价标准。中国在改革开放以来的很长一段时间里，也是把增长等同于发展。很多地方以 GDP 论英雄，把 GDP 作为官员政

---

① 《邓小平文选》第三卷，人民出版社 1993 年版，第 111 页。

② 习近平：《决胜全面建成小康社会　夺取新时代中国特色社会主义伟大胜利》，《人民日报》2017 年 10 月 19 日。

③ 习近平：《在省部级主要领导干部学习贯彻党的十八届五中全会精神专题研讨班上的讲话》，《人民日报》2016 年 5 月 10 日。

④ 《中共中央关于制定国民经济和社会发展第十三个五年规划的建议》，《人民日报》2015 年 11 月 4 日。

绩考核的主要标准，导致各地竞相开展 GDP 竞赛，不断引资上项目，要素驱动、投资驱动成为经济增长的主要动力。这种粗放式发展必然带来资源消耗过快、环境污染严重，甚至引发生态危机。高楼大厦的数量和高度、街道的宽度、立交桥的宏伟程度，成为城市形象和发展标志。这种发展虽然在一定程度上也带来了人民生活水平的提升和便利化，但这是一种以"物"为中心的发展，不是一种以"人"和"人民"为中心的发展。把发展的目的重新回归到"人"自身，特别回归到广大人民群众身上，是我们党对我国发展实践的经验反思和理论超越，也是对马克思关于未来社会"人的自由全面发展"本质的一种回归。

其次，"发展依靠人民"体现了人民是推动社会发展的根本动力。离开了人民，将一事无成；依靠人民，才能创造历史伟业。"发展依靠人民"必须尊重人民群众的首创精神，激发全体人民积极性、主动性、创造性。历史反复证明，人民是历史发展和社会进步的主体力量，是物质财富与精神财富的主要创造者，也是变革社会、推动发展的最终决定力量。纵观我们党领导的社会主义革命、建设、改革的全部历史，其中的每一个环节之所以能够最终取得胜利，都离不开人民群众的衷心拥护与全力支持，都凝结着人民群众的辛勤、汗水、智慧和力量。我们党带领人民在全面建成小康社会基础上，已经开启了全面建设社会主义现代化国家的新征程，团结一心向着第二个百年奋斗目标进军。新形势下我国发展面临的国内外环境正在发生深刻复杂变化，前进道路上面临的风险和困难前所未有，必须紧紧依靠人民，充分调动和发挥广大人民群众的积极性、主动性、创造性，凝聚起磅礴力量，才能把宏伟蓝图变为现实。一方面，要发挥人民的首创精神。人民是历史的创造者，人民是真正的英雄。邓小平同志曾深有感触地说："农村搞家庭联产承包这个发明权是农民的，农村改革中的好多东西都是基层创造出来的，我们把它拿来加工提高作为全国的指导。"[①]改革开放过程中有很多新鲜的经验和做法来自人民，人民群众是改革开放的伟大创造者。落实新发展理念，推动"大众创业、万众创新"，必须激发和释放人民群众的创造活力，把各方面人才更好地使用起来，鼓励基层群众先行先试，大胆探索新路子，推动

---

① 《邓小平文选》第三卷，人民出版社 1993 年版，第 382 页。

新技术、新产业、新业态加快发展。另一方面，要从人民群众中汲取智慧和力量。"人民群众有着无尽的智慧和力量，在人民面前，我们永远是小学生。必须充分尊重人民所表达的意愿、所创造的经验、所拥有的权利、所发挥的作用，自觉拜人民为师，向能者求教，向智者问策。"[1] 必须充分尊重人民所表达的意愿、所创造的经验、所拥有的权利、所发挥的作用。坚持问政于民、问需于民、问计于民，广泛听取群众意见，从人民群众的实践中总结经验，动员和依靠全体人民，积极支持和参与建设，共同担负起推动发展的责任。

第三，"发展成果由人民共享"体现了中国特色社会主义的发展价值。既然人民是推动发展的主体和根本动力，人民也应该是发展成果的享有者，这既是理论和道义上的天经地义，也是社会主义的本质要求。如前所述，邓小平明确告诫，"如果我们的政策导致两极分化，我们就失败了"[2]。当然，实现共同富裕不是一蹴而就的，也很难在过程上做到同步。在整体对改革开放持担忧、怀疑和观望态度的历史大背景下，只能鼓励一部分地区、一部分人"先富"起来，然后由"先富"带动"后富"，进而才能达到"共同富裕"。这种政策是在改革开放初期那种特殊背景下的不得已的战略选择，本质上也是一种"非均衡"的发展战略，如果在发展进程中处理不好"做大蛋糕"与"分好蛋糕"的关系，很容易出现邓小平所担忧的"两极分化"局面。经过四十多年的改革开放和快速发展，我们的蛋糕做得很大，中国自 2010 年起就稳居世界第二大经济体，给老百姓也带来了很多实惠，但是区域差距、城乡差距、行业差距、行业内部差距等都在逐渐拉大，客观上推高了基尼系数，拉大了贫富差距，使收入分配问题凸显出来，解决好这个问题也成为让全体人民共享改革发展成果的关键环节。"发展成果由人民共享"的核心是促进社会公平正义，目标是实现全体人民共同富裕。"发展成果由人民共享"，是"发展为了人民"目标的最终实现，是"发展依靠人民"根本动力的有效保障。只有实现了让全体人民共享改革发展成果，才能持续激发全体人民参与社会

---

[1]　中共中央宣传部编：《习近平新时代中国特色社会主义思想学习纲要》，学习出版社、人民出版社 2019 年版，第 43 页。

[2]　《邓小平文选》第三卷，人民出版社 1993 年版，第 111 页。

主义建设的积极性、主动性、创造性，进而汇集成实现中华民族伟大复兴中国梦的磅礴力量。

由此可见，"发展为了人民、发展依靠人民、发展成果由人民共享"构成了"以人民为中心的发展思想"的基本内涵，涵盖了发展目的、发展动力和发展价值，这三个方面相辅相成、相互依存，具有内在的逻辑统一性。

（三）坚持以人民为中心发展思想的价值旨归与现实抓手

党的十八届五中全会提出，"必须坚持以人民为中心的发展思想，把增进人民福祉、促进人的全面发展作为发展的出发点和落脚点"[①]。党的十九届五中全会进一步提出，"坚持把实现好、维护好、发展好最广大人民根本利益作为发展的出发点和落脚点……扎实推动共同富裕，不断增强人民群众获得感、幸福感、安全感，促进人的全面发展和社会全面进步。"[②] 从发展的现实视角来看，"促进人的全面发展""民生为要"始终是"坚持以人民为中心的发展思想"价值旨归与现实抓手。

必须以"促进人的全面发展"为谋划和推动发展的价值旨归。发展的根本目的是指向人的，这是马克思主义发展思想的价值旨归。马克思恩格斯在《共产党宣言》中提出共产主义社会是一个自由人联合体，"在那里，每个人的自由发展是一切人的自由发展的条件。"[③] 马克思在《资本论》中进一步指出，"每一个个人的全面而自由的发展"是构成更高级社会即共产主义社会形态的"基本原则"[④]。以此为理论依据，中国共产党 2001 年正式提出了，"努力促进人的全面发展，是马克思主义关于建设社会主义新社会的本质要求"[⑤]。党的十七大报告强调，科学发展观的核心是"以人为本"[⑥]，并

---

① 《中共中央关于制定国民经济和社会发展第十三个五年规划的建议》，《人民日报》2015 年 11 月 4 日。

② 《中共中央关于制定国民经济和社会发展第十四个五年规划和二○三五年远景目标的建议》，《人民日报》2020 年 11 月 4 日。

③ 《马克思恩格斯选集》第 1 卷，人民出版社 2012 年版，第 422 页。

④ 《资本论》第 1 卷，人民出版社 2004 年版，第 683 页。

⑤ 江泽民：《在庆祝中国共产党成立八十周年大会上的讲话》，《求是》2001 年第 13 期。

⑥ 胡锦涛：《高举中国特色社会主义伟大旗帜　为夺取全面建设小康社会新胜利而奋斗》，《人民日报》，2007 年 10 月 15 日。

对人的全面发展作了进一步的论述。新时代"坚持以人民为中心的发展思想",也必须以"促进人的全面发展"为根本价值旨归,就是要从"以物为本"转向"以人为本",将"人的发展"置于"物的增长"之上,彻底抛弃唯 GDP 导向的政绩观,始终把"人的发展"作为我们党谋划和推动发展的最高价值与根本尺度。

始终坚持"民生为要"。在现实层面,坚持以人民为中心的发展思想,必须牢牢扭住"人民根本利益"这个最主要的抓手,始终强调"民生为要"。"坚持以人民为中心的发展思想"不能仅仅是空洞的口号,必须是实实在在的现实行动。这个现实行动的主要抓手,就是要"实现好、维护好、发展好最广大人民根本利益",要"扎扎实实解决好群众最关心最直接最现实的利益问题、最困难最忧虑最急迫的实际问题"①。在实际行动中,"实现最广大人民根本利益"必须有一个切入点,这个点就是解决好"民生"问题,必须要多谋民生之利,多解民生之忧,切实解决老百姓实实在在的现实生活问题。经过四十多年的快速发展,我国的经济总量稳居世界第二位,经济发展取得举世瞩目的奇迹。然而,民生领域依然有很多"短板"亟待补齐。比如收入分配差距依然较大,就业、教育、医疗、居住、养老等公共服务领域,仍然存在着供给不足和共享不足等问题。要让人民群众共享改革发展成果,必须补齐民生领域的短板。"要完善各项社会政策,努力提高就业、养老、教育、医疗、环境保护等公共服务水平和质量。"②让老百姓切实过上幸福美好生活,是我们党"坚持以人民为中心的发展思想"的最终体现。

---

① 《习近平谈治国理政》第二卷,外文出版社 2017 年版,第 364 页。
② 《习近平谈治国理政》第二卷,外文出版社 2017 年版,第 367 页。

第四章　新发展理念的基本内涵与内在逻辑

习近平指出，"新发展理念是一个系统的理论体系，回答了关于发展的目的、动力、方式、路径等一系列理论和实践问题，阐明了我们党关于发展的政治立场、价值导向、发展模式、发展道路等重大政治问题。"① 新发展理念所包含的五大发展理念既各有侧重，又相互支撑，共同构成了一个系统化的逻辑体系，成为引领我国经济社会发展全局的行动指南。在立足于新发展理念整体性和系统性的基础上，我们将分别解析每一发展理念的具体内涵，然后回归新发展理念的整体性与系统性，建构其内在逻辑，以更好把握新发展理念的基本内涵与内在逻辑。

第一节　创新是引领发展的第一动力

从新发展理念的动力系统来看，创新是引领发展的第一动力。党的十八届五中全会提出，"必须把创新摆在国家发展全局的核心位置，不断推进理论创新、制度创新、科技创新、文化创新等各方面创新，让创新贯穿党和

---

① 习近平：《完整准确全面贯彻新发展理念》，《新华每日电讯》2021 年 1 月 30 日。

国家一切工作，让创新在全社会蔚然成风。"①新发展理念所追求的高质量发展，必须以创新为主要驱动力量。

一、关于创新含义的讨论

曾几何时，创新一词也似乎到了被滥用的程度，从经济术语到了科技术语，再到文化范畴和政治领域，等等。人们从不同角度给予其以创造性发挥，把一切的标新立异或推陈出新的活动都归结为创新，创新的含义也与创新之本义渐行渐远。

关于创新的含义可谓众说纷纭，而且语义似是而非。从汉语语义来看，创新，即抛开旧的，创造新的。②创新不但要创造新事物，还要抛开旧事物，就是推陈出新、破旧立新之意。从建设"创新型国家"的角度看，"创新"主要是指科技创新。

创新理论创始人、美国经济学家熊彼特认为，所谓"创新"就是"生产函数的变动"③，即"生产要素的重新组合"，就是要把一种从来没有的关于生产要素和生产条件的"新组合"引进到生产体系中去，以实现对生产要素或生产条件的"新组合"。熊彼特所指的"创新"主要包括五种情况：采用一种新的产品或一种产品的一种新的特性；采用一种新的生产方法；开辟一个新的市场；掠取或控制原材料或半制成品的一种新的供应来源；实现任何一种工业的新的组织，比如造成或打破一种垄断地位。④

熊彼特创新理论的特点主要体现在以下几个方面：创新是在生产过程中内生的；创新是一种"革命性"变化；创新同时意味着毁灭；创新的主体是"企业家"；创新是经济发展的本质规定。熊彼特"创新理论"最主要的特色莫过于强调"生产技术的革新和生产方法的变革在经济发展过程中具有至高

---

① 《中共中央关于制定国民经济和社会发展第十三个五年规划的建议》，《人民日报》2015年11月4日。

② 中国社会科学院语言研究所词典编辑室编：《现代汉语词典》，商务印书馆2012年版，第205页。

③ ［美］约瑟夫·熊彼特：《经济发展理论》，何畏等译，商务印书馆1990年版，第290页。

④ ［美］约瑟夫·熊彼特：《经济发展理论》，何畏等译，商务印书馆1990年版，第73—74页。

无上的作用和无可替代的地位"。由此可见，熊彼特认为，创新主要是应用于经济领域，主要是指生产技术的革新和生产方法的变革在经济发展中的应用。这可以视为创新含义的本源。

创新与发明不同。熊彼特认为，"只要发明还没有得到实际上的应用，那么在经济上就是不起作用的。而实行任何改善并使之有效，这同它的发明是一个完全不同的任务，而且这个任务要求具有完全不同的才能。……作为企业家职能而要付诸实际的创新，也根本不一定必然是任何一种发明。"[1] 所以，发明是一个科技行为，创新应该更多地被看作是一个经济行为。发明是科学家的职责，创新是企业家的天职。如果一个科学家把自己的发明应用于生产，那么他已经兼具了企业家的身份。在熊彼特看来，企业家不是一种职业，一个人只有当他实际上"实现新组合"的时候才是企业家。[2]

熊彼特是公认的创新理论的提出者和大师，其关于创新的定义和核心理念也成为后继者发展创新理论的出发点。从熊彼特列举的五种"新组合"来看，创新不仅仅指技术创新，还包括产品创新、非技术的组织创新和市场创新等。从他对发明与创新的区别来看，单纯的发明并不是创新，发明的应用并产生经济上的效用才属于创新。

后来的经济学家对熊彼特的创新理论进行了发展，主要包括三个方面[3]。

第一，技术创新理论。该创新学派强调技术创新和技术进步在经济发展中的核心作用，着重研究包括技术扩散、转移和推广在内的技术创新体系，并建立了技术创新扩散、创新周期等理论模型。代表人物有索罗、曼斯菲尔德和弗里曼等。弗里曼指出，技术创新就是指新产品、新过程、新系统和新服务的首次商业性转化。经合组织（1978）认为，创新是设想或发明的商业化过程。

第二，制度创新理论。以道格拉斯·诺思、兰斯·戴维斯等人为代表的制度创新理论学派认为，制度创新是指经济的组织形式或经营方式的革新。诺思提出，制度创新决定技术创新，技术创新在很大程度上依赖制度创新。

---

① ［美］约瑟夫·熊彼特：《经济发展理论》，何畏等译，商务印书馆1990年版，第98页。

② ［美］约瑟夫·熊彼特：《经济发展理论》，何畏等译，商务印书馆1990年版，第87页。

③ 参阅陈宇学：《创新驱动发展战略》，新华出版社2014年版，第21—25页。

第三，德鲁克的创新理论。彼特·德鲁克（Peter F. Drucker）将创新概念引入管理领域，其创新观点主要包括：创新是一个经济或社会术语，而非科技术语；创新包括技术创新、管理创新和社会创新三类；运作和需求层面的管理创新和社会创新意义非凡。比如，分期付款方式完全改变了经济，任何地方只要引进了分期付款制度，它就能将当地的经济从供给驱动型变为需求驱动型，而无须顾忌当地的生产力水平。[①]

从上述关于创新含义的讨论来看，创新的含义主要可以从以下几个方面来理解。

首先，创新更多属于经济学范畴，是科技特别是技术上的发明在商业活动中的应用。通过对创新含义的考察，本文比较倾向于从熊彼特关于创新含义出发来认识创新的含义。创新不仅仅是一种科技活动，更重要的是经济活动和社会发展活动，应该主要从经济学范畴来认识创新活动，而不能仅仅停留在科技方面。简单说来，创新＝发明＋应用，就是科技特别是技术上的发明在商业活动中的应用，两者缺一不可，特别是后者，没有在商业中的开发应用，就不能成为真正意义上的创新活动。

其次，创新必须具有首创性、突破性和应用性。创新强调首创性和突破性，只有首次的科技成果转化为现实生产力的应用活动才是创新活动，以后的常规性生产活动只是普通的经营活动而非创新活动。创新强调应用性，创新活动必须具备经济价值和效用，没有转化为现实生产力的科技发明只是创新活动的前提条件中的一种。

再次，创新的主体应该是企业而非科研机构和高校，执行创新活动职责的是企业家而非科学家。如果一个科研机构执行了科技成果的现实转化应用，则属于科研机构执行了企业的职能。一个科学家承担了其发明成果的生产应用转化工作，则他同时兼具了企业家职能。

最后，从内容来看，创新主要包括技术创新、制度创新和管理创新，主要与企业生产经营活动的首次突破等相关。当然，目前创新概念已经泛化，可以把创新理解为全方位的开创性活动。

---

① ［美］彼特·德鲁克：《创新与企业家精神》，蔡文燕译，机械工业出版社 2013 年版，第 28 页。

在研究创新含义的过程中，应该防止两种极端倾向：第一，防止把创新简单化为科技活动，科技创新实质上是科技进步和发展，属于科学范畴的研究活动；第二，防止把创新概念泛化和滥用。

概而言之，从狭义上来看，创新主要是指科技特别是技术上的发明在商业活动中的首次应用；从广义上来说，创新泛化为全方位的开创性活动。创新是一个复杂的系统工程。作为一个系统工程，不同的创新主体相互影响、协同发力；创新不仅包括科技发明创造，也包括科技成果的转移、转化和应用；创新不仅是科技和经济行为，更是社会变革；创新活动的实现需要政策、制度、资金、人才、市场机制、文化心理等方面的支持和融合。

二、创新发展的基本内涵

创新与创新发展的主要区别在于，创新只是一种开创性活动，这种活动是发展的一种动力；而创新发展则主要是一种发展类型。因此，创新发展的含义要从创新与发展两个方面来界定，其实质就是，用创新来驱动发展，是一种技术引领型的发展类型。

从创新发展的相关材料来看，创新发展的基本内涵主要从发展动力、发展方式、发展类型和技术供给来源等几个方面来理解和把握。

首先，从动力角度来看，创新发展必须使创新成为驱动经济社会发展的第一动力。发展的动力是一个系统，包括要素投入、投资驱动、出口拉动、创新驱动等方面。从我国发展的实际情况来看，从要素驱动和投资驱动转换为创新驱动，其实质就是要实现发展动力的转换。所以，创新发展是主要依靠创新来驱动经济社会发展的一种发展类型。

其次，从发展方式来看，创新发展必须依靠持续不断的创新活动来推动经济社会发展，就是要保持创新活动的前后相续性。这个含义与熊彼特的"创造性破坏"（creative destruction）思想基本一致，就是说经济发展建立在不断地采用新技术、新工艺、新产品和新的管理模式上，建立在不断实现新的突破上。新产品的采用会导致旧产品的技术价值加速老化和贬值，从而获取本该属于旧技术的利润。创新型发展就是把发展建立在不断用新技术和新产品来取代旧技术和旧产品的过程。建立在这种发展类型基础上的国家就是创新型国家。

第三，从世界范围来看，创新发展是一种全球性的科技引领型发展。从世界范围内的横向比较中，创新发展应该是一种在技术上和管理上处在领先地位，实现从后发型的技术跟踪模仿为主转变到拥有更多先发技术优势的引领型发展。全球创新型国家获得的三方专利（美国、欧洲和日本授权的专利）数占到世界总量的97%。[①] 后发国家在其发展初期，技术类型主要是以跟踪模仿为主，发展到一定时期，就需要实现向科技引领型转变。毫无疑问，创新型国家就是这种科技引领型的国家。

第四，从技术供给来源上看，创新发展必须以自主研发为主，以技术引进为辅。技术供给有两种来源，一种是自主研发，一种是技术引进，其中技术引进又包括从国内其他企业引进和从国外引进两种。创新发展中的技术来源必须以自主研发为主，以技术引进为辅。是否属于创新型发展的衡量标准主要是看科技进步贡献率和对外技术依存度两个指标。一般来说，创新型国家的科技进步贡献率在70%以上，对外技术依存度指标在30%以下。[②]

从相关材料分析，我们必须界定清楚以下几种关系，才能更好地理解和把握创新发展的含义。

第一，科技创新与其他创新的关系。科技创新是全面创新的核心和主要方面。技术创新中又要处理好关键技术创新和一般技术创新的关系。

第二，自主创新与引进技术的关系。科技创新必须要以自主创新为主，技术引进和模仿为辅。

第三，政府推动与市场主导的关系。创新必须依靠市场机制的主导作用，市场机制主导创新的作用主要表现在两个方面，一是市场配置创新资源的决定性作用，二是市场竞争能够培育企业创新动力的激励作用；创新也要发挥好政府的关键作用和推动作用，政府要积极支持与资助社会的创新活动、营造创新氛围、培育创新文化。政府不能替代创新主体进行创新活动，政府在创新活动中决不能急躁、违背市场规律和创新规律，因为离开了市场平等竞争和激烈竞争，创新主体就不会有创新动力与创新活动。

①　李薇薇：《科技部：创新型国家具备四大共同特征》，《光明日报》2006 年 2 月 5 日。
②　李薇薇：《科技部：创新型国家具备四大共同特征》，《光明日报》2006 年 2 月 5 日。

第四，科技与经济的关系。只有符合市场需求、具备转化条件的科技成果，才能够转化为现实的生产力。科技创新活动只有与经济活动对接、融合，科技研发成果才能符合市场需求，具备现实的转化条件，才能提高科技成果转化率和科技进步贡献率。

第五，企业与科研机构的关系。企业是创新的主体、企业家是创新活动的主要组织者和推动力量，必须发挥企业和企业家在创新活动中的主体地位和推动力量。科研机构要面向市场和企业，科研方向和成果要以市场需求为导向，以提高科研成果转化为现实生产力的可能性和可行性。

这五种关系界定清楚了，我们就能够更好地理解和把握创新发展的基本内涵。

由此可见，作为一种发展类型，创新发展就是用创新来驱动发展，创新是发展的主要动力；创新包括全方位的创新，核心是科技创新；技术来源主要依赖自主研发；企业与企业家是推动创新发展的主体。

三、创新驱动发展思想的内在逻辑

中国共产党从最初提出"创新"概念和思想到实施创新驱动发展战略有20多年的时间，其创新发展思想逐步形成了一个系统的发展理论。这个思想的主要内容包括以下几个方面。

第一，创新是发展的第一动力。从创新与发展的关系来说，创新是发展的动力。要让创新成为引领我国经济社会发展的第一动力，依靠创新驱动打造发展新引擎，实现以创新驱动为主的发展。创新发展主要依靠双轮来驱动，就是主要依靠科技创新与体制机制创新这两个轮子来共同驱动经济社会发展，双轮必须要相互配合、协调发力。[①] 其中，科技创新是首要方面；科技创新又极大地受制于体制机制创新。我国创新动力不足的主要原因就是我国的体制机制不能使科技创新活力得到高效发挥，所以必须从体制机制改革和创新入手，释放科技创新的活力。体制机制创新思想来源于制度创新，通过体制机制创新来改革阻碍科技创新的生产关系和制度环境，以最大限度地

---

① 中共中央、国务院：《国家创新驱动发展战略纲要》，《光明日报》2016 年 5 月 20 日。

释放科技创新活力。双轮驱动就是从生产力和生产关系两个层面、硬实力和软实力两个维度来解决创新驱动发展问题。

第二，创新发展主要是指科技创新驱动经济发展。中国共产党提出，创新包括理论创新、制度创新、科技创新、文化创新等方面的内容，后来又增加了管理创新、商业模式创新、业态创新等内容，在这些创新活动中科技创新是核心。中国共产党的创新思想从一开始就主要是指科技创新，目的是为了全面落实"科学技术是第一生产力"思想。《国家创新驱动发展战略纲要》指出，"国家力量的核心支撑是科技创新能力"①，说明科技创新是创新的核心和主要方面。正如习近平所说，"科技创新是核心，抓住了科技创新就抓住了牵动我国发展全局的牛鼻子。"②

第三，创新发展的立足点是提高自主创新能力。从根本上说，自主创新能力是一个国家综合竞争力的核心。坚持和实现创新发展，必须立足于提高自主创新能力，特别是要增强原始创新能力。提升我国的科技实力要坚持自主研究开发与引进国外先进技术相结合，但是"在关系国民经济命脉和国家安全的关键领域，真正的核心技术、关键技术是买不来的，必须依靠自主创新"。③ 因此，立足于自主创新能力的提升和自主品牌的培育才是根本，也是解决我国"卡脖子"难题的关键。

第四，强调企业和企业家是创新的主体。虽然中国共产党认为创新的主体包括科研院所、高校、企业等，科学家、工程师等科技工作者和企业家是从事创新活动的人才，但是长期以来我国企业与企业家的创新作用还没有得到应有的发挥。现在中国共产党已经开始认识并强调要发挥企业家的重要作用和企业家精神："建设以企业为主体、市场为导向、产学研相结合的技术创新体系，使企业真正成为研究开发投入的主体、技术创新活动的主体和创新成果应用的主体"④；"发挥企业家在创新创业中的重要作用，大力倡导企

---

① 中共中央、国务院：《国家创新驱动发展战略纲要》，《光明日报》2016 年 5 月 20 日。

② 习近平：《为建设世界科技强国而奋斗》，《人民日报》2016 年 6 月 1 日。

③ 胡锦涛：《坚持走中国特色自主创新道路　为建设创新型国家而努力奋斗》，《求是》2006年第 2 期。

④ 胡锦涛：《坚持走中国特色自主创新道路　为建设创新型国家而努力奋斗》，《求是》2006年第 2 期。

业家精神"。①

第二节　协调是持续健康发展的内在要求

协调是持续健康发展的内在要求。必须牢牢把握中国特色社会主义事业总体布局，正确处理发展中的重大关系，重点促进城乡区域协调发展，促进经济社会协调发展，促进新型工业化、信息化、城镇化、农业现代化同步发展，在增强国家硬实力的同时注重提升国家软实力，不断增强发展整体性。② 协调发展既是一种经济社会发展的方法，又是经济社会发展的一种状态。

一、关于协调含义的讨论

协调的内涵非常丰富，我们既要全面搞清楚它的含义，又要抓住它的核心要义。

在汉语释义中，"协调"有两个词性：第一，形容词，配合得当；第二，动词，使配合得当。"协"有"调和、和谐，共同"等义。③ 可见，协调有和谐一致、配合得当的意思。当动词使用的时候，有使各方面配合得当、和谐一致的意思。

协调的哲学含义来自辩证唯物主义的普遍联系观点和系统论思想。辩证唯物主义认为：物质世界是普遍联系的统一整体；任何事物都作为一个系统而存在；事物与事物、事物内部各要素之间都是互相依存、互相制约、互相

---

① 中共中央、国务院：《国家创新驱动发展战略纲要》，《光明日报》2016 年 5 月 20 日。

② 《中共中央关于制定国民经济和社会发展第十三个五年规划的建议》，《人民日报》2015 年 11 月 4 日。

③ 中国社会科学院语言研究所词典编辑室编：《现代汉语词典》，商务印书馆 2012 年版，第 1440 页。

作用的。① 系统论认为，系统是一个有机统一体，是体现事物整体性以及整体与部分关系的哲学范畴。由此可见，在哲学上，协调就是（使）事物与事物、事物内部各要素之间的相互关系和谐、有机统一。

从整体上来分析协调的含义，应当从内涵、方法和状态等方面来理解。

协调指各方面的关系处理得当，使各方面处于一种和谐状态。协调，既是一种手段，也是一种目标，还是一种衡量的标准。协调的核心内涵就是处理好各种关系，使各种关系和谐、得当、平衡。

作为动词，协调的行为对象是各种关系。协调具体要处理好三个关系：整体与部分的关系，部分与部分的关系，当前与长远的关系。这三种关系是从哲学意义上来讲的，在不同的事物中有不同的体现。

作为一种方法，协调指的是统筹兼顾。就是从整体上筹划，兼顾各种利益关系，才能使事物达到综合平衡和持续的发展状态，防止片面、失衡和不可持续。

作为一种状态来讲，协调具有整体性、平衡性、相互依存性和持续性。就是说，协调要从整体上来全面考虑问题，防止片面思维；各部分之间要平衡，差距不能过大，防止分化和失衡；各部分之间不能是隔绝状态，而是相互联系、相互依存、相互作用的；不能是短期行为，要有长远打算。

简而言之，协调就是要处理好各种关系，方法是统筹兼顾，使事物达到一种综合、平衡、持续的状态。

二、协调发展的基本内涵

协调发展的核心含义就是要处理好经济社会发展总体布局中的各种重大关系，保持各个方面、各个领域和各个环节的综合平衡与和谐，促进发展的整体性、平衡性和可持续性。

首先，协调发展是整体上的全面发展。从国家层面来说，就是要全面推进经济、政治、文化、社会和生态等各个领域、各个方面、各个环节的综合发展。全面推进与重点突破相结合是实现全面发展的一个辩证方法和基本原

---

① 　韩树英：《马克思主义哲学纲要》（修订本），人民出版社 2004 年版，第 85—86 页。

理，只有选对了突破口才能实现发展的全面推进。

其次，协调发展是各部分的平衡发展。平衡发展就是发展全局中的部分与部分之间保持平衡与和谐，包括相互之间的比例关系合理和发展速度上的一致性；相互依存性强，相互促进而不是相互阻碍，形成正相关的关系与合力。如果某些部门或地区发展落后，或者比例不合理，就会影响整个发展全局的速度、质量和效益。当然平衡发展并不是均等发展，而是有差异性的；平衡是相对的，差异是绝对的；平衡发展是要保持相互之间差距合理，不致过大，因为短板决定了木桶的总容量，差距过大就必然导致发展失衡而影响整个发展全局。

最后，协调发展是过程上的可持续发展。在处理当前利益与长远发展的问题上要使当前的发展具有长远的可持续性，本质上要求解决好人与自然、经济发展与环境保护之间的矛盾关系，当代人的发展不能以牺牲后代人的发展机会为代价。"不仅要安排好当前的发展，还要为子孙后代着想，决不能吃祖宗饭、断子孙路"[①]，要保证发展过程上的永续性。

三、推进协调发展的内在逻辑

中国共产党关于坚持和实现协调发展的根本方法就是统筹兼顾。统筹兼顾，就是要处理好全局与局部的关系、局部与局部的关系、当前与长远的关系。这些关系都是对立统一关系，要避免任何一个方面的极端化倾向和片面性问题。统筹兼顾是实现协调发展的根本方法。

必须处理好发展全局与局部的关系。所谓全局，包括两个方面：事物的整体及其发展的全过程。所谓局部，也包括两个方面：构成事物整体的各个部分及其发展过程的各个阶段。要树立大局观，从大局出发，全盘考虑，整体谋划；又要重视各个部分及各个环节的特殊利益关系，具体问题具体分析，不能搞一刀切。不能借口顾全大局而随意侵犯和损害局部及个人利益，也不能借口发挥地方或个人积极性而置国家和全局利益于不顾，避免两个极端化倾向。

---

① 《江泽民文选》第一卷，人民出版社 2006 年版，第 464 页。

必须处理好局部与局部的关系。不同的视角，有不同的局部与局部划分方法，比如城市与乡村、区域与区域、经济与社会、物质文明与精神文明等方面的划分方式和内容。这些关系是典型的对立统一关系。局部与局部首先是对立关系，是有利益冲突的；它们也是在对立基础上的统一关系，具有相互依存性和共同利益，一个方面发展滞后，会影响另一个方面的发展。处理好局部与局部的关系首先要区别对待，要尊重差异性和特殊性，注意发展特色、发挥优势；同时，要兼顾各方利益，不使差距过大，造成两极分化，特别是不能以损害一方的发展而支持另一方的发展。在发展的过程中要求同存异，注重综合平衡，不能顾此失彼，防止失衡。

必须处理好当前发展和长远发展的关系。不能因为眼前利益而损害了长远发展，以损害子孙后代的发展权来换得当代人的一时经济增长。不能只顾一时的所谓繁荣，而造成发展的不可持续、中断甚至倒退。要立足当前，谋划长远，从提高发展的质量和效益上增强发展后劲，实现永续发展。从根本上说，当前发展要服从长远发展。

具体来讲，促进我国经济社会协调发展，必须牢牢把握中国特色社会主义事业总体布局，正确处理发展中的重大关系，不断增强发展整体性；重点要促进城乡区域协调发展，促进经济社会协调发展，促进新型工业化、信息化、城镇化、农业现代化同步发展，达到区域协同、城乡一体、物质文明精神文明并重、经济建设国防建设融合发展。[①]

第三节　绿色是永续发展的必要条件

绿色是永续发展的必要条件和人民对美好生活追求的重要体现。必须坚持节约资源和保护环境的基本国策，坚持可持续发展，坚定走生产发展、生活富裕、生态良好的文明发展道路，加快建设资源节约型、环境友好型社

---

① 《中共中央关于制定国民经济和社会发展第十三个五年规划的建议》，《人民日报》2015年11月4日。

会，形成人与自然和谐发展现代化建设新格局，推进美丽中国建设。[①] 绿色是一种以环保为中心的理念，是世界发展的潮流和方向。绿色发展是建设生态文明的基本路径，也是中国经济社会可继续发展的前提条件。

一、关于绿色含义的讨论

绿色是大自然的本色，是生命的象征，意味着生机和活力。绿色与自然、生态、环保、和平、生命等有着密切的联系。

在汉语释义中，绿色：第一，名词，绿的颜色；第二，形容词，指符合环保要求，无公害、无污染的，如绿色食品、绿色能源。[②]

从绿色的引申内涵来看，就是指环保、无公害、无污染。在政治学、经济学、社会学中，绿色常指此义，比如绿色标准、绿色组织、绿色技术、绿色经济等。

从环保和生态角度来讲，绿色至少包括以下几个层面的含义。

第一，环境友好。人的活动，是在一定的环境中进行的。绿色意味着，人的行为，对自身赖以存在的环境，不是损害，而是保护。减少有害物质和废物的排放，使自然环境可以自我恢复。

第二，资源节约与高效利用。人与社会，依赖自然资源而生，利用资源而存续。绿色意味着在利用自然资源的过程中，节约资源和高效利用资源，反对浪费。

第三，人与自然和谐。从人与自然的关系来说，绿色指人与自然关系的一种和解，人与自然不再是对立的关系，而是一种和谐共生的关系。归根结底，人是自然界的一部分，受自然规律的支配；在认识和尊重自然规律的基础上，人应该遵循和利用自然规律，达到与自然和谐共生。

第四，公平。从人与人的关系维度来看，绿色指人与人之间的关系的和解，这种和解是建立在公平基础上的。人与人的公平，包括代内公平和代际

---

① 《中共中央关于制定国民经济和社会发展第十三个五年规划的建议》，《人民日报》2015年11月4日。

② 中国社会科学院语言研究所词典编辑室编：《现代汉语词典》，商务印书馆2012年版，第849页。

公平。绿色视域下的公平，也包括人类与其他物种的公平，人类要爱护和敬畏生命，尊重和保护其他物种的生存权，保持物种的多样性。保持物种的多样性，也有利于维护生态平衡。

第五，可持续。从时间维度上来讲，绿色有一种可持续性的含义，兼顾当前和长远，使行为、状态、机制等保持可持续的动态平衡与和谐。

由此可以总结出绿色的内涵：绿色是与环保和生态相关的概念，涵盖了环境友好、资源节约与高效利用，人与自然关系和谐、公平、可持续等方面的内容，可以应用于社会生活的各个领域，是生活与发展的主要方向和世界潮流。

二、绿色发展的基本内涵

从发展的角度，绿色是发展的属性，绿色发展是一种与环境保护、生态平衡相关的发展类型和方法。

从世界发展大势来看，绿色发展主要涵盖了以下几个方面的含义。

第一，绿色发展的核心要义是在发展中实现人与自然和谐共生。资本主义工业化以来，人与自然的关系处于一种对立的状态，人掠夺自然、破坏自然，而自然对人也轻而易举地实施了惩罚。绿色发展的核心内涵就是要实现"人与自然的和解"，达到人与自然和谐共生。从本质上说，人是自然的一部分，是隶属于自然界的，而不是置身于自然之外和凌驾于自然之上的。

第二，绿色发展是建立在环境保护基础上的一种发展。经济发展与环境保护是对立统一的关系，传统的发展模式往往是以牺牲环境为代价来换取经济的一时发展，然而环境的严重污染反过来又使经济发展不可持续甚至中断。绿色发展是建立在环境保护和生态文明基础上的一种发展，环境保护和生态文明建设成为可持续发展的基本前提和坚实基础。

第三，绿色发展是以绿色技术和资源循环利用模式为支撑的发展。绿色环保技术、低碳技术和资源循环利用模式是绿色发展的技术支撑与手段。这种技术与模式是以资源的节约高效利用、废物资源化循环利用、低碳排放为主要特征，当然也属于一种高端的科学技术，超越了传统的技术手段和资源利用模式。

第四，绿色发展是实现可持续发展的根本途径，实现可持续发展是绿色发展的根本目的。绿色发展是针对传统发展模式的不可持续性而提出来的，是实现可持续发展的可行性手段。走绿色低碳循环发展之路，才能从根本上突破当前制约人类经济社会发展的资源环境瓶颈，从而实现人类经济社会的永续发展。

第五，绿色发展是注重人类福祉和社会公平的发展。传统发展模式损害自然、破坏环境和生态系统，环境污染严重损害了人类健康并威胁人类生存，引发人类自身的生存危机，使人类生活幸福感和幸福指数大大降低。因为贫富分化和发展不平衡，也造成人与人之间在享受发展机会和成果上的代内不公；人类过度掠夺自然资源，造成一些不可再生资源的枯竭和环境质量的严重下降，严重损害了后代人的发展机会和发展权利，造成发展的代际不公。绿色发展就是为了改善生态环境、高效利用资源、减少污染物排放，增加人民生活幸福指数，满足人民对美好生活的需求，增加发展的公平性和包容性。所以，绿色发展是一种注重人类福祉和社会公平的发展理念与方式。

由此可见，绿色发展就是以发展绿色低碳技术和资源循环利用模式为支撑，以建设良好的生态文明为特征，在促进人与自然和谐共生的基础上，实现经济社会永续发展的一种发展类型。

20世纪以来，传统工业文明下的环境污染和生态危机具有全球性效应，没有一个国家和地区可以免受其害。绿色发展关系到人类自身的生存与发展，成为世界发展潮流和各国发展的必然选择。

三、推进绿色发展的内在逻辑

绿色发展与可持续发展、生态文明建设等有着密切的联系。

推进绿色发展必须树立人与自然和谐共生的价值取向。绿色发展的核心价值是促进人与自然和谐共生。统筹人与自然和谐最早见于2003年党的十六届三中全会提出的"五个统筹"。到2015年党的十八届五中全会正式提出了"促进人与自然和谐共生"。[①] 人与自然和谐共生是中国共产党绿色发展思想的核心价值取向。

推进绿色发展必须坚持"保护优先"方针。"保护优先、保护为主"是处理经济发展与环境保护关系的基本方针,强调在保护中发展,在发展中保护,努力推进经济社会发展与人口、资源、环境相协调。

推进绿色发展必须遵循低碳和循环原则。低碳是从排放角度、循环是从资源利用方式来阐释绿色发展的原则。低碳和循环都可以从技术类型、生产生活方式等方面得以贯彻实施。其中低碳技术和循环经济模式是其主要的技术和方法支撑。

推进绿色发展必须以建设生态文明为主要抓手,以建设美丽中国为目标。生态文明建设是党的十七大提出的。党的十八大又把生态文明列入"五位一体"的总体布局,并强调要"把生态文明建设放在突出地位,融入经济建设、政治建设、文化建设、社会建设各方面和全过程,努力建设美丽中国,实现中华民族永续发展"[②],这就明确了绿色发展必须要以建设生态文明为其主要抓手,以建设美丽中国为主要目标。

推进绿色发展必须以最严格的制度为保障。党的十八大报告提出"保护生态环境必须依靠制度"的论断,强调"完善最严格的耕地保护制度、水资源管理制度、环境保护制度","健全生态环境保护责任追究制度和环境损害赔偿制度"[③] 等要求。党的十八届五中全会又进一步提出,"强化约束性指标管理,实行能源和水资源消耗、建设用地等总量和强度双控行动""实行最严格的水资源管理制度""坚持最严格的节约用地制度"[④] 等要求。坚持和实现绿色发展必须以最严格的制度为保障。

---

① 《中共中央关于制定国民经济和社会发展第十三个五年规划的建议》,《人民日报》2015年11月4日。

② 胡锦涛:《坚定不移沿着中国特色社会主义道路前进 为全面建成小康社会而奋斗》,《人民日报》2012年11月9日。

③ 胡锦涛:《坚定不移沿着中国特色社会主义道路前进 为全面建成小康社会而奋斗》,《人民日报》2012年11月9日。

④ 《中共中央关于制定国民经济和社会发展第十三个五年规划的建议》,《人民日报》2015年11月4日。

第四节　开放是国家繁荣发展的必由之路

开放是国家繁荣发展的必由之路。必须顺应我国经济深度融入世界经济的趋势，奉行互利共赢的开放战略，坚持内外需协调、进出口平衡、引进来和走出去并重、引资和引技引智并举，发展更高层次的开放型经济，积极参与全球经济治理和公共产品供给，提高我国在全球经济治理中的制度性话语权，构建广泛的利益共同体。[①]

一、关于开放含义的讨论

在汉语语境中，"开放"有三个意思：第一，动词，指（花）展开；第二，动词，解除封锁、禁令、限制等，允许进入或利用，比如改革开放、公园每天开放等；第三，形容词，性格开朗，思想开通，不受拘束，比如性格开放、思想开放等。[②] 所以，开放主要是指解除封锁、禁令、限制等，允许进入或利用，其反义词是封锁、禁止等；开放也作形容词，比如开放型经济，开放性政策等，是动词含义的形容词化，指的是解除了封锁、禁令、限制等，允许进入或利用的状态、属性等，其反义词为封闭。

从国家政策和经济社会发展层面来看，开放主要是指对外开放，是处理国家对外关系的一项基本国策，其含义随着实践的发展而不断丰富和深入。根据中国共产党的对外开放实践和有关理论，其内涵主要包括以下几个方面。

对外开放的内容：坚持引进来和走出去并重的双向开放。对外开放的前20年，我国的改革开放处于"引进来"阶段，主要是引进国外的先进技术、设备、资金和管理办法，来发展我国经济，生产的产品主要出口国外，换取

---

① 《中共中央关于制定国民经济和社会发展第十三个五年规划的建议》，《人民日报》2015年11月4日。

② 中国社会科学院语言研究所词典编辑室编：《现代汉语词典》，商务印书馆2012年版，第718页。

外汇；新世纪开始，我国加入世贸组织以后，中国共产党提出了"走出去"的开放战略，鼓励我国企业走出去，对外投资，形成自己的跨国公司，参与国际竞争和经济技术交流与合作，开放进入"引进来"和"走出去"并重阶段。"引进来"和"走出去"共同构成了对外开放内容的完备形式，如鸟之双翼、车之双轮，是我国开始走向更高层次开放型经济的标志。当然，"引进来"和"走出去"的内容也随着我国的经济实力和产能情况发生着深刻的变化。经过多年的发展，我国的技术水平有了很大提升，不少领域进入了国际前沿水平，加上经济发展进入新常态后我国的部分行业产能严重过剩，必须推进我国过剩的技术、产品、产能走出去，占领国际市场；引进原材料、能源、关键技术、资本，利用好国际资源。

对外开放的对象：全世界所有国家和地区，包括发达国家（地区）和不发达国家（地区）。我国对外开放的初期，主要是引进发达国家（地区）的技术、资金、设备来发展我国经济，产品出口对象也主要是发达国家，所以发达国家是我国开放的重点对象；经过多年的经济技术发展，我们具备了对不发达国家进行技术、产品、设备、资本等输出的条件，加上我国经济在世界经济增长中的作用和地位，我们的开放范围扩大为所有的国家和地区。对所有国家和地区开放，才构成了真正意义上的对外开放；而对任何一个国家或地区实行市场封锁，从终极意义上来讲，就已经否定了对外开放自身，就不是完全意义上的对外开放了。当然，如果自身因为经济技术等能力问题，达不到对所有国家和地区进行经济技术交流与合作，虽然从政策上讲不对任何国家或地区实行限制，但是自身能力已经制约了对外开放的选择能力和选择自由，也不能算是真正完全意义上的对外开放。所以，对外开放的范围和层次，不仅与自身的意愿、政策有关，还受制于自身的经济技术实力。

对外开放的领域：包括经济、政治、科技、文化、教育等领域的全方位开放。改革开放初期，我国对外开放主要是经济领域，文化、教育等方面的对外开放和交流与合作还没有广泛开展。随着我国对外开放实践的不断深入，对外贸易往来的加大，文化方面的交流活动也多了起来。文化本身也是一个产业，具有经济意义。伴随着我国文化对外交流实践活动的深入，中国共产党在十七届六中全会上提出了"提高文化开放水平，推动中华文化走向世界"① 的决定，使对外开放的内涵得到进一步扩展。所以，随着我国各方面实力的不断提升和世界大国地位的确立，对外开放必将是包括经济、政治、文化、教育、卫生等领域的全方位交流与合作。

对外开放的本质：充分利用国内国际两个市场、两种资源，在世界范围内参与国际分工、竞争和贸易往来。根据交往、分工和国际贸易等理论来看，对外开放的本质就是顺应生产力社会化、产业国际化、分工全球化的发展趋势，在世界范围内参与分工、竞争和贸易往来，充分利用国内国际两个市场、两种资源，实现生产要素在全球范围内的自由流动与配置。交往、分工和贸易既是经济发展的原因，也是经济发展的结果。对外开放就是在世界范围内进行交往、分工和贸易活动，使生产要素实现全球范围的自由流动和高效配置。

二、开放发展的基本内涵

开放发展与对外开放的内涵既有联系，又有区别，两者在内涵上不是等同关系。开放发展主要包含以下几个方面的含义。

第一，开放发展立足于以开放促发展。从开放与发展的关系来看，开放是发展的手段和条件，发展是开放的目的和结果。对外开放初期，我们引进了国外的先进技术、设备、资金和人才，学习了发达国家的管理方法，推动国内经济发展，并出口产品，扩大对外贸易，使我国逐步融入了国际产业链。当我们发展起来后，开始实施"走出去"战略，向国外市场投资、出口技术、设备，扩大了市场和利润，促进了经济进一步发展。国际分工、国际贸易、国际范围内的技术转移和要素流动，是经济全球化条件下经济发展的重要条件。在中国经济进入新发展阶段后，只有进一步提升开放水平，以更高层次的对外开放促进更深层次的国内改革，促进国内经济结构转型升级，参与国际竞争和产能合作，化解过剩产能，才能促进我国经济的进一步发展。我们需要进一步扩大世界市场份额，利用好国际资源，进一步释放开放

---

① 《中共中央关于深化文化体制改革　推动社会主义文化大发展大繁荣若干重大问题的决定》，《人民日报》2011 年 10 月 26 日。

红利，才能顺利实现"两个一百年"奋斗目标。所以，党的十八届五中全会作出了判断，开放是国家繁荣发展的必由之路。[①]

第二，开放发展的核心是要处理好发展的内外联动问题。内外联动就是要统筹国内国际两个大局，更好利用国内国际两个市场、两种资源，兼顾自身发展与共同发展。内外联动就是要"坚持内外需协调、进出口平衡、引进来和走出去并重、引资和引技引智并举，发展更高层次的开放型经济"[②]。进入新发展阶段，国际形势发生深刻变化，必须加快构建新发展格局，在立足贯通国内经济大循环的基础上，实施更高水平的对外开放，推动国内国际双循环相互促进，推进我国经济实现高质量发展。

第三，开放发展的新要求是增强中国在全球治理中的制度性话语权。从自身身份定位与转换上来看，在对外开放的实践过程中，中国已经从原来旧的国际规则和国际秩序的接受者和顺应者，转变为建立新的国际规则和国际秩序的参与者和影响者，在国际格局变动过程中推动国际经济政治持续朝着更加公平合理的方向发展。在不断崛起的过程中，中国要求建立与全球第二大经济体和国际新兴大国身份相符合的制度性话语权。与"修昔底德陷阱"不同的是，昔日崛起中的新兴大国在挑战大国权威时往往诉诸战争来解决，今天国际秩序的重建则更多是依靠经济、政治、外交等非军事手段来完成。

第四，开放发展的最终目的要建立一个更加开放的经济体。中国一直反对各种贸易保护主义，大力推进全球贸易的自由化。深化经济市场化改革是建立开放型经济的基础，是促进要素国内国际自由高效流动的主要条件。市场化改革意味着放开管制，建立更加开放的经济体制，放开对内对外的种种体制机制限制，允许要素按照市场原则自由流动，达到高效配置。改革开放以来，中国走出了一条以开放促改革、促发展的道路，通过对外开放来推动国内体制改革，通过国内体制改革释放市场活力，实现经济的快速发展。党的十八届五中全会进一步提出开放发展理念，就是要通过建立一个更加开放的经济体，推动中国经济实现更高质量的发展。

[①] 《中共中央关于制定国民经济和社会发展第十三个五年规划的建议》，《人民日报》2015年11月4日。

[②] 《中共中央关于制定国民经济和社会发展第十三个五年规划的建议》，《人民日报》2015年11月4日。

第五，开放发展要处理好自身发展与共同发展的关系。在经济全球化基础上顺应我国经济深度融入世界经济的趋势，要求我们必须实施合作共赢的开放战略，兼顾自身发展和共同发展。开放发展归根到底是要处理好中国与世界各国的关系、中国自身发展与各个国家发展之间的关系。[①] 合作共赢是处理这个关系的核心原则。合作共赢就是要摒弃零和思维[②]，突破冷战思维和"文明冲突"观念，超越意识形态和社会制度差异，在求同存异基础上寻求更大合作和共赢。只有在合作共赢基础上，才能够兼顾自身发展和共同发展的关系。中国既通过对外开放利用国际资源、国际市场来促进自身发展，也在自身发展的基础上通过开放国内市场、国内资源来促进世界经济增长。近年来，中国一直是拉动世界经济增长的重要引擎，极大地发挥了既促进自身发展、又带动共同发展的双重作用。

三、推进开放发展的内在逻辑

扩大开放是推动发展的前提条件。从国际视角看，经济全球化背景下，生产力社会化、产业国际化、分工全球化趋势更加明显，任何一个国家或地区闭关自守都很难发展。在世界范围内参与分工、竞争和贸易往来，充分利用国内国际两个市场、两种资源，实现生产要素在全球范围内的自由流动与配置，才能更好发挥比较优势，互通有无，促进本国经济社会快速发展，并不断融入国际社会。从国内情况看，我国在新中国成立后建立了传统的社会主义计划经济体制，这种体制虽然在初期的经济恢复和建立工业体系方面发挥了巨大威力，但是后来这种体制也越来越僵化，成为阻碍生产力发展和劳动积极性发挥的重要桎梏，改革传统计划经济体制成为解放和发展生产力的重要动力。但是改革的阻力一直很大，除了体制自身方面外，人的思想也是一个巨大的无形之网，束缚着改革推进的步伐。只有实施对外开放，让人们看到外面的世界和发展，才能改变人们固有的思想；只有思想解放了，才会

---

① 中共中央党校哲学教研部编著：《新发展理念》，中央党校出版社 2016 年版，第 190 页。

② 《跨越太平洋的合作——杨洁篪谈习近平主席与奥巴马总统安纳伯格庄园会晤成果》，《人民日报》2013 年 6 月 10 日。

主动推进改革。所以，以开放促改革促发展是中国共产党促进发展的一个重要法宝，"以扩大开放带动创新、推动改革、促进发展"①。

必须实施更高水平的双向开放。双向开放是中国对外开放内容的完整表达，当然其内涵会随着时代和实践的发展而更加丰富。最初是"引进来"与"走出去"双向开放，后来发展到东西海陆双向开放；最初是资本、技术方面的对内对外双向开放，后来扩展到金融业的内外双向开放。双向开放如同"鸟之双翼""车之双轮"，使中国的对外开放政策和内涵更加完备。经济发展进入新常态后，我国面临产能过剩、库存过多、资金充裕和某些领域技术领先等新情况，产能、产品、资金、技术走出去的任务是我国进一步发展的重要战略。因此，实施双向开放成为中国开放政策和开放发展的高级形式。

坚持以发展内外联动问题为导向。只有坚持问题导向，才能更加精准地贯彻新发展理念。在党的十八届五中全会二次会议上，习近平指出，"开放发展注重的是解决发展内外联动问题。""现在的问题不是要不要对外开放，而是如何提高对外开放的质量和发展的内外联动性。我国对外开放水平总体上还不够高，用好国际国内两个市场、两种资源的能力还不够强，应对国际经贸摩擦、争取国际经济话语权的能力还比较弱，运用国际经贸规则的本领也不够强，需要加快弥补。"②发展内外联动就是要统筹国内国际两个大局，更好利用国内国际两个市场、两种资源，兼顾自身发展与共同发展。发展的内外联动，就是要"坚持内外需协调、进出口平衡、引进来和走出去并重、引资和引技引智并举，发展更高层次的开放型经济"③。进入新发展阶段，随着国内外形势的变化，发展的内外联动就是构建新发展格局，推动国内国际双循环相互促进、融合发展。

以构建开放型经济新体制为保障。中国的对外开放最初是以政策形式出现的，此后也一直以特殊优惠政策的形式来推动对外开放实践，比如经济特

---

① 习近平:《在党的十八届五中全会第二次全体会议上的讲话（节选）》,《求是》2016年第1期。

② 习近平:《在党的十八届五中全会第二次全体会议上的讲话（节选）》,《求是》2016年第1期。

③ 《中共中央关于制定国民经济和社会发展第十三个五年规划的建议》,《人民日报》2015年11月4日。

区的建立就是如此。政策性开放虽然高效，但是遗留问题比较多，而且容易受到政策变动的影响。中国 2001 年加入了世界贸易组织以后，制度性开放成为一个新要求和新课题，但是我国从政策性开放转向制度性开放的步伐较慢，必须"统筹开放型经济顶层设计，加快构建开放型经济新体制，进一步破除体制机制障碍，建设开放型经济强国"。[①] 进入新发展阶段，中国必须强力推动制度型开放。2021 年 1 月 25 日，习近平在世界经济论坛"达沃斯议程"对话会上的特别致辞中表示，"中国将着力推动规则、规制、管理、标准等制度型开放，持续打造市场化、法治化、国际化营商环境"，"继续促进贸易和投资自由化便利化"。[②]

积极参与全球治理。积极参与全球经济治理，提高我国在全球经济治理中的制度性话语权，是与世界经济政治发展的潮流相适应、与我国大国地位身份相匹配、与我国经济社会发展任务相适应的新要求和新作为。多年来，中国一直是全球贸易保护主义最大受害国和全球反倾销、反补贴调查的首要目标国，除了我们自身在应对国际经贸摩擦、争取国际经济话语权的能力还比较弱之外，传统世界格局下的国际经贸规则主要由美国为首的西方发达国家主导也是一个重要原因。因此，积极参与全球治理、提高制度性话语权，为中国谋求更加有利的国际环境，就成为中国在新形势下应对国内外挑战、推动进一步开放发展的必然要求。

第五节　共享是中国特色社会主义的本质要求

共享是中国特色社会主义的本质要求。党的十八届五中全会指出，"必须坚持发展为了人民、发展依靠人民、发展成果由人民共享，作出更有效的制度安排，使全体人民在共建共享发展中有更多获得感，增强发展动力，增

---

① 《中共中央国务院关于构建开放型经济新体制的若干意见》，《人民日报》2015 年 9 月 18 日。

② 习近平：《让多边主义的火炬照亮人类前行之路——在世界经济论坛"达沃斯议程"对话会上的特别致辞》，《人民日报》2021 年 1 月 26 日。

进人民团结，朝着共同富裕方向稳步前进。"①

一、关于共享含义的讨论

共享，由"共"和"享"两个字组成，其中，共，共同、总的意思，涵盖了所限定范围内的所有主体；享，是享用、享受的意思。共享合在一起，就是共同享有、共同享用的意思。② 所以，共享，就是指所有的人都共同地享有、享受或者享用某物。

从哲学上来分析，可以从主体、客体和行为性质等几个方面进行概括。

从人类社会的角度来看，共享的主体应该是特定范围内的所有人，具有普遍性、全面性。"共"就是共同的、所有的，不排除任何人。共同富裕，就是所有人都富裕，否则就不是共同富裕。虽然共享在语义上涵盖所有的主体，但是在现实中，共享都有一个特定的范围，比如全世界、一国、一个地区、一个公司等，涵盖一个大小不等的共同体，而不是无限大，没有边际。所以，共享主体是绝对性与相对性、无限性与有限性的统一。在一定的范围和共同体内，具有绝对性、无限性，涵盖所有主体，而超过这个范围和共同体，就具有相对性、有限性。

共享的客体是可以共同享用或者享有的对象，具有明显的限定性。共享的客体包括物品的使用权、信息的知情权或者事物、财富的所有权等一系列权利或财产利益，涉及经济、政治、文化、社会或者生态等领域，可以是经济物品、政治权利、公共设施、文化成果或者生态环境等各种形态。共享的客体在范围上具有明显的限定性，不是所有领域、所有物品都可以拿出来共享、共有、共用。

共享的行为方式就是使用、拥有或者知情，其中主要是使用和拥有两个行为，具有明显的限定性和范围。使用和拥有分别对应的权利就是使用权和所有权，使用权和所有权分别产生了不同行为的可行性范围。比如土地，中

---

① 《中共中央关于制定国民经济和社会发展第十三个五年规划的建议》，《人民日报》2015年11月4日。

② 中国社会科学院语言研究所词典编辑室编：《现代汉语词典》，商务印书馆2012年版，第457页。

国的土地所有权是国家或者集体所有，使用权往往要明确为特定个体、一部分人或者法人机构，在时间上也有一定的期限。所有权和使用权都可以是共有的或排他的。共享的行为在共享的客体上就已经有了一定的限定，导致了共享在行为方式上具有明显的限定性和范围。

共享的实现过程具有明显的渐进性特征，在共享主体的范围、共享主体的能力、共享客体的领域等方面都有一个逐渐扩大的过程性。从应然上讲，共享具有共享主体的全民性、共享客体的全面性和共享实现的同步性，但从实然上看，共享的实现总有一个主体逐渐扩大、范围逐渐扩展、行为逐渐深化的过程性特征。这就是共享在理论或者应然上的绝对性、普遍性、同步性，与共享在实践或者实然上的相对性、渐进性、差异性的对立统一，相对性和渐进性为绝对性、普遍性开辟道路。

另外，从生产关系的角度来讲，"共同"反映了全体社会成员对财富或物品的占有方式，具有社会主义生产关系的公有性质；"共享"与社会主义公有制和生产资料的共同占有性质有着内在的联系和一致性，互为前提与基础。

二、共享发展的基本内涵

共享发展，共享成为发展的定语，意为共享型发展，指的是发展的类型和属性；也可以说是共享发展成果，但这只是共享发展的一个内容，只是共享发展的结果，没有涵盖"共建"的过程。所以，共享发展，应该着重从"共享型发展"来解读其义。共享型发展是指全体人民在共建的过程中都能够享有发展成果的发展类型，在价值追求上与社会主义社会的发展目标具有内在的一致性。共享理念实质就是坚持以人民为中心的发展思想，体现的是逐步实现共同富裕的要求。共享发展理念的内涵主要有四个方面。[①]

第一，全民共享。这是就共享主体的覆盖面而言的，共享主体具有普遍性、全覆盖。共享发展必须是人人享有、各得其所，而不是少数人享有或者

---

① 习近平：《在省部级主要领导干部学习贯彻党的十八届五中全会精神专题研讨班上的讲话》，《人民日报》2016 年 5 月 10 日。

一部分人享有。不是全体人民共同享有的发展，就不是共享发展。

第二，全面共享。这是就共享客体即共享的内容而言的，就是在共享的内容上，应该做到力所能及、应享尽享。共享发展就是全体人民要共享国家的经济、政治、文化、社会、生态等各个方面的建设成果，全面保障人民在各个方面的合法权益。

第三，共建共享。这是就共享条件即共享的资格而言的，共建是共享的前提条件，反对不劳而获，共建共享与社会主义按劳分配原则相适应。所以说，只有共建，才能共享，而且共建的过程也是共享的过程，两个过程是统一的。只有充分发扬民主，广泛汇聚民智，最大限度地激发民力，才能形成人人参与、人人尽力、人人都有获得感、成就感的生动共享局面。

第四，渐进共享。这是就共享的过程性而言的，在共享主体范围、共享内容和共享层次上都具有一个渐进过程。共享发展必将经历一个从低级到高级、从不均衡到均衡的渐进过程，即便是在共享程度上达到了很高的水平也会存在差异性。我国生产力发展水平的差异、区域城乡发展的不均衡、先富共富政策的非均衡性和现代化过程的阶段性，都会拉长我国渐进共享的过程。

全民共享、全面共享、共建共享和渐进共享共同构成了共享发展的基本内涵。这四个方面又是相互贯通的，必须从整体上来理解和把握。

三、实现共享发展的内在逻辑

共享发展与以人民为中心的发展、社会主义共同富裕目标具有密切的联系，构成了一个目的、工具和价值取向等方面的相互统一关系。我们党的共享发展思想主要包括以下几个方面。

坚持以人民为中心的发展思想。共享发展的主体是全体人民，从根本上体现了人民推动经济社会发展和人类社会历史前进的主体力量与主体地位。坚持以人民为中心的发展思想，最根本的就是要把增进人民福祉、促进人的全面发展作为发展的出发点和落脚点。共享理念强调共建共享，体现了人民作为发展的工具性和目的性的统一，人民既是发展的推动力量和建设者，也是发展成果的享用者和拥有者。这也就是中国共产党在发展中所追求的状态："发展为了人民、发展依靠人民、发展成果由人民共享"[1]，是发展目的、手段和价值取向上的有机统一。

始终以共同富裕为发展目标。共同富裕是社会主义的本质和根本目标，也是社会主义区别于资本主义的根本原则。共享发展始终是以共同富裕为目标的。在我国社会发展经历了一个"先富"的阶段之后，基本上消灭了贫穷和平均主义，但是也拉大了我国社会的贫富差距，实现共同富裕具有历史必然性和现实紧迫性。以共享发展理念为指导的制度安排和发展实践就成为实现共同富裕目标的现实路径。"有了共享的发展理念，共同富裕的道路才可能变得清晰，相关制度安排才不会迷失方向。"[2]始终坚持共建共享，才能在不断发展社会主义生产力的基础上，逐步消除三大差别，实现社会主义共同富裕的本质要求。

必须维护社会公平正义。共享发展注重的是解决社会的公平正义问题。从一般性上来讲，任何一个社会，要得以生存和发展，就必须以公平正义为基础。共享发展体现了社会的公平正义原则。只有共建，才能把蛋糕做大；只有共享，才能把蛋糕分好。只有共建才有资格共享，而共享又是共建的实现，这两个方面都体现了公平正义原则，体现了权利与义务的对等和统一。贫富差距过大，一般来说是因为社会分配没有做好。一部分社会主义的建设者并没有享有经济社会发展的成果，而另一部分社会的蛀虫却反而成为成果的享有者，拥有和支配着社会大量的财富和资源，不劳而获、坐享其成，这是对社会公平原则和正义原则直接的破坏与亵渎。共享理念强调"人人参与、人人尽力、人人享有"[3]，就是从建设和分配两个方面来体现社会的公平与正义，保证机会公平、程序公平与结果公平，解决好收入差距扩大问题，使发展成果能够更多更公平地惠及全体人民。

实现共享发展也是推动经济社会持续发展的动力源泉。人民是建设社会主义社会的主体力量和依靠力量，是推动历史前进的主要动力。把蛋糕分

---

① 《中共中央关于制定国民经济和社会发展第十三个五年规划的建议》，《人民日报》2015年11月4日。

② 郑功成：《共享：国家发展理念的突破与升华》，《人民论坛》2015年第 S2 期。

③ 《中共中央关于制定国民经济和社会发展第十三个五年规划的建议》，《人民日报》2015年11月4日。

好，才能为继续做大蛋糕形成最大合力和提供持久动力。一方面，只有使人民在共建中能够共享经济社会的发展成果，才能更好调动人民的积极性、主动性和创造性，最大限度凝聚发展合力、增强发展动力，增进社会各阶层和各地区人民团结，保证经济社会的持续健康发展。从另一方面说，我国长期依靠出口和投资拉动经济增长，内需相对不足，主要原因是因为居民的收入水平增长速度长期低于经济增长速度，导致居民消费能力和消费意愿双重不足。进入新发展阶段，必须牢牢把握扩大内需这个战略基点，更加注重培育居民需求，增强国内需求特别是居民消费拉动经济增长的动力，推动国民经济实现整体上的供需平衡，保持国民经济持续健康发展。

由此可见，中国共产党的共享发展理念是与以人民为中心的发展思想、社会主义共同富裕目标有着内在的统一性，体现了实现社会公平正义的内在逻辑。

第六节　新发展理念的内在逻辑

新发展理念中的五大理念都不是孤立的，而是相互联系、相互依存、相互促进的有机统一体。习近平指出，"新发展理念是一个系统的理论体系，回答了关于发展的目的、动力、方式、路径等一系列理论和实践问题，阐明了我们党关于发展的政治立场、价值导向、发展模式、发展道路等重大政治问题。"[1] 新发展理念"相互贯通、相互促进，是具有内在联系的集合体，要统一贯彻，不能顾此失彼，也不能相互替代"。[2]

一、新发展理念的内在联系

创新、协调、绿色、开放、共享五大理念，分别侧重从发展动力、发展

---

① 习近平:《完整准确全面贯彻新发展理念》,《新华每日电讯》2021 年 1 月 30 日。

② 习近平:《在党的十八届五中全会第二次全体会议上的讲话（节选）》,《求是》2016 年第 1 期。

要求、发展属性、发展环境、发展价值等方面阐述中国新发展阶段实现高质量发展的内在逻辑。

从发展动力来看，创新是驱动发展的第一动力。"发展动力决定发展速度、效能、可持续性。"[1] 发展动力是一个系统，包括要素投入、投资驱动、出口拉动、创新驱动等方面。在经济社会发展的不同阶段，驱动发展的主要动力是不一样的。在发展的初期阶段，主要依靠低端制造业和要素投入；到了中期阶段以后，就要依靠中高端产业和创新驱动发展。从世界发展规律来看，依靠低端制造业只能带来国民的中等收入，但是伴随而来的是资源的枯竭和环境的污染，经济增长受资源环境约束趋紧；如果低端制造业向中高端制造业转型失败，则很容易陷入"中等收入陷阱"；低端制造转向高端制造，必须依靠科技手段解决，这就需要推动科技创新来实现转型。随着中国经济发展进入新常态，传统发展动力开始不断减弱，粗放型增长方式已经难以为继。解决我国发展动力不足问题，就要实现主要依靠要素驱动和投资驱动向主要依靠创新驱动转变，提供新动能，实现发展动力的可持续性。为此，"必须依靠创新驱动打造发展新引擎，培育新的经济增长点，持续提升我国经济发展的质量和效益，开辟我国发展的新空间"。[2] 创新是一个复杂的社会系统工程，包括理论创新、制度创新、科技创新、文化创新等各方面创新，其中最主要的是科技创新，必须"把科技创新摆在国家发展全局的核心位置"。[3] 然而推动科技创新又必须同时推动体制机制创新，因为没有体制机制创新，科技创新无法实现，这就是"双轮驱动"原理，即推动科技创新与体制机制创新联动，共同推动经济社会发展。可见，提出和推动创新发展，主要是解决我国新发展阶段的发展动力问题，实现发展动能转换，持续保持发展后劲，推动我国经济社会实现高质量发展。

从发展要求来看，协调发展体现了发展的内在要求。发展是一个复杂的系统，包括经济社会领域的各个方面的各种重大关系协同推进。要实现经济

---

[1] 习近平：《在省部级主要领导干部学习贯彻党的十八届五中全会精神专题研讨班上的讲话》，《人民日报》2016 年 5 月 10 日。

[2] 中共中央、国务院：《国家创新驱动发展战略纲要》，《光明日报》2016 年 5 月 20 日。

[3] 《中共中央国务院关于深化体制机制改革加快实施创新驱动发展战略的若干意见》，《人民日报》2015 年 3 月 24 日。

社会持续健康发展，就必须处理好发展全局中的各种重大关系，处理好局部和全局、当前和长远、重点和非重点的关系，保持发展的各个方面、各个领域和各个环节的综合平衡。由于改革的渐进性和发展政策的非均衡性，如对外开放从沿海向内陆推广、改革从农村推向城市、先富后富政策等，多年来我国发展速度过快而不一，导致我国区域之间、城乡之间、行业之间、物质文明与精神文明、生产与消费、进出口等方面的发展差距越来越大，结构性问题也越来越严重，居民收入与家庭财产差距较大，这些都是发展不平衡问题。发展不平衡问题严重制约了发展整体水平的提升，甚至成为影响社会和谐稳定与进一步发展的主要因素。所以，协调发展主要是解决我国发展的不平衡问题。党的十八届五中全会强调，"必须牢牢把握中国特色社会主义事业总体布局，正确处理发展中的重大关系，重点促进城乡区域协调发展，促进经济社会协调发展，促进新型工业化、信息化、城镇化、农业现代化同步发展，在增强国家硬实力的同时注重提升国家软实力，不断增强发展整体性。"[①] 因此，协调发展是新发展理念关于新发展阶段对我国经济社会发展的新要求，也是经济社会持续健康发展所应有的平衡状态。

　　从发展属性上来说，绿色发展注重的是解决人与自然和谐问题，指明了我国发展的底色和属性，也是世界发展潮流。在传统的发展模式中，经济发展与环境保护是对立统一的关系。传统的发展模式是以牺牲环境为代价来换取经济的一时一地发展，然而环境的严重污染反过来又使经济发展不可持续甚至中断、倒退。从历史和现实来看，长期的粗放型发展模式导致我国资源约束趋紧、环境污染严重、生态系统退化等问题十分严峻。绿色发展是建立在环境保护和生态文明基础上的一种发展类型，环境保护和生态文明建设成为发展的基本前提和坚实基础。实现绿色发展必须要处理好几个关系：在人与自然的关系上，强调人与自然和谐共生；在经济发展与环境保护的关系上，强调以保护优先，在保护基础上发展；在当前发展与长远发展的关系上，必须兼顾当前发展与长远发展；在人与人的关系上，强调要注重全人类的福祉，做到代内公平和代际公平。这几种关系又有着

---

① 《中共中央关于制定国民经济和社会发展第十三个五年规划的建议》，《人民日报》2015
　年11月4日。

一种本质上的联系，就是共同实现环境保护基础上的永续发展。新发展阶段中国必须要坚定走生产发展、生活富裕、生态良好的文明发展道路，加快建设资源节约型、环境友好型社会，推进美丽中国建设，为全球生态安全作出新贡献。

从发展内外环境上来说，开放发展注重协调我国发展的内外联动性。正如习近平所说，现在的问题不是要不要对外开放，而是如何提高对外开放的质量和发展的内外联动性[①]。经济全球化既是中国发展的时代背景，也是中国发展的外部环境。经济全球化背景下，生产力社会化、产业国际化、分工全球化趋势更加明显，任何一个国家或地区，闭关自守就很难发展。在世界范围内参与分工、竞争和贸易往来，实现生产要素在全球范围内的自由流动与配置，才能更好发挥比较优势，互通有无，促进本国经济社会快速发展，并不断融入国际社会。开放发展是中国对经济全球化时代背景和发展外部环境的一种主动顺应，必须统筹国内国际两个大局，更好利用国内国际两个市场、两种资源，兼顾自身发展与共同发展。虽然经过40多年的改革开放，中国经济已经深度融入世界经济和国际产业链。但是总的来说，"我国对外开放水平总体上还不够高，用好国际国内两个市场、两种资源的能力还不够强，应对国际经贸摩擦、争取国际经济话语权的能力还比较弱，运用国际经贸规则的本领也不够强，需要加快弥补。"[②]新发展阶段处理好内外联动问题、统筹国内国际两个大局，就必须"坚持内外需协调、进出口平衡、引进来和走出去并重、引资和引技引智并举，发展更高层次的开放型经济"。[③]发展更高层次的开放型经济是中国在全球化背景下实现经济高质量发展的必然选择。只有建立开放型经济体，才能在经济全球化条件下更好地利用外部先进的科技、优质的资源、更大范围的市场，给国内经济带来更大的发展动力和效率，也能更好推动中国产品、中国技术、中国优势走出去，促进国内

① 习近平：《在党的十八届五中全会第二次全体会议上的讲话（节选）》，《求是》2016 年第 1 期。

② 习近平：《在党的十八届五中全会第二次全体会议上的讲话（节选）》，《求是》2016 年第 1 期。

③ 《中共中央关于制定国民经济和社会发展第十三个五年规划的建议》，《人民日报》2015 年 11 月 4 日。

经济与世界经济在深度融合、互联互通、要素自由流动和高效配置中联动发展。

从发展价值上来说，共享发展是我国发展的价值目标，体现了社会主义的本质要求。共享发展就是让全体人民在共建中共享我国改革发展所取得的伟大成果，实现全体人民共同富裕。共同富裕是社会主义的本质要求，是人民群众的共同期盼。我们推动经济社会发展，归根结底是要实现全体人民共同富裕。如第三章所述，共同富裕也是邓小平专门针对我国在改革开放过程中可能出现的"两极分化"而提出的。邓小平在 1985 年的一次讲话中明确指出，"如果我们的政策导致两极分化，我们就失败了"。[①]"两极分化"是资本主义制度下经济社会发展不平衡的结果，少数人占有了绝大多数社会财富。改革开放以来，我国在经济增长的同时，贫富差距也在逐步拉大，我国基尼系数长期处于超国际警戒水平（基尼系数长期超过 0.4），甚至超过多数发达资本主义国家的基尼指数，显示出我国社会的贫富差距较大。贫富差距较大也制约着我国居民消费水平的提升，不利于打通国内经济大循环的堵点，影响我国整个社会经济发展的持续动力与和谐稳定，更不利于社会主义本质的实现。共享发展理念的提出，也指明了实现共同富裕目标的现实路径。"有了共享的发展理念，共同富裕的道路才可能变得清晰，相关制度安排才不会迷失方向。"[②] 始终坚持共建共享才能在不断发展社会主义生产力的基础上，逐步消除三大差别，实现社会主义共同富裕的本质。

由上述论述可见，新发展理念是一个具有内在统一性的有机整体。

二、新发展理念的本质是高质量发展

党的十九大报告指出："我国经济已由高速增长阶段转向高质量发展阶段。"[③] 党的十九届五中全会提出，"十四五"时期经济社会发展要"以推动

---

① 《邓小平文选》第三卷，人民出版社 1993 年版，第 111 页。

② 郑功成：《共享：国家发展理念的突破与升华》，《人民论坛》2015 年第 S2 期。

③ 习近平：《决胜全面建成小康社会　夺取新时代中国特色社会主义伟大胜利》，《人民日报》2017 年 10 月 19 日。

高质量发展为主题"①。那么，什么是高质量发展呢？习近平指出，"高质量发展，就是能够很好满足人民日益增长的美好生活需要的发展，是体现新发展理念的发展，是创新成为第一动力、协调成为内生特点、绿色成为普遍形态、开放成为必由之路、共享成为根本目的的发展。"② 由此可见，中国共产党认为，能够体现新发展理念的发展，就是高质量发展。

创新是驱动高质量发展的第一动力。没有创新，就没有高质量发展。创新理论的创始人约瑟夫·熊彼特认为，创新是经济发展的本质规定。熊彼特把经济区分为"增长"与"发展"两种情况。单纯由人口和资本的增长所导致的数据变化，只是"经济增长"，并没有"经济发展"。"我们所说的发展，可以定义为执行新的组合。"③ 这里的"新的组合"就是熊彼特所指的"创新"。从人类社会近代以来的发展史可见，推动世界经济大发展的主要力量是由科技革命所引发的产业革命，科技革命和产业革命又进一步影响和改变着世界格局。18 世纪以来，世界发生了几次重大的科技革命，主要是近代物理学诞生、蒸汽机和机械、电力和运输、相对论和量子论、电子和信息技术等科学技术的发明与创造。在科技革命推动下，世界经济发生几次重大产业革命，主要表现为以机械化、电气化、自动化和信息化为主题的四次工业革命。习近平指出，"每一次科技和产业革命都深刻改变了世界发展面貌和格局。一些国家抓住了机遇，经济社会发展驶入快车道，经济实力、科技实力、军事实力迅速增强，甚至一跃成为世界强国。"④ 进入 21 世纪以来，全球科技创新进入空前密集活跃时期，新一轮科技革命和产业变革正在重构全球创新版图、重塑全球经济结构。从现实层面来看，能够进入发达国家行列的，首先必须是一个创新型国家；能够顺利跨越"中等收入陷阱"进入高收入经济体的，也必然是实现了创新驱动的经济体。

协调是高质量发展的内生特点。发展不协调是长期存在的问题，已经成

---

① 《中共中央关于制定国民经济和社会发展第十四个五年规划和二〇三五年远景目标的建议》，《人民日报》2020 年 11 月 4 日。

② 《习近平谈治国理政》第三卷，外文出版社 2020 年版，第 238 页。

③ ［美］约瑟夫·熊彼特：《经济发展理论》，何畏等译，商务印书馆 1990 年版，第 70—72 页。

④ 习近平：《在省部级主要领导干部学习贯彻党的十八届五中全会精神专题研讨班上的讲话》，《人民日报》2016 年 5 月 10 日。

为制约我国高质量发展的突出因素。当我们意识到，我们由高速增长阶段进入高质量发展阶段的时候，我们已经更加自觉地在一种合理增速下做好结构调整的事情，以此来推动我们发展方式的转变，提高发展的整体性、协调性和可持续性，而不是一味追求短期的高速增长。纵观已经完成了工业化的发达国家，他们在发展协调性上也存在问题，长期发展积累的结构性问题也需要调整，但是发达国家在总体上比我们这些后发国家或者说高速工业化现代化的发展中国家做得要好一些。比如从基尼系数上来看，发达国家做得就比较好一些，基尼系数整体较低，说明社会整体的贫富差距得到了控制。由于我国多年来一直对增长速度存在着一种情结与紧迫感，导致我国经济的一些结构性问题一直没有调整好，并且产生一些新的结构问题，形成叠加效应，增大了经济社会发展的不平衡状态。当然，发展本身也是一个不断缩小差距，不断由不平衡到相对平衡的过程。习近平指出，"协调发展，就要找出短板，在补齐短板上多用力，通过补齐短板挖掘发展潜力、增强发展后劲。"[1] 根据"木桶原理"，一只水桶能装多少水取决于它最短的那块木板，那么，补齐短板就有助于提升经济社会发展的总体质量。所以，补齐民生短板、环境保护短板，推动协调发展，就成了新时代推动我国经济社会高质量发展的必然选择。

绿色是高质量发展的时代底色。高质量发展具有时代历史性，不同时代有不同的内涵，比如在工业化初期，资本主义机器大工业就是一种高质量发展。工业文明曾经为人类社会创造了丰富的物质财富，推动了人类社会向前发展，当然也对人类社会赖以生存的生态环境造成了严重破坏和污染，甚至带来了生态危机，加剧了人与自然的矛盾。人类社会进入后工业时代，生态文明就成为对工业文明的积极扬弃。西方发达国家走的是先污染后治理的传统工业化道路，人类社会为此付出了巨大的生态环境代价，但是他们已经完成了工业化，并经过发展方式的绿色转型和产业转移（污染产业向发展中国家转移），率先在本土产生一种基于工业文明之上的生态文明。从生产力发展角度看，生态文明是迄今为止人类文明发展的最高阶段，也是当今时代经

---

[1]　习近平:《在省部级主要领导干部学习贯彻党的十八届五中全会精神专题研讨班上的讲话》,《人民日报》2016 年 5 月 10 日。

过绿色低碳转型后实现高质量发展的一种现实逻辑。不管从历史视角作纵向比较，还是从国际视角作横向比较，我国的工业化和城市化都是有史以来人口最多、规模最大的工业化和城市化，这么大规模的工业化城市化对资源环境生态的承载能力带来了极大的挑战。绿色发展是我国在继续推进工业化进程中提出的一种新型的工业化现代化发展之路，通过协同推进经济发展与环境保护，兼顾工业化与生态化，使我国发展顺应了人类社会已经转向生态文明发展的历史潮流和现实逻辑。

开放是高质量发展的必由之路。开放带来进步，封闭必然落后。随着经济全球化深入发展，各国经济社会发展日益相互联系、相互影响，开放是各国经济繁荣发展的必由之路。纵观所有的发达国家，都是深度融入世界经济的国家，在相互经济社会交往中，互通有无，相互促进。从科技创新来看，科技创新是推动发展的第一动力，但是，每一个国家都不可能独自发现人类所认识的所有科学规律、发明人类所有的技术，即便可能，也需要很高的人力、物力和时间成本，所以，推动国际科技交流合作是现代社会提升科技水平、推动生产力发展的必然途径。世界市场范围内的资本、技术、人才、管理、资源、产品流动，能够提高要素配置和使用效率，从而提高经济社会发展的质量和效率。全球化时代，每个国家想要更好发展，就必须保持与世界在各方面的紧密联系和交流与合作，不可能孤立于世界之外，谋求独自发展。党的十一届三中全会以来，中国快速发展就得益于对外开放政策的实施，从国外获得了国内发展所必需的资本、技术、管理、产品、市场，快速融入了国际产业链，参与国际分工，发挥了比较优势，产生了极大的对外开放红利，更大大缩短了科技进步和现代生产力发展的时间周期，节省了巨大的人力物力成本，创造了世界经济长期快速增长奇迹。新发展阶段要想进一步实现更高质量的发展，就必须坚持对外开放基本国策，奉行互利共赢开放战略，进一步拓展开放的范围和层次，构建高水平对外开放的结构布局和体制机制，推动形成全面开放新格局，以高水平开放带动创新、推动改革、促进发展。

共享是高质量发展的根本目的。高质量发展是能够更好满足人民日益增长的美好生活需要的发展。经济学家达德利·西尔斯（Dudley Seers）认为，衡量一个国家的"发展"要"三看"：一看贫困正在发生什么变化？二看失业正在发生什么变化？三看不平等又在发生什么变化？如果一国能将这三个问题都从高水平上降下来，那么毫无疑问，它就一定处于一个各国都希望的发展时期。但如果其中有一两个问题变得越来越严重，尤其如果三者都变得严重，那么即便是人均收入翻倍了，将这种结果称为"发展"依然会令人不可思议。① 提高发展质量，就必须消除贫困，减少贫富差距，实现共同富裕，满足全体人民对美好生活的愿望和需求，这是东西方发展理论的共识。推动高质量发展，就要切实落实好共享理念，不断实现好、维护好、发展好最广大人民根本利益，做到发展为了人民、发展依靠人民、发展成果由人民共享，促进人的全面发展，实现全体人民共同富裕。

概而言之，新发展理念的本质就是高质量发展，贯彻新发展理念与推动高质量发展具有内在一致性。

三、新发展理念的理论特征

新发展理念作为一种发展理论，有着自身的理论特征，既体现了作为一种马克思主义发展理论的共性特点，又具有鲜明的中国特色，是马克思主义发展理论在中国经济进入新发展阶段的具体表现。

第一，有机统一性。新发展理念是一个具有内在联系的集合体，具有很强的有机统一性。创新是发展的第一动力；协调是持续健康发展的内在要求；绿色是发展的底色和属性，也是永续发展的必要条件和人民对美好生活追求的重要体现；开放是国家繁荣发展的必由之路，也是为了更好处理发展的外部环境和内外联动问题；共享是发展的最终目的和价值取向。新发展理念从发展动力、发展内部关系、人与自然关系、内外联动关系、价值取向（即人与人的关系）等方面组成一个有机的发展系统；它们既各有侧重又相互支撑，共同构成了一个系统化的理论逻辑，并与我国经济社会发展全局的整体性和系统性形成理论与现实方面的逻辑统一。习近平指出，"新发展理念相互贯通、相互促进，是具有内在联系的集合体，要统一贯彻，不能顾此

① ［美］迈克尔·P.托达罗、斯蒂芬·C.史密斯：《发展经济学》，余向华、陈雪娟译，机械工业出版社2009年版，第10—11页。

失彼，也不能相互替代。"① 因此，新发展理念本身就构成了一个关于发展的方法论，是一个有机的逻辑系统。

第二，人民至上性。新发展理念具有鲜明的人民导向和民生导向，彰显"人民至上"的价值取向。新发展理念提出共享理念，坚持以人民为中心的发展思想，体现人民主体地位，把增进人民福祉、促进人的全面发展作为发展的出发点和落脚点，始终做到发展为了人民、发展依靠人民、发展成果由人民共享。纵观"十三五""十四五"规划，我们可以看出，这些规划始终是围绕人民至上的价值取向来谋篇布局和规划发展的，在具体的推动措施上也都优先考虑老百姓的民生问题，把促进全体人民共同富裕摆在了更加重要的位置。新发展理念的人民至上性是由我们党的根本宗旨和社会主义的国家性质所共同决定的。

第三，现实针对性。新发展理念具有鲜明的问题导向，直指我国发展中的突出矛盾和现实问题。创新发展注重解决发展动力问题，协调发展注重解决发展不平衡问题，绿色发展注重解决人与自然和谐问题，开放发展注重解决发展内外联动问题，共享发展注重解决社会公平正义问题。② 新发展理念始终围绕增强创新能力、推动平衡发展、改善生态环境、提高开放水平、促进共享发展等重点领域和关键环节，精准施策，精准发力。新发展理念"既抓住了制约发展的症结，又开出了解决问题的良方"③，既指向发展问题，又提出要达到的发展目标，更体现了发展的方法与路径，具有很强的现实针对性。

第四，时代趋势性。新发展理念是在中国经济经历长期高速发展后，进入到一个新的更高发展阶段后才集中提出来的，既能够引领中国经济在新发展阶段实现高质量发展，也代表和顺应了世界经济社会发展大势，具有很强的时代趋势性。国际金融危机后，世界经济长周期由于在繁荣阶段积累的结

---

① 习近平：《在党的十八届五中全会第二次全体会议上的讲话（节选）》，《求是》2016 年第 1 期。

② 习近平：《在党的十八届五中全会第二次全体会议上的讲话（节选）》，《求是》2016 年第 1 期。

③ 刘云山：《深入学习贯彻党的十八届五中全会精神牢固树立和自觉践行新发展理念》，《学习时报》2015 年 11 月 16 日。

构性问题使然，转向衰退阶段，加上二百多年的工业文明已经造成了资源短缺、环境污染和生态危机，在面临的发展问题、发展方向与着力点上，中国经济社会发展有着与世界经济社会发展共性的一面，也有自己的独特性。以创新驱动绿色发展，既是我国在新发展阶段进行经济结构优化升级、提质增效、可持续发展的物质技术基础，更是人类走向生态文明时代的物质技术基础；增强发展协调性、包容性和开放性，既是我国走向共同富裕的基础，也是促进世界和谐、构建人类命运共同体的发展基础。因此，新发展理念具有推动中国高质量发展、顺应和引领世界发展潮流的时代趋势性。

由此可见，新发展理念既坚持了马克思主义发展观的一般原理，又具有自身的中国特征和时代特点，是对马克思主义发展观的丰富和发展，也是对世界发展问题开出的一剂发展良方。

第五章　中国新发展阶段中的主要发展问题

中国经济发展进入新常态后，面临的发展问题很多，但其中最主要的问题表现为发展动力问题、发展不平衡问题、人与自然和谐共生问题、发展内外联动问题、社会公平正义问题等方面。这些问题是中国经济快速发展到一定阶段的必然产物，是主客观因素共同作用的结果。新发展理念正是针对这些问题进行精准施策基础上提出来的。

第一节　创新能力不强

我国经济下行的主要原因就是动力不足问题。传统的要素驱动和投资驱动力量减弱且难以为继，新的发展动力还没有培育起来，导致动力转换出现了相对真空。当前阶段我国发展动力问题的实质是创新能力不强。习近平指出，"我国创新能力不强，科技发展水平总体不高，科技对经济社会发展的支撑能力不足，科技对经济增长的贡献率远低于发达国家水平，这是我国这个经济大个头的'阿喀琉斯之踵'。"[1] 创新能力不强主要表现在以下方面。

---

[1]　习近平：《在党的十八届五中全会第二次全体会议上的讲话（节选）》，《求是》2016 年第 1 期。

一、技术对外依存度较高

我国创新能力不强，主要表现为自主创新能力不强，技术对外依存度较高。目前我国产业整体上还处于全球产业链和价值链的中低端，一些领域的关键技术与核心技术仍然受制于人，科技水平整体上与发达国家的差距依然很大，技术对外依存度很高。据有关专家介绍，我国在核心技术、关键技术上对外依存度高达50%，高端产品开发70%的技术要靠外援技术，重要的零部件的80%需要进口，一些关键的芯片甚至是100%进口①。

技术对外依存度过高，一旦遭遇"断供"，就会产生关键技术产品的"卡脖子"问题。面对近年来贸易保护主义盛行、经济全球化遭遇逆流等趋势带来的外部风险和不确定性，市场和资源"两头在外"的经济结构对我们的产业链、供应链安全带来严重威胁。中美贸易摩擦，凸显出我国在很多高端技术领域仍然存在受制于人的短板和"卡脖子"的地方。比如，我国芯片进口额已经连续多年超过石油，2019年超过3000亿美元；操作系统、高端光刻机仍被国外公司垄断，90%以上传感器来自国外。高档数控机床、高档仪器装备、关键基础材料、高端医疗仪器设备、高端医用试剂等严重依赖进口。这些方面的问题和短板，会让我们的工业大厦"地基"不牢，一旦被"卡脖子"，就会威胁到整个产业链和供应链的安全。②

二、创新主体本末倒置

我国的创新主体主要是在政府主导下，以体制内的科研院所、高等院校、大型国有企业为主体，创新工作主要依靠政府官员、研究机构的科学家、工程技术人员、高校研究人员来完成。熊彼特的创新理论和实践经验表明，创新活动是在企业里面由企业家发起、组织和完成的，企业家是实现"生产要素新组合"的主体。我国的事业单位和国有企业及其领导、相关创

---

① 刘璐璐：《专家：我国核心关键技术对外依存度高达50%》，《经济参考报》2015年12月22日。

② 白春礼：《针对当前"卡脖子"问题　加快突破关键核心技术制约》，2020年11月25日，见 https://finance.ifeng.com/c/81gVbZTWLCi。

新人员均带有行政级别并由组织部门任命，加上行政垄断和国企垄断，市场化水平不高，市场竞争不平等不充分，导致创新动力不足，多数创新技术不符合市场需求，或者没有条件转化成现实的生产力。

我国的企业和企业家仍然没有成为创新的主要主体。从理论和普遍规律来看，企业和企业家应该成为技术创新活动的主要主体。虽然中国共产党 2006 年就提出要建立以企业为主体、市场为导向、产学研相结合的技术创新体系，但是目前来看，我国的企业仍然没有成为创新的主要主体。企业既是市场的主体，又是创新的主体，对市场需求和变化有着敏锐的嗅觉，能够根据市场需求的变化，通过不断的创新活动来改变其产品的供给能力，从而使创新活动能够更好地满足和引导市场需求。我国企业的创新主体地位得不到真正确立，就会导致创新活动原动力不足，创新方向偏离市场需求，科技成果转化率不高等问题，而科研院所、高校等创新主体缺乏市场的把控能力和应变能力，其科技成果市场适应性和转化的可能性都比较低，从而导致了我们整个国家创新体系效率不高。因此，企业是科技与经济的主要结合载体，其创新主体地位得不到根本确立，是造成我国创新不足和科技成果产业化不高的重要制约因素。

三、科技成果转化率不高

科技与经济结合的问题说到底就是科技成果转化为现实生产力、为经济增长服务的问题，就是依靠科技创新来驱动经济发展的问题。这个问题主要通过两个数据来说明：科技成果转化率和科技进步贡献率[1]。总体来看，目前我国科技成果转化率和科技进步贡献率都不高。曾经，"我国的科技成果转化率仅为 10% 左右，远低于发达国家 40% 的水平"。[2] 我国 2019 年科技进

---

[1]　科技进步贡献率：指广义技术进步对经济增长的贡献份额，它反映在经济增长中投资、劳动和科技三大要素作用的相对关系。其基本含义是扣除了资本和劳动后科技等因素对经济增长的贡献份额。参见国家统计局、科学技术部编：《中国科技统计年鉴 2013》，中国统计出版社 2013 年版，第 256 页。

[2]　张晓强：《中国科技成果转化率仅 10%》，2013 年 12 月 21 日，见 http://www.chinanews.com/cj/2013/12-21/5647840.shtml。

步贡献率达到 59.5%[①]，而世界各创新型国家的科技进步贡献率都在 70% 以上，自 20 世纪 80 年代以来，美国科技进步贡献率一直保持在 80% 以上[②]。所以，我国科技成果转化为现实生产力和科技进步推动经济增长的能力与创新型国家相比，仍有较大差距。

我国的科技界与企业界两个系统基本上处于相互独立运行的状态，科技与经济没有得到很好结合。一方面，我国企业界的产业技术发展主要依靠从国外引进先进的技术，国内许多企业也没有形成自己独立的技术创新研发系统，使得我国产业在一些关键领域和重要环节对国外先进技术产生较强的依赖性，很容易导致我国产业在国际竞争中陷入被动局面。另一方面，虽然我国的科研机构、高校在面向市场的技术研发方面做了不少工作，但由于这些单位自身运行体制使然，对市场需求和市场变化缺乏了解和把握，而且其研发活动的目标又经常瞄准所谓的先进技术和关键技术，强调科技上的突破和填补空白，由此产生的结果是，许多研发成果虽然技术水平较高，但是成本也很高，并不具备市场开发的可行性与竞争力。两个系统的相对独立运行是造成我国多年以来科技成果转化率较低的重要原因。因此，科技与经济结合得不好，必然导致科技界很多科技成果不能转化为现实的生产力，而很多企业又不得不向国外引进技术。

从科研院所和高校自身来看，科研院所和高校是我国科技创新和进步的主力军，其管理体制基本上也是沿袭了计划经济体制下的科研管理模式。科技界、学术界在科研成果评价标准中存在重论文数量、重评奖和重项目申报等严重倾向，导致其科研成果存在严重的形式主义问题，很多成果只是以学术论文、研究报告等形式束之高阁。另外，科研院所和高校在科技成果的使用、处置和收益管理上也缺乏自主权，需要经过有关部门的层层审批，使得我国的科技成果转化率远远低于发达国家水平，实际的科技成果产业化应用就更低。科技成果若不转化，就体现不出其经济社会价值。而且，成果转化有一个保鲜期，层层审批会导致转化滞后，错过成果转化保鲜期，可能导致

---

① 于子青：《科技部：2019 年全社会研发投入达 2.17 万亿元创新指数位居世界第 14 位》，2020 年 5 月 19 日，见 http://society.people.com.cn/n1/2020/0519/c1008-31715099.html。

② 李林：《21 世纪中国人口发展与现代化道路》，中国人口出版社 2007 年版，第 282 页。

成果转化无法实施。科研项目经费管理使用上也存在统得过细过死等问题，导致科研经费使用效率不高。科技管理体制统得过多过死、多头管理、具有明显的行政化特征，导致我国研究机构的科技创新成果数量虽多却质量不高，已有成果转化率偏低，严重制约了我国科技创新的发展，削弱其对经济增长的支撑作用。

四、体制机制束缚创新活力

近年来，我国制度改革力度很大，也取得了很大成就，对人才培育和发挥作用起到很大的释放作用。但是继续推进制度改革的难度也越来越大，"容易的、皆大欢喜的改革已经完成了，好吃的肉都吃掉了，剩下的都是难啃的硬骨头"。[①]

从现实情况来看，我国创新导向的制度、法规、机制等方面还没有真正建立起来，一些制度法规和体制机制对创新活动还有较强的阻碍作用，不利于创新主体创新活力的释放。不少单位对人才的束缚较为严重，导致人才流动障碍较多，人才的创新动力不足，创新意愿不高，难以发挥作用。企业追求短平快的技术引进，而非成本和风险较高的技术研发；国有企业则主要依靠垄断地位坐享垄断利润，而非依赖创新活动来拓展发展空间。科技界热衷于论文发表和科技项目申报，对科技成果的现实需求性和转化率等并不热心。

我国创新资源的配置效率不高。理论上我们已经意识到要发挥市场在配置资源中的决定性作用，但在实践中政府与市场的关系问题还没有处理好，政府干涉资源配置、价格等微观经济活动较多，尤其在科技创新领域，由于过度的行政化，导致政府主导了创新资源的配置，使更多的资源流向了大型国有企业、科研院所、高校等企事业单位，而有创新意愿的民营企业却很难获得政府的创新项目、资金支持、政策优惠等资源。政府投入支持的创新资源、创新项目，由于过度的行政化和行政干预，导致创新动力与意愿不高，

---

① 中共中央宣传部编：《习近平新时代中国特色社会主义思想学习纲要》，学习出版社、人民出版社 2019 年版，第 81 页。

创新资源使用效率低下，成果实用性不强。政府利用项目扶持或资金扶持个别企业的做法也破坏了市场竞争的公平性，引发了民营企业的生存危机和国有企业的惰性。

国企垄断导致其创新动力不足。我国国有企业特别是大型央企，处于各个行业的垄断地位。大型国有企业依靠其相关行业的垄断地位可以轻松获取垄断利润，扩大利益空间，没有必要进行过多研发投入而冒险。近十多年来，一些大型央企凭借资金和身份优势涉足房地产业、金融业等领域更是轻松获利，导致主业荒废，推高房地产价格和经济泡沫。国有企业的主要领导一般是由组织部门任命，有一定的行政级别，其机构设置和运作模式也带有很强的行政色彩和体制做派，一般不愿意冒险承担风险和成本双高的技术研发活动，对传统的粗放增长方式与企业经营模式有着很强的依赖性，这就造成了国家经济的主体部分创新动力不足的局面。

创新能力不强，导致我国经济发展动力转型困难，加上要素驱动受资源环境约束增强、投资驱动边际效用递减，我国经济增长速度出现持续下行且下行压力进一步加大。

第二节　发展不平衡问题

我国经济经过四十多年的高速发展，在一些领域表现出了一些失衡问题，特别是区域、城乡、物质文明与精神文明、经济发展与国防建设等方面较为突出，有的问题还相当严重。发展不平衡不充分，是推动我国社会主要矛盾转化的重要因素，也是影响全体人民共同富裕的主要因素。

一、区域发展差距大

我国区域发展不平衡主要表现在两个层面：从大的层面表现为东中西部发展不平衡，呈现出东高西低的梯度特征；微观层面表现为地区内发展不平衡：包括省与省、省内、地区内等的发展不平衡。

（一）区域间经济发展差距较大

区域经济发展差距是我国区域发展不平衡中最主要的表现，也是导致我国区域间社会发展不平衡的主要原因。

我国区域间经济发展差距较大总体表现为东西南北差距较大。一方面，东西部发展差距较大。自改革开放以来，我国经济发展呈东、中、西梯度发展的态势，东、中、西、东北四大区域发展差距趋于扩大，而且从 20 世纪 90 年代开始，东西部发展差距呈加速扩大态势；自 2003 年后，我国区域差距的变动格局发生重大转折，由扩大转变为缩小，区域经济活动开始由东部沿海向中西部内地扩散，但是经济重心依然在东部沿海。另一方面，近年来南北差距拉大成为我国区域发展差距的一个新特征。从 2012 年开始，不管是从经济总量还是从人均 GDP，南北方的差距都在不断扩大。有研究报告显示：2012—2019 年南北经济总量差距从 14 个百分点迅速扩大至 29 个百分点，但人口份额变化很小，导致该时期南北人均 GDP 差距由 0.97 迅速增至 1.30。[①]

区域间居民可支配收入差距较大（见表 1）。2013 年东部居民人均可支配收入是西部居民的 1.70 倍，绝对差距为 9739.4 元；2014 年东部居民与西部居民的人均可支配收入比值降为 1.69 倍，而绝对差距增至 1.06 万元；到了 2019 年东部居民与西部居民的人均可支配收入降至 1.64 倍，绝对差距却增大到 1.55 万元。所以，从比率上来看，有缩小趋势，但是绝对数量上却处于扩大趋势。从省（区、市）级的情况来看，差距更大。2019 年，人均可支配收入最高的上海（69441.6 元）与最低的甘肃（19139.0 元）之比为 3.63 倍；2019 年全国有 22 个省（区、市）的人均居民可支配收入低于全国平均值（30732.8 元）[②]，其中 12 个在西部，中部六省占 6 个，东北三省占 2 个，只有 2 个在东部。有专家研究结果表明：中国的区域差距要远高于美国、英

---

① 任泽平、熊柴、于嘉俊：《南北差距根本上是市场化程度的差距》，2021 年 2 月 16 日，见 http://finance.sina.com.cn/china/2021-02-16/doc-ikftpnny7020668.shtml。

② 数据来源：《中国统计年鉴 2020》，国家统计局网站，见 http://www.stats.gov.cn/tjsj/ndsj/2020/indexch.htm。

国、日本、西班牙等国，是国内区域差距最大的国家之一[①]。

表1　2013—2019年全国四大区居民人均可支配收入情况

（单位：元）

	2013年	2014年	2015年	2016年	2017年	2018年	2019年
东部地区	23658.4	25954.0	28223.3	30654.7	33414.0	36298.2	39438.9
中部地区	15263.9	16867.7	18442.1	20006.2	21833.6	23798.3	26025.3
西部地区	13919.0	15376.1	16868.1	18406.8	20130.3	21935.8	23986.1
东北地区	17893.1	19604.4	21008.4	22351.5	23900.5	25543.2	27370.6

数据来源：国家统计局网站，根据《中国统计年鉴2020》整理。

区域间居民消费水平差距较大。2019年全国居民人均消费支出平均为21558.9元，在低于全国平均数的24个省（区、市）中，有21个位于中西部和东北地区，只有3个在东部；全国前7位的省（区、市）均位于东部，人均消费支出低于1.6万元的5个省（区、市）中4个在西部、1个在中部（山西）；人均消费支出最高的上海（45605.1元）是最低的西藏（13029.2元）的3.5倍，绝对差距为32575.9元（2018年为31831.1元，差距拉大了744.8元），仅这个绝对差距就是全国居民人均消费支出水平的1.5倍。[②] 区域消费水平差距反过来又拉大了区域经济增长速度和社会发展总体水平的差距。

（二）区域间工业化、城镇化水平差异较大

受区域经济梯度发展差异、历史发展基础及地理等因素影响，区域间还存在着工业化、城镇化、人口素质等方面的梯度差异。

工业化水平差异较大。研究表明，从2010年开始，我国已经全面进入了工业化阶段[③]。其中东部地区经过率先发展，已经进入了工业化的后期阶

①　魏后凯等：《中国区域协调发展研究》，中国社会科学出版社2012年版，第8—9页。

②　本段数据根据《中国统计年鉴2020》计算。

③　杨宇、刘毅、齐元静：《基于不同区域尺度的中国经济发展阶段判断》，《经济问题探索》2012年第12期。

段，甚至一些地区已经进入后工业化阶段；而中西部则处于工业化的初中期阶段，我国的工业化水平地区差异还相当大。"当北京、上海在 2010 年已经实现工业化、进入后工业化阶段的时候，海南、西藏、新疆还处于工业化初期的后半段。2010 年，我国处于工业化初期前半段、工业化中期前半段、工业化中期后半段、工业化后期前半段、工业化后期后半段和后工业化阶段的省（区、市）数量分别为 3、5、11、6、4 和 2。"[①]

城镇化水平差异较大。随着我国工业化的推进，带动了城镇化的发展。在城镇化推进过程中，我国城镇化在水平、速度和空间格局等方面的区域差异也日趋显著。东部及东北地区城镇化水平较高，城镇化速度在放慢；中、西部的城镇化水平较低，城镇化速度在加快。[②]2019 年，我国常住人口城镇化率为 60.60%，其中城镇化率超过 80% 的地区有三个，均在东部地区，分别是上海（88.30%）、北京（86.60%）和天津（83.48%）；城镇化率超过 65% 的省（区、市）有 9 个，东部占 7 个，其余 2 个分别在西部和东北；超过全国平均城镇化率的有 13 个，中部只有 1 个（湖北），东北占 2 个，西部占 2 个，其余 8 个均在东部；而城镇化率低于 50% 的有 4 个，均在西部。[③] 我国城镇化"东高西低"的梯度格局成为我国区域发展梯度差异的又一个重要特征。

此外，我国基本医疗卫生、基本教育、基本社会保障等领域也呈现出东西区域梯度特征，区域社会发展差距较大。

（三）区域问题明显

东、中、西、东北四大区域经过改革开放四十多年的发展后，分别出现了所谓的"区域问题"。

东部出现"膨胀病"。东部发达地区出现部分"膨胀病"问题，经济结构面临转型升级的压力较大。东部地区经过快速发展，一方面与世界发达地区相比，仍存在许多不足，仍有上升空间；另一方面也暴露了诸如布局拥挤、生产成本抬高、重复建设等"膨胀病"问题，制约着东部地区的继续健

[①] 李晓华：《中国工业化的阶段特征与发展任务》，《中国经贸导刊》2015 年第 4 期。

[②] 周靖祥：《中国区域城镇化差异及成因解释》，《数量经济技术经济研究》2015 年第 6 期。

[③] 本部分数据根据《中国统计年鉴 2020》计算。

康发展。[①] 由于多种因素作用，导致外部需求紧缩，造成东部外向型经济面临转型升级的压力较大。

中部塌陷。中部地区相对地位下降，有被边缘化的趋势，被称为"中部塌陷"。我国在改革开放后实施东部优先发展战略，从 2000 年后开始又实施了西部大开发战略，对西部加大投资力度，西部投资明显高于中部地区。中部与东部的发展差距在扩大，而与西部的发展差距在缩小，造成中部地区相对低位和发展水平的下降。中部地区市场发展水平和经济发达程度落后于东部，在政策性扶持力度上则不如西部，导致中部往往成为国家宏观调控的"盲点"，容易被"边缘化"。中部地区处于"东西夹击"的尴尬境地，"中部塌陷"之危绝非杞人忧天。[②]

西部长期落后。西部地区面临长期落后问题。西部地区发展虽然受到国家西部大开发战略的影响和推动，但是由于经济基础极其薄弱，目前经济社会发展水平依然较低，基础设施落后，而且西部地区投资软环境不佳，行政干预较多，办事效率较低。西部科技创新能力和开放水平也很低，外向拉动作用较小。所以，西部地区虽然有了较大发展，但是仍然面临着长期落后的问题。

东北衰退。东北地区正遭受着老工业基地衰退和转型乏力问题。老工业基地的衰退问题主要受老工业化规律的制约，是一个世界性的难题，也是新型工业化和生态文明发展的必然趋势。东北老工业基地曾经一度是新中国工业的摇篮。但是自 20 世纪 90 年代开始，受传统工业没落影响，加上我国固有的体制性、结构性矛盾日趋凸显，东北老工业基地普遍存在着企业设备和技术老化问题，技术创新能力和积极性较低，导致竞争力下降，就业压力和结构性矛盾越来越突出，一些资源性城市由于资源枯竭，主导产业衰退，东北地区整体出现经济增长趋缓趋势，工业生产曾一度出现负增长、零增长情况，下岗失业人数增多，经济增速与东部沿海差距拉大。这种现象曾被称为"东北现象"。近几年来，东北地区的增速排在全国倒数后 5 位（见表 2），

---

① 于今主编、本书编写组编著：《统筹区域协调发展：领导干部读本》，党建出版社 2004 年版，第 102 页。

② 于今主编、本书编写组编著：《统筹区域协调发展：领导干部读本》，党建出版社 2004 年版，第 133 页。

其中 2017 年辽宁出现负增长，被称为"新东北现象"[①]。

表 2　2012—2019 年东北地区 GDP 增速全国排名（共 31 个省级单位）

省份	2012 年	2013 年	2014 年	2015 年	2016 年	2017 年	2018 年	2019 年
辽宁	26	24	29	31	31	28	27	27
吉林	10	26	27	28	26	27	30	31
黑龙江	23	29	30	29	29	26	29	30

数据来源：国家统计局网站，根据《中国统计年鉴》整理。

二、城乡二元结构

改革开放以来，随着计划经济体制向市场经济体制的转变及各项改革政策的实施，我国的工业和农业、城市与乡村都发生了巨大的变化，但城乡二元经济社会格局并未彻底改变，加上城镇化滞后于工业化，大量人口仍滞留于农村，城乡居民收入差距扩大。

（一）城乡发展差距较大

第一，我国城乡居民收入差距较大。近年来，虽然我国的城乡居民收入差距已呈现下降趋势，但是整体上差距依然很大。2019 年我国城镇居民人均可支配收入为 42359 元，农村居民人均可支配收入为 16021 元[②]，城镇居民人均可支配收入是农村居民人均可支配收入的 2.64 倍。2013—2019 年，我国城镇居民人均可支配收入与农村居民人均可支配收入的倍数关系分别是：2.81、2.75、2.73、2.72、2.71、2.69、2.64，呈逐渐缩小趋势；而绝对差距分别为：17037、18355、19773、21253、22964、24634、26338 元，呈逐渐扩大趋势（见表 3）。

[①] 何平、刘思扬、赵承、徐扬：《事关全局的决胜之战——新常态下"新东北现象"调查》，《人民日报》2015 年 2 月 16 日。

[②] 国家统计局：《中华人民共和国 2019 年国民经济和社会发展统计公报》，《人民日报》2020 年 2 月 29 日。

表 3　2013—2019 年我国城镇居民人均可支配收入与农村居民人均可支配收入情况

	2013 年	2014 年	2015 年	2016 年	2017 年	2018 年	2019 年
城镇居民人均可支配收入（元）	26467	28844	31195	33616	36396	39251	42359
农村居民人均可支配收入（元）	9430	10489	11422	12363	13432	14617	16021
绝对差（元）	17037	18355	19773	21253	22964	24634	26338
比率	2.81	2.75	2.73	2.72	2.71	2.69	2.64

资料来源：国家统计局网站。

第二，我国城乡公共服务差距较大。城乡公共服务差距包括两个方面：（1）城乡二元结构，城乡之间基本公共服务资源配置不均，城乡差距大；（2）城市内的新二元结构，就是户籍人口与非户籍常住人口在公共服务方面的二元分化，农业转移人口难以享受市民待遇。

城乡基本公共服务差距较大，主要表现在交通、教育、医疗、社会保障等方面。城市交通网络覆盖，公交、地铁、高铁、城铁、高速公路等交通基础设施网络是农村无法比拟的。教育方面，优质教育资源基本上都集聚在城市，特别是大城市；农村教育设施基本上就是小学层次，初中以上都集中在城镇里面。医院集中在城市，农村基本上是以乡村卫生室为主。2019 年，我国每千人医疗卫生机构床位数城镇为 8.78 张，农村为 4.81 张[1]，城乡之比为 1.82∶1。当前，我国城市已经建立了相对完善的社会保障制度，农村的社会保障制度尚处于起步阶段，在参保人数、保障项目和保障水平上与城市有着较大的差距。虽然从 2010 年开始，我国新型农村合作医疗制度基本实现全国农村居民全覆盖，但是其他的社保项目参保人数依然很低。大部分农村地区的教育、医疗资源与城市的差距较大，多数西部地区的农村小学校舍简陋，缺少现代化的教学设备，教师素质也难以与现代化的教育理念相适

---

[1]　国家统计局编：《中国统计年鉴 2020》，国家统计局网站，见 http://www.stats.gov.cn/tjsj/ndsj/2020/indexch.htm。

应；农村地区甚至是小城镇镇区大都与现代化的图书馆、数字电影院、文化宫、体育场馆、主题公园等文体设施远离，农村居民难以参与作为现代生活方式代表的高层次文体活动。

在我国城市内部形成了新的二元结构。长期以来，农民工和非户籍常住人口虽然为城市发展作出了巨大贡献，却成为城市里的"二等公民"，城市共有2亿多的农民工在就业、收入、教育、医疗、社会保障、文化、住房保障等诸多方面遭受制度性歧视，难以真正融入城市社会。城市基本公共服务和其他户籍内含的权利、福利等还难以完全覆盖城市非户籍常住人口，造成"一城两制"和"新二元结构"。城市新二元结构增加了非户籍人口在城市的生活成本和压力，生活困顿，子女不能受到同等条件下的教育和就业机会。因为子女教育、社会保障、住房保障等得不到城市户籍居民的同等待遇，这些家庭一般都是两地分居，或者子女在老家上学，或者父母妻子在老家留守，造成整个社会人口季节性大迁徙（比如春运、农耕等出现大量人员往返现象），推高社会不稳定和流动困难，增加社会治理难度，降低社会和谐度。

（二）城镇化滞后

城镇化是由工业化带动的一个重要现代化进程，也是解决城乡二元结构的主要途径。我国城镇化的主要问题是城镇化水平和质量不高，农业人口转移和转移人口市民化缓慢，导致城镇化滞后于工业化，人口城镇化滞后于土地城镇化，户籍人口城镇化滞后于常住人口城镇化。

我国城镇化滞后于工业化。从世界范围看，城市化与工业化是相互依存、相互促进的过程，是同一过程的两个方面：城市化是工业化的空间表现，工业化是城市化的经济内容，两者处于相伴而生的动态平衡之中。从总体上看，我国的城镇化水平远远落后于我国的工业化水平，低于我国经济发展水平，也低于世界同等发展水平国家的城市化[①]水平。2010年我国人均GDP达到4682美元，2011年突破5000美元，而我国2010年城市化率仅为49.5%，2011年也只是刚刚超过50%，达到50.5%，远远低于美国在5000美元发展阶段的城市化

---

① 城镇化常见于我国官方文本，城市化更多的是学术用语，也是世界通用概念，其涵义基本一致。

水平。实际上，美国在 1920 年城市化率（51.2%）就已超过 50%，而当时美国的人均 GDP 仅为 830 美元。我国的城市化水平不仅比美国相同发展阶段的城市化水平低，而且与大部分国家工业化的相同发展阶段相比也是滞后的。值得注意的是，2010 年我国非农就业人口占总就业人口的比重仅为 63.3%，只相当于人均 GDP500 美元国家的比重。[①]2019 年我国人均国内生产总值为 70892元，已经超过 1 万美元（约合 10276 美元），第一、二、三产业增加值占国内生产总值的比重分别为 7.1%、39.0%、53.9%。通过表 4 可以看出，2019 年我国的人均 GDP（约合 10276 美元）已处于工业化的后期阶段（5960—11170 美元）；在产业结构中，第一产业增加值为 7.1%，小于 10%，第三产业增加值为53.9%，第三产业增加值大于第二产业增加值，产业结构相当于后工业化阶段（A<10%，I<S）。按照工业化后期阶段来看，城市化率应为 60%—75%，但是实际上我国的常住人口城镇化率 2019 年为 60.60%，户籍人口城镇化率仅为44.38%[②]，说明我国的城镇化严重滞后于工业化。

表 4　工业化不同阶段的标志值[③]

基本指标	前工业化阶段（1）	工业化实现阶段			后工业化阶段（5）
		工业化初期（2）	工业化中期（3）	工业化后期（4）	
人均 GDP（2005年美元 PPP）	745—1490	1490—2980	2980—5960	5960—11170	11170 以上
三次产业产值结构（产业结构）	A>I	A>20%，且 A>I	A<20%，I>S	A<10%，I>S	A<10%，I<S
第一产业就业人员占比（就业结构）	60% 以上	45%—60%	30%—45%	10%—30%	10% 以下
人口城市化率（空间结构）	30% 以下	30%—50%	50%—60%	60%—75%	75% 以上

注：A 代表第一产业，I 代表第二产业，S 代表第三产业，PPP 表示购买力平价。

---

① 常红：《我国城市化率超过 50%　城市化仍然滞后于工业化》，2012 年 8 月 24 日，见 http://politics.people.com.cn/n/2012/0824/c1001-18826393.html。

② 参见国家统计局：《中华人民共和国 2019 年国民经济和社会发展统计公报》，《人民日报》2020 年 2 月 29 日。

③ 冯飞、王晓明、王金照：《对我国工业化发展阶段的判断》，《中国发展观察》2012 年第 8 期。

我国人口城镇化滞后于土地城镇化。各国在城镇化的过程中都会大量征用土地，导致城市空间的扩张，我国也曾出现城市面积扩张领先于人口规模扩大。学者研究显示："2001—2010 年，全国城市建成区面积和建设用地面积分别年均增长 5.97% 和 6.04%，而城镇人口年均增长仅有 3.78%，土地城镇化远快于人口城镇化。"[1] 同期官方数据也显示：2000—2011 年，城镇建成区面积增长 76.4%，远高于城镇人口 50.5% 的增长速度[2]。

我国户籍人口城镇化又滞后于常住人口城镇化。多年以来，我国的农业转移人口市民化速度非常缓慢，2000—2014 年，我国户籍人口的城镇化率与常住人口的户籍化率的差距从 10.5 个百分点扩大到 18.9 个百分点。我国农业转移人口市民化进程严重滞后，由此造成城市中"新二元"结构。[3]2014年中共中央、国务院制定《国家新型城镇化规划（2014—2020 年)》，特别提出了户籍人口城镇化率目标。此后，我国在大力推动新型城镇化的过程中也开始重视缩减户籍人口城镇化率与常住人口城镇化率的差距。2019 年年底，我国常住人口城镇化率为 60.60%，而户籍人口城镇化率为 44.38%[4]，两者仍然相差 16.2 个百分点。2019 年，我国农民工总量已经高达 2.9 亿人[5]。"以农民工为主体的外来常住人口""在城镇还不能平等地享受教育、就业服务、社会保障、医疗、保障性住房等方面的公共服务，带来一些复杂的经济社会问题"。[6] 农民工市民化成为我国一个跨世纪性的、并且至今依然难解的经济社会问题。

（三）农业现代化水平不高

现代农业的特点是规模化、产业化、科技含量高和效益高，农业从业人

---

[1]　魏后凯主编：《走中国特色的新型城镇化道路》，社会科学文献出版社 2014 年版，第 17 页。

[2]　中共中央、国务院：《国家新型城镇化规划（2014—2020 年)》，《农村工作通讯》2014 年第 6 期。

[3]　魏后凯主编：《走中国特色的新型城镇化道路》，社会科学文献出版社 2014 年版，第 14 页。

[4]　国家统计局：《中华人民共和国 2019 年国民经济和社会发展统计公报》，《人民日报》2020 年 2 月 29 日。

[5]　国家统计局：《2019 年农民工监测调查报告》，《建筑》2020 年第 11 期。

[6]　习近平：《关于〈中共中央关于制定国民经济和社会发展第十三个五年规划的建议〉的说明》，《人民日报》2015 年 11 月 4 日。

员少。我国的农业现代化水平不高，传统农业经营模式还没有根本改变。从造成城乡发展差距上来看，影响农业农村发展的问题主要表现在以下三个方面。

首先，农业经营规模小，产业化水平低。我国农业整体上还是以传统农业种植模式为主，经营规模小，产业化水平低。受土地制度和政策的影响，我国农村土地多权交织，造成土地经营权流转困难，障碍重重，土地无法顺利实现流转集中，导致农业无法进行大规模经营，难以形成规模效益。我国农村目前基本上还是以土地的家庭承包经营制度为主，农业种植规模小，受种植规模制约，无法实现大面积的机械化作业，手工作业还相当普遍。这种状况无法形成从种子研发、科技创新、种植、精深加工到终端产品市场营销的农业全产业链产业化经营。

其次，农业人口比重大，人均收入低。数据显示，我国 2019 年农村常住人口为 5.5 亿，占我国总人口的 39.4%（不包括 2 亿多已经在城市就业的农业户籍人口），创造的农业第一产业增加值为 70467 亿元，只占国内生产总值的比重为 7.1%。[1] 这意味着，全国将近 40% 的农村常住人口只创造了全国 7% 左右的 GDP，城乡居民人均 GDP 的较大差距，成为城乡发展差距等方面严重失衡的重要原因。从世界发展历史来看，在亚洲"四小龙"之前的所有先发国家和地区，在实施工业化、城市化战略的现代化背景下，当人均 GDP 达到 4500 美元的时候，农村人口基本上都已被城市化，只剩下不足 15% 的农业农村人口。[2] 我国在工业化接近尾声、人均 GDP 已经超过 1 万美元的时候，农村常住人口还有 39.4%，农村户籍人口更是高达 55.62%，这在全球所有先发国家（地区）的现代化过程中都没有先例。

最后，农业科技落后，科技创新能力不强。从总体上来说，我国农业科技水平还较为落后，科技成果源头产出、供给不足，与发达国家的农业科技先进水平有较大差距。中国 50% 以上的生猪、蛋肉鸡、奶牛良种以及 90% 以上的高端蔬菜花卉品种依赖进口，60% 以上的大豆、70% 以上的高效化肥

---

① 国家统计局：《中华人民共和国 2015 年国民经济和社会发展统计公报》，《人民日报》2016 年 3 月 1 日。

② 李昌平：《当前农业农村发展的主要问题和路线政策选择》，《经济导刊》2014 年第 12 期。

以及全部的高端农药等基本上由国际资本掌握，70%以上的先进农产品加工成套设备依赖进口，大多数国产农机产品仅相当于发达国家 20 世纪 70 年代的水平。我国农业科技成果转化率只有 40% 左右，远低于世界发达国家的水平，美、日的农业科技成果转化率为 70%—80%，德英法等国的转化率高达 90%。[①]

发达的城市经济与落后的乡村经济同时并存，现代工业与传统农业同时并存，这就是我国典型的城乡和工农二元结构。

三、物质文明与精神文明失调

物质文明与精神文明共同发展是经济社会发展的必然要求。我国改革开放四十多年来，国民经济以平均近 10% 的速度增长，自 2010 年开始稳居世界第二大经济体，2019 年人均 GDP 超过 1 万美元，创造了举世瞩目的经济发展巨大成就。然而，在我国经济快速发展的过程中，却出现了精神文明不振的趋势和信仰危机、道德滑坡、权力腐败、文化软实力不强等现象，这就是"物质文明比较硬，精神文明比较软"的现象。当然，矛盾的主要方面是精神文明建设比较"软"的问题。

（一）信仰危机

信仰危机可以说是我国精神文明建设中的核心问题。信仰不仅在宗教中才有，所有的领域都有信仰。信仰是指对某种主张、主义、宗教或对某人、某物的信奉和尊敬，并把它奉为自己的行为准则。信仰具有整合和统摄社会各种价值、信念、道德认同的作用。信仰是通过解决个人内心世界的矛盾而使之得以平衡，并为某种内心认同的价值观去行动的问题；每个人都需要信仰，即便那些自称"什么也不信"的人也概莫能外，因为"什么也不信"也是一种信仰；在不同的层面有不同的信仰。信仰主要表现为政治信仰和宗教信仰等方面。百年来，中国处于一个大变革的时代，从外

---

① 翟金良：《中国农业科技成果转化的特点、存在的问题与发展对策》，《中国科学院院刊》2015 年第 3 期。

敌人侵到铁与火的革命岁月、再到社会制度的剧变与经济大发展，社会长时期连续发生翻天覆地的变化。在这样一个社会大变革的时代，变化成为永恒，面对熟悉而又陌生的环境，人们最容易诱发对变化的不安和对原有信仰的危机。信仰危机是一种精神危机，是内心深处的迷惘与不安。从目前来看，在政治层面，存在着一部分党员干部对共产主义理想和马克思主义信仰动摇问题；在社会层面，则面临民间各种宗教信仰的混乱；从两者的交叉来看，就是部分党员领导干部的政治信仰与精神信仰（宗教信仰）发生了矛盾甚至冲突问题。

政治信仰问题是一种政治意识形态问题。新中国成立以来，马克思主义是中国共产党整合各族人民、各党派和政治团体等各种社会力量进行社会革命和社会建设的主导精神力量，马克思主义强大的整合功能自新民主主义革命以来就一直发挥着巨大威力，这已经被历史所证明。中国共产党和国家的意识形态主要是依靠对马克思主义和共产主义信仰来建构体系，主要体现为对马克思主义的信仰、对社会主义的信念、对改革开放和现代化建设的信心、对党和政府的信任这"四信"上。但是随着"文化大革命"被否定、苏联和东欧发生剧变、市场经济发展、西方文化和意识形态侵蚀，一部分人对马克思主义和共产主义意识形态产生了动摇甚至怀疑，其整合社会信仰体系的作用有所下降和削弱，出现了信仰迷失、信念动摇、信心下降、信任不足等问题。对马克思主义和共产主义信仰的淡化、动摇、削弱甚至怀疑、否定，不管是在党内，还是在社会大众层面，都有着不同程度的显现。信仰迷失导致了部分党员干部奢靡、腐败、堕落等现象愈演愈烈，拜金主义、享乐主义、极端个人主义在一定程度和层面盛行。政治信仰问题成为引发社会思想道德滑坡和其他经济社会问题的重要原因。

民间宗教信仰混乱。近年来，宗教信仰在民间兴起。信教群众从数量上和层次上都有很大的提升。"我国信教人数持续增加，这种趋势还将延续。过去信教的是'五多'，即老人、妇女、农村人口、低收入者、文化层次低者多，现在是中青年、城镇人口、高收入者、高学历者越来越多。"[1] 我国信

---

[1]　王作安：《宗教工作关键在"导"——学习习近平总书记在全国宗教工作会议上的讲话精神》，《学习时报》2016 年 8 月 8 日。

教群众已经有 1 亿多人，但是从人口比例上来看，我国信仰五大宗教的人口约占总人口的 11%，中国大陆信教人口比例最低。[①] 我国民间宗教信仰混乱主要表现为：第一，信仰动机不纯。很多人信教不是为了净化心灵和提高精神境界，而是为了复杂多样的个人私利，或者是为了升官发财，或者是在干了违法乱纪的事情之后求保佑，或者其他目的，本质上是与神佛"做交易"。第二，打着宗教旗号敛财，或者搞违法乱纪之事。有不少职业"和尚""尼姑""道士"或者"神汉""巫婆"之类，借着化缘、积功德、开光、赐福、消灾、祛病等名义招摇撞骗，骗财骗色，甚至谋财害命等。第三，一些国外宗教组织扩大对我国信教群众的渗透行为。比如基督教在我国广大农村和一些高校等利用资助金钱、或提供出国教育等手段进行文化和意识形态等渗透活动。第四，秘密邪教组织。例如散布宣扬"世界末日就要来临"等妖言邪说的全能神教曾猖獗一时，煽动信徒对抗党和政府，2012 年被我国公安机关进行了全国抓捕和取缔，其剩余势力仍然在秘密活动。这些邪教组织利用威逼、利诱、色诱、恐吓等手段对教徒和群众进行打压和骚扰，以发展信众、壮大势力。总的来说，我国的民间宗教信仰群众参差不齐，动机多样，与宗教教义偏离，多数处于"迷信"层面。

一些党员领导干部政治信仰与精神信仰的冲突。马克思主义是唯物主义无神论，共产党员必须是坚定的无神论者，党员不准信仰宗教，这是中国共产党对党员干部的一贯主张和纪律要求。从目前的情况来看，一些共产党员甚至是党的高级领导干部信仰宗教的现象在一定程度上存在着。也有一些党员干部出现了不同程度上的信仰真空。从根本上来讲，人都需要由信仰来支撑精神世界和生命历程，政治信仰问题和信仰真空在某种程度上的客观存在，就会导致一些党员干部向宗教寻找满足信仰需求的动机和行为。这个问题主要分为三种情况：第一，不信马列，信宗教；第二，既信马列，也信宗教；第三，既不信马列，也不信宗教，信仰权力和金钱至上。从根本上说，马克思主义是无神论，而宗教是有神论，真正信仰马克思主义的人就不可能信仰宗教和有神论。

---

① 加润国：《全球信教人口有多少》，《中国民族报》2015 年 5 月 26 日。

（二）道德滑坡

在我国经济快速发展的同时，精神文明的另一大问题就是道德滑坡。"道德滑坡"一语在国家主要领导层面是由温家宝于 2011 年的一次谈话中公开提出的："近年来相继发生'毒奶粉'、'瘦肉精'、'地沟油'、'彩色馒头'等事件，这些恶性的食品安全事件足以表明，诚信的缺失、道德的滑坡已经到了何等严重的地步。"[①] 经济领域中存在制假贩假、违法乱纪、环境污染、食品不安全等现象，一些企业和商人唯利是图、丝毫不顾忌法律、道义；社会领域中还存在对摔倒老人不敢扶、落水儿童不去救、黄赌毒、诚信缺失等现象。社会各领域出现的道德滑坡、道德失范等问题伴随着经济发展还在一定范围一定领域大量存在。

（三）规则意识淡薄

无视规则、不守规矩、规则意识淡薄，也是当今社会的一种现象，这种现象归根到底是一种制度意识和制度文化的问题。"规矩意识"是一种自觉的纪律观念、底线观念，这种对规则、制度的敬畏与遵从一旦形成，就可以内化于心，外化于行。[②]2016 年 7 月北京野生动物园的老虎袭人事件被炒得沸沸扬扬，关键词是"对规则的漠视"，"你和动物园下车遭袭的女士之间，相差的只是一只老虎吗"的社会反思曾一度流行于网络和微信朋友圈。从"中国式过马路""中国式排队""中国式旅游"等现象中，折射出的是国人对社会规则的熟视无睹和肆意践踏，甚至是理直气壮。大到党纪国法，小到过马路、排队，规则意识淡薄与我国经济高速发展形成鲜明的对比，丰富的物质文明之中却充斥着精神上的丑陋不堪现象。

（四）文艺中的"三俗"

"三俗"是指"庸俗、低俗、媚俗"。文艺作品是大众生活的精神食粮。

---

① 温家宝：《讲真话察实情——同国务院参事和中央文史研究馆馆员座谈时的讲话》，《人民日报》2011 年 4 月 18 日。

② 邢丹、任红禧：《"规矩意识"缺失的典型特征》，《党的生活》2015 年第 4 期。

健康、向上、优雅的艺术作品给人以美感和正能量，丰富人们的精神生活，净化人们的内心世界。虽然文艺界创造了不少艺术上的精品，然而自改革开放以来，我国文化艺术娱乐界所提供的文艺作品中开始盛行"庸俗、低俗、媚俗"之风。人们为了追求电视节目收视率、网页点击量、电影票房，追求商业利益最大化，甚至为了"一脱成名"也在所不惜。色情、暴力、荒诞、低级趣味的作品充斥着影视、娱乐节目、文艺作品，追求感官刺激、言语猥琐、过分迎合低级趣味和情色暴力刺激，毒害着社会大众和青少年一代，引诱犯罪，助长不正之风，毒害社会风气。"三俗"作品颠覆了人们的价值观、冲击着社会道德底线，混淆视听，已经成为人民群众的精神毒药和鸦片。

四、经济建设与国防建设二元分离

新中国成立后，面对国家安全和经济建设的双重任务，我国建立了比较完备、自成体系、自主保障的国防科技与工业结构，对提高我国国防能力和经济建设均发挥了重大作用。但是长期形成的经济建设与国防建设相对独立的运行体制，造成了两大系统各自运行、重复投资建设、效率低下的"二元分离"局面，不利于两大系统的相互支撑、相互促进、形成合力、共同发展。我国目前两大系统建设的问题主要是"军地二元分离"、发展不协调和手段僵化等问题。

（一）军地二元结构

长期以来，我国经济建设和国防建设形成了相对隔离、各自运行的"二元分离结构"，这种二元结构是阻碍我国军民融合发展的主要障碍。20 世纪六七十年代，受国际形势影响，党和国家的建设向临战、备战方向发展，国家建设重点也相应地转到了国防建设上。从 1964 年到 1978 年的连续 15 年中，国防费用占国家财政支出的比例平均每年都在 20% 以上。[①]1978 年后，

---

① 邵锦华：《论中国特色"军民融合"式发展路子的科学性——从国防建设与经济建设关系的角度分析》，《黑河学刊》2010 年第 5 期。

国际局势相对缓和，邓小平提出了"以经济建设为中心"的发展战略，强调先把经济建设搞上去，国防建设要服从这个大局。虽然后来提出军民融合发展思想和战略，但是我国国防建设长期自成体系、自我保障，形成了一种自我封闭、自我循环的运行系统；地方的经济建设也很少与军队系统进行交流合作，军队建设和地方建设形成了各自独立的运行系统，形成了我国经济建设和国防建设相对隔离的"二元分离结构"。军民两大资源系统分别进行各自建设，资源配置上难以统筹，结果是重复建设，资源浪费巨大，效率低下。

我国军标、民标各成体系，相对封闭，技术分割，不仅制约了民用品生产企业参与军品生产，也不利于优势科技成果的互通互换，增加了军民彼此获得前沿技术的成本。我国一些领域民用技术及研发能力已处于国际领先地位，但由于信息不对称等原因，这些民用技术即使是军事上急需的新技术，也难以为国防建设部门采用；军用技术和科研成果转民用也不够顺畅。军地二元结构成为"民参军"和"军转民"的体制藩篱。

（二）强军和富国相对失衡

我国的国防建设和国防力量还不能完全满足新形势下我国开放型大国经济体发展的需求。随着我国经济实力的增强，我国的国防实力也随之增强，但是从我国的经济实力和国防实力对比来看，我国的国防建设滞后于经济建设，国防实力还不能与我国的全球第二大经济体相匹配，造成强军和富国的相对失衡，安全保障能力不能完全满足我国的发展需求。

近年来，我国周边的领土纠纷和海洋主权争端越来越多，维护我国领土安全、海洋主权和海外利益，已经成为我国经济发展的迫切需求。钓鱼岛争端，南海仲裁闹剧，边境摩擦，我国周边的安全事件越来越多，领土领海主权频受挑战。近年来，随着"走出去"规模的不断扩大，我国境外企业数量越来越大。截至2019年底，中国超2.75万家境内投资者在全球188个国家（地区）设立对外直接投资企业4.4万家，全球80%以上国家（地区）都有中国的投资，年末境外企业资产总额7.2万亿美元。[①] 伴随着我国境外企业

---

① 国家商务部、国家统计局、国家外汇管理局：《2019年度中国对外直接投资统计公报》，中国商务出版社2020年版，第4页。

数量快速增加，中国企业面临的境外安全风险也不断增加。"根据商务部的不完全统计，2010—2015年，共发生涉及中国企业机构的各类境外安全事件345起。"①《中资企业海外安全风险评估报告（2018）》指出，2018年，中资企业在海外遭遇的各类重大安全风险事件共413例。如何保护好中资企业和中国侨民的海外安全也是一个重大考验。

（三）军地交流行政手段较多

我国军地交流手段过于单一，行政手段多，经济和法律手段少。由于军地融合缺乏协调合作的体制机制和平台，军民融合工作主要成为一项政治任务，开展工作主要依靠军队和地方领导指示，依托行政手段推动，缺乏市场化、法制化、常态化的融合发展机制和手段。"靠感情维系，靠关系协调，靠政治觉悟推动"，基本是对我国军地交流工作开展的形象描述。我国军队建设有着良好的传统，长期形成了"不拿群众一针一线"的良好形象和铁的纪律，而地方开展的"拥军优属"活动也是有声有色，形成了良好的军民团结和军政团结局面。但是，军地交流合作仅限于政治领域，经济领域很少开展活动。每当地方和老百姓遇到洪涝地质灾害等重大事故发生，军队武警战士对地方工作都做了无偿的全力支援，全力投入到抢险救灾工作之中，给予人民生命财产安全和地方经济建设以大力的支持和保障。可以说，我国长期形成了军民团结的血肉之情和军政团结的良好局面。但是，这些工作主要靠军民感情维系，靠党政军地关系协调，靠政治觉悟、行政手段和军事命令推动，行政性手段用得多，市场和法律手段用得少，认为谈钱伤感情、谈法制伤觉悟。由此也造成了军地缺乏经济交流与合作的局面，形成了处理事务"不讲法制讲觉悟、不讲经济讲政治"的传统军民交流与合作方式，给军民融合发展造成情感障碍和制度屏障。

---

① 石岩：《2010年至今共发生涉中企机构境外安全事件345起》，2015年12月2日，见 http://www.chinanews.com/gn/2015/12-02/7652169.shtml。

第三节　人与自然和谐共生问题

　　人与自然和谐共生问题就是经济发展与环境保护的矛盾问题，就是发展中的环境污染问题。由于发展方式粗放，我国多年来的高速增长引发了资源消耗过快、环境污染严重和生态遭破坏等问题，人与自然关系紧张。

一、资源消耗高

　　我国经济发展中的资源问题主要表现为：资源消耗总量过大；资源使用效率低下，浪费严重；资源消费结构不合理；部分资源对外依存度较高，造成资源安全问题等。

（一）能源消耗问题

　　能源消费问题是影响我国绿色发展的重要问题，与碳排放和空气污染等问题相关性较高，是资源消耗的一个重要问题。

　　我国能源消费总量大。目前我国能源消耗总量已占世界第一位。随着我国经济体量的不断增大，我国能源消费总量也逐年攀升：2007年超过欧盟，2010年超过美国，2012年超过整个北美，2013年消费量占全球消费总量的22.4%、2014年达到23%。[①]2010—2019年，我国的能源消费总量仍持不断增长势态(见表5)；我国2019年全年能源消费总量48.6亿吨标准煤，比上年增长3.3%。

表5　2010—2019年能源消费总量及增速

(单位:总量:亿吨标准煤；增速:%)

年度	2010	2011	2012	2013	2014	2015	2016	2017	2018	2019
总量	32.5	34.8	36.2	37.5	42.6	43.0	43.6	44.9	46.4	48.6
增速	5.9	7.0	3.9	3.7	2.2	0.9	1.4	2.9	3.3	3.3

数据来源：国家统计局。

---

① 李振宇、黄格省、黄晟：《推动我国能源消费革命的途径分析》，《化工进展》2016年第1期。

我国能源使用效率较低。我国的高耗能产业能源消耗比重过高，钢铁、有色、化工、建材四大高耗能行业用能占到全社会用能的 40% 左右[1]，这种产业结构决定了我国的能源使用效率相对较低。2016 年我国 GDP 能耗为 0.68 吨标准煤 / 万元，按照 2015 年美元价格和汇率计算，2016 年我国单位 GDP 能耗为 3.7 吨标准煤 / 万美元，是 2015 年世界能耗强度平均水平的 1.4 倍，发达国家平均水平的 2.1 倍。[2] 能源使用效率低下，也决定了我国经济增长对能源消费的依赖度较高。

我国能源消费结构不合理。从我国一次性能源中的化石能源、清洁能源的视角分析，我国的能源消费结构相对于绿色能源结构的差距还很大。我国一次能源消费结构中煤炭占比过高，清洁能源占比过低，与欧美等发达国家相比差距较大，一次能源消费结构不合理。据国家统计局数据显示，2019 年，我国煤炭消费量占能源消费总量的 57.7%，天然气、水电、核电、风电等清洁能源消费量占能源消费总量的 23.4%，石油约占我国能源消费总量的 18.9%[3]。

我国能源对外依存度较高。受制于我国能源禀赋和技术等原因，我国每年需要进口大量的石油、天然气等以满足我国经济社会发展对能源的需求。我国目前能源对外依存度较高，主要体现在石油和天然气方面。我国 2017 年超过美国成为最大原油进口国后，2018 年又超过日本成为最大天然气进口国，至此，我国成为全球第一大油气进口国；其中，天然气对外依存度为 43%，石油对外依存度达 72%，为近 50 年来最高水平[4]。能源消耗量的加剧和对外依存度的增高，已经引起了我国能源安全方面的问题。

---

[1] 中华人民共和国国务院新闻办公室：《中国的能源政策白皮书（2012）》，《人民日报》2012 年 10 月 25 日。

[2] 《2018 年中国能源行业消费现状及结构占比分析》，2018 年 3 月 13 日，见 http://free.chinabaogao.com/nengyuan/201803/03133243912018.html。

[3] 国家统计局：《中华人民共和国 2019 年国民经济和社会发展统计公报》，《人民日报》2020 年 2 月 29 日。

[4] 伍梦尧：《2019 年版〈BP 世界能源统计年鉴〉正式发布》，《中国电力报》2019 年 7 月 31 日。

（二）其他资源消耗问题

我国人均资源保有量低，但资源消费量却在逐年上涨。我国人口占世界总人口的 18% 左右，但 2015 年前六个月，我国面临经济下行的压力，在资源需求减少的情况下，依然消费了世界上 54% 的铝（2015 年 1—6 月全球原铝供应短缺 38 万吨）、50% 的镍、48% 的铜、46% 的锌、46% 的锡、45% 的钢、40% 的铅、31% 的棉花、30% 的大米、30% 的大豆油等，消费占比在 18% 以上的资源种类就有 13 种。我国对于经济发展需求量大的支柱性矿产资源如石油、铁、铜、镍、铝等进口量均有不同幅度的增长，对外依存度较大，自给率逐渐降低。[①]

我国也是全球人均水资源最贫乏的国家之一，又是世界上用水量最多的国家，用水量与水资源拥有量之间严重失衡。另外，我国土地资源短缺，并且开发潜力有限，城市化过程中土地利用不合理，土地浪费严重。随着我国耕地面积不断减少，守住 18 亿亩红线面临重大挑战。

二、环境污染严重

我国经济社会发展过程中的另外一个绿色发展问题是环境污染问题。经济高速发展带来了空气、水、土壤等严重污染，以及垃圾围城、农业污染等问题。

（一）空气污染严重

随着我国经济活动中的碳、硫化合物及其他有毒有害气体和烟尘排放在总量和强度上的增加，我国的空气质量下降严重。

我国空气质量在全球的排名比较靠后。在美国耶鲁大学发布的《2016 年环境绩效指数报告》（*Environmental Performance Index: 2016 report*）中，对全球将环境问题视为高级优先领域的 180 个国家的表现进行了环境绩效指

[①]　参阅中共中央党校（国家行政学院）国际战略研究院惠春林教授部分研究成果。

数（EPI）排名，中国的空气质量总分全球排名倒数第二。[1]2018 年，在全球环境绩效指数 EPI 评估中，中国空气质量排名仍居倒数第四。[2]

我国的空气质量整体较差。2019 年，在全国 337 个地级及以上城市中，有 157 个城市环境空气质量达标，占 46.6%；另外 180 个城市环境空气质量超标，占 53.4%。[3]2019 年《世界空气质量报告》指出，98% 的中国城市仍然超过了世卫组织的指导原则，中国有 47 个城市跻身污染最严重的 100 个城市之列。[4]

（二）水污染严重

随着工业污水、城市生活污水排入及其他的原因，我国水污染严重。水污染与空气污染一样，直接关系到人民群众的身体健康和生命安全，成为我国可持续发展的重要瓶颈。

我国地表水污染比较严重。根据国家生态环境部 2019 年公布的数据来看，我国地表水污染情况还是比较严重的[5]。第一，2019 年全国地表水总体水质状况，Ⅰ 类水质占 3.9%，Ⅱ 类水质占 46.1%，Ⅲ 类水质占 24.9%，Ⅳ 类水质占 17.5%，Ⅴ 类水质占 4.2%，劣 Ⅴ 类水质占 3.4%，其中 Ⅳ 类水质及以上的污染水质共占 25.1%。第二，2019 年七大流域，只有长江流域水质为优、珠江流域水质良好，其他五大流域总体为轻度污染。第三，主要湖泊水质污染严重。公布的湖泊 60 个（不含水库），其中 Ⅰ 类、Ⅱ 类水质共 10 个，Ⅲ 类水质 19 个，Ⅳ 类水质 18 个，Ⅴ 类水质 5 个，劣 Ⅴ 类水质 8 个，Ⅳ 类水质及以下的污染湖泊占 31 个，达

---

[1]《全球空气质量最新排行榜，中国竟然倒数第 2！》，2017 年 1 月 17 日，见 http://toutiao. chinaso.com/gydyp/detail/20170117/10002000330092214846208342014641 74_1.html。

[2] 易兰、赵万里、杨历：《大气污染与气候变化协同治理机制创新》，《科研管理》2020 年第 10 期。

[3] 国家生态环境部：《2019 中国生态环境状况公报》，2020 年 6 月 2 日，见 http://www. cnemc.cn/jcbg/zghjzkgb/202007/P020200716568022848361.pdf。

[4] 国家大气污染防治攻关联合中心：《2019 年〈世界空气质量报告〉中国城市明显改善》，2020 年 2 月 26 日，见 https://www.sohu.com/a/376034029_100211255。

[5] 水质状况分类标准：优为 Ⅰ 类和 Ⅱ 类水质，良好为 Ⅲ 类水质，轻度污染为 Ⅳ 类水质，中度污染为 Ⅴ 类水质，重度污染为劣 Ⅴ 类水质。

到 51.7%。太湖、洞庭湖、鄱阳湖、阳澄湖、白洋淀、巢湖、滇池等著名淡水湖均在 IV 类水质的轻度污染行列。[①] 由此看来，我国的地表水整体污染比较严重。

我国地下水污染严重，且有加重趋势。2013 年，全国 4778 个地下水水质监测点中 59.6% 的水质较差甚至极差。[②]2015 年，浅层地下水水质监测水质呈优良、良好、较好、较差和极差级的监测井（点）比例分别为 5.6%、23.1%、5.1%、43.2% 和 23.0%[③]，较差和极差级别共占 66.2%；2017 年，水利部门的 2145 个测站地下水质量综合评价结果显示：水质优良为 0.9%，良好 23.5%，较好 0，较差 60.9%，极差 14.6%[④]，较差和极差共占 75.5%；2019 年，全国 10168 个国家级地下水水质监测点中，Ⅰ～Ⅲ类水质占 14.4%，Ⅳ类占 66.9%，Ⅴ类占 18.8%，较差和极差级别共占 85.7%；全国 2830 处浅层地下水水质监测井中，Ⅰ～Ⅲ类水质占 23.7%，Ⅳ类占 30.0%，Ⅴ类占 46.2%[⑤]，较差和极差级别共占 76.2%。从以上 2013 年、2015 年、2017 年、2019 年的数据分析可见，我国地下水水质较差和极差占比有升高趋势，地下水水质总体堪忧。

我国近海污染严重。2019 年，我国近海面积大于 100 平方千米的 44 个海湾中，13 个海湾春夏秋三期监测均出现劣Ⅳ类水质。[⑥]

（三）土壤污染严重

全国土壤环境状况总体不容乐观，部分地区土壤污染较重，耕地土壤环

① 国家生态环境部：《2019 中国生态环境状况公报》，2020 年 6 月 2 日，见 http://www.cnemc.cn/jcbg/zghjzkgb/202007/P020200716568022848361.pdf。

② 余晓洁：《中国水污染态势严峻 水污染防治法将再修》，2014 年 5 月 8 日，见 http://politics.people.com.cn/n/2014/0508/c1001-24994466.html。

③ 国家环境保护部：《2015 中国环境状况公报》，2016 年 6 月 1 日，见 http://www.mee.gov.cn/hjzl/zghjzkgb/lnzghjzkgb/201606/P020160602333160471955.pdf。

④ 国家生态环境部：《2017 中国生态环境状况公报》，2018 年 5 月 31 日，见 http://www.mee.gov.cn/hjzl/zghjzkgb/lnzghjzkgb/201805/P020180531534645032372.pdf。

⑤ 国家生态环保部：《2019 中国生态环境状况公报》，2020 年 6 月 2 日，见 http://www.cnemc.cn/jcbg/zghjzkgb/202007/P020200716568022848361.pdf。

⑥ 国家生态环保部：《2019 中国生态环境状况公报》，2020 年 6 月 2 日，见 http://www.cnemc.cn/jcbg/zghjzkgb/202007/P020200716568022848361.pdf。

境质量堪忧，工矿业废弃地土壤环境问题突出。《全国土壤污染状况调查公报》显示，全国土壤总的超标率为 16.1%，其中轻微、轻度、中度和重度污染点位比例分别为 11.2%、2.3%、1.5% 和 1.1%。污染类型以无机型为主，有机型次之，复合型污染比重较小，无机污染物超标点位数占全部超标点位的 82.8%。从污染分布情况看，南方土壤污染重于北方；长江三角洲、珠江三角洲、东北老工业基地等部分区域土壤污染问题较为突出；西南、中南地区土壤重金属超标范围较大。①

（四）垃圾围城

随着我国城镇化的加速推进，我国城市垃圾总量的年均增长率已经超过 10%。全国有三分之一以上的城市深陷垃圾围城困局，三分之二的城市处于垃圾包围之中。全国城市垃圾堆存累计侵占土地 75 万亩。② 我国部分城市，特别是中小城市面临着生活垃圾围城的困境。在一些城乡结合地带，成片的桔梗菜叶、成堆的废旧电池、成山的废弃塑料袋成为常见的景象。③ 以北京为例，北京市日产垃圾 1.84 万吨，如果用装载量为 2.5 吨的卡车来运输，长度接近 50 公里，能够排满三环路一圈；并且北京每年垃圾量以 8% 的速度增长；单就解决垃圾填埋问题，从 2011 年到 2020 年，北京就需要 3200 亩土地。④

（五）农业污染较为严重

农业污染主要是化肥农药地膜等过量使用和残留严重，重金属污染严重。我国的化肥、农药在生产和使用量上均居世界第一位。⑤ 我国年化肥使

---

① 国家环境保护部、国土资源部：《全国土壤污染状况调查公报》，《中国环保产业》2014 年第 5 期。
② 《全国超三分之一城市被垃圾包围》，2016 年 7 月 26 日，见 http://www.hxnews.com/news/gn/gnxw/201607/26/912826.shtml。
③ 袁于飞：《"垃圾围城"怎么破》，《光明日报》2016 年 1 月 4 日。
④ 邓海建：《"垃圾围城"，城伤几许》，《湖南日报》2013 年 7 月 20 日。
⑤ 翟烜：《我国将减化肥农药用量》，《京华时报》2015 年 4 月 15 日。

用量占世界的 35%，相当于美国、印度的总和[①]，农作物亩均化肥用量 21.9 公斤，远高于世界平均水平（每亩 8 公斤），是美国的 2.6 倍，欧盟的 2.5 倍[②]；我国农药使用量是世界平均水平的 2.5 倍，目前一年使用 175 万吨左右的各种农药，其中七成进入土壤、空气和水域中，只有三成直接作用于目标生物体[③]，大部分农药通过径流、渗漏、飘移等流失，污染土壤、水环境，影响农田生态环境安全。化肥农药的过量使用除了造成土壤和水体污染之外，就是农产品质量的下降和农药残留问题，直接影响人民生命安全。农业重金属污染，一方面影响到农田和农村周边环境，另一方面也引发农产品和食品安全问题。

三、生态遭到破坏

草原湿地退化严重。全国草原面积近 4 亿公顷，约占国土面积的 41.7%，是全国面积最大的陆地生态系统和生态屏障。[④] 我国草原生态总体恶化的局面没有被有效遏制，全国 90% 左右的草原存在不同程度的退化、沙化，40% 左右的重要湿地面临退化威胁。[⑤] 全国第二次湿地调查显示，全国湿地总面积 5360.26 万公顷，湿地面积占国土面积的比率（即湿地率）为 5.58%；与第一次调查同口径比较，湿地面积减少了 339.63 万公顷，减少率为 8.82%。[⑥] 湿地是淡水安全和生物物种的生态保障。

生物多样性退化。城镇化、工业化加速推进、生物资源过度利用和无序

[①] 钱克明：《我国年化肥使用量占世界的 35% 相当于美印总和》，2015 年 3 月 9 日，见 http://lianghui.people.com.cn/2015cppcc/n/2015/0309/c394219-26663668.html。

[②] 农业部：《到 2020 年化肥使用量零增长行动方案》，2017 年 11 月 29 日，见 http://www.moa.gov.cn/nybgb/2015/san/201711/t20171129_5923401.htm。

[③] 腾讯新闻：《食品安全法拟规定蔬菜瓜果等禁用剧毒高毒农药》，2015 年 4 月 20 日，见 http://politics.people.com.cn/n/2015/0420/c70731-26874226.html。

[④] 国家生态环保部：《2019 中国生态环境状况公报》，2020 年 6 月 2 日，见 http://www.cnemc.cn/jcbg/zghjzkgb/202007/P020200716568022848361.pdf。

[⑤] 王冬梅：《中国 90% 左右的草原存在不同程度退化、沙化》，《工人日报》2015 年 8 月 7 日。

[⑥] 张永利：《中国湿地面积约 5360 万公顷较首次调查减少近一成》，2014 年 1 月 13 日，见 http://politics.people.com.cn/n/2014/0113/c70731-24101528.html。

开发、环境污染、气候变化等因素，使生物栖息地不断受到损害、减少和丧失，由此造成了我国一些物种濒危或消失，导致我国生物多样性的持续性退化。据估计，目前我国野生高等植物濒危比例达 15%—20%，其中，裸子植物、兰科植物等高达 40%以上。野生动物濒危程度不断加剧，有 233 种脊椎动物面临灭绝，约 44%的野生动物数量呈下降趋势，非国家重点保护野生动物种群下降趋势明显。一些农作物野生近缘种的生存环境遭受破坏，栖息地丧失，野生稻原有分布点中的 60%—70%已经消失或萎缩。部分珍贵和特有的农作物、林木、花卉、畜、禽、鱼等种质资源流失严重。一些地方传统和稀有品种资源丧失。[①]

地质灾害频发。由于过度开采、乱砍滥伐等因素以及自然因素，导致近年来我国地质灾害频发。2013—2019 年，我国地质灾害总体上趋于减少，但是仍多发频发（见表 6）。2019 年，全国共发生地质灾害 6181 起，共造成 211 人死亡、13 人失踪、75 人受伤，直接经济损失 27.7 亿元。[②] 此外，中国已经有多个地方因为过度开采而造成地面坍塌现象的报道。

表6　2013—2019 年我国地质灾害情况

年　度	2013	2014	2015	2016	2017	2018	2019
地质灾害次数（起）	15196	10907	8224	9710	7122	2966	6181
死亡失踪人数（个）	669	400	287	405	352	112	224
直接经济损失（亿元）	101.5	54.1	24.9	31.7	35.37	14.7	27.7

数据来源：自然资源部网站。

① 国家环境保护部等编：《中国生物多样性保护战略与行动计划》（2011—2030 年），中国环境科学出版社 2011 年版，第1—2 页。

② 自然资源部地质灾害技术指导中心：《2019 全国地质灾害通报》，2020 年 3 月 31 日，见 https://www.cgs.gov.cn/gzdt/zsdw/202003/W020200331377465119094.pdf。

第四节　发展内外联动问题

我国对外开放存在区域、内外需、进出口、贸易结构、引进来与走出去、引资与引技引智等方面的不平衡以及国际贸易摩擦增多等问题。这些问题虽然在近几年有所改观，但还在不同程度上存在着，并制约着我国更高水平开放发展战略的实施。

一、开放发展区域性不平衡

我国的对外开放程度和体制环境存在着明显的地域差异。由于开放政策、地理区位、发展基础等方面的差异，我国对外开放呈现"东快西慢、海强陆弱"的特征。这种区域性开放程度的差异，也加剧了我国区域发展的不平衡问题。

东部沿海地区积累了深厚的开放优势。改革开放从我国的东部沿海地区起步，东部沿海率先拥有经济特区、开放城市、沿海经济开放区、自由贸易试验区、自由贸易港等平台和载体优势，而中西部地区在改革开放过程中开放较晚且仅限于沿江沿边和省会级城市为开放性区域，整体对外开放水平较低。沿海经济特区在过去40多年的发展中一直引领中国的对外开放实践和改革发展事业，并且享有无可比拟的区位优势与政策优惠，加上沿海的开放城市和经济开放区等多种开放形式的实施与推动，奠定了东部地区开放发展的巨大优势，而且在党的十八大之后创立与建设的自由贸易试验区和自由贸易港新模式也率先在东部地区落地实施，为东部乃至全国新一轮更高层次开放型经济体的建设拉开序幕。一些开放性新制度如市场准入负面清单制度、外国船舶自由进出、外国货物免税进口、取消对进口货物的配额管制等，也率先在自由贸易试验区和自由贸易港实施。

我国跨国公司分布区域不平衡。我国具备全球品牌影响力和竞争力的跨国公司多数集中分布在东部沿海地区。跨国企业是经济全球化和我国开放型经济发展的重要载体，其公司治理模式先进，研发与创新能力以及全球配置资源的能力都很强。跨国公司在我国区域分布差异既是开放程度不同的结果，也成为进一步拉大区域发展差异性的助因。我国东部沿海不但在发展程度上已经接近发达国家水平，而且在开放程度上已经基本上形成了开放型的经济模式。我国经济深度融入世界经济的趋势，也主要依靠我国东部沿海地区外向型经济的拉动。

整体来看，中西部地区开放程度低、发展基础薄弱，营商环境与东部相比相差较大，成为我国整个开放发展布局中的"短板"和薄弱环节。

二、内外需不平衡

总需求包括投资、消费和出口，被称为拉动经济增长的"三驾马车"。在三大需求中，我们说的内外需不平衡主要指国内消费需求与出口的比重关系失衡，其中国内消费需求包括居民消费和政府消费，而居民消费需求是内需中的一个重要经济指标。

随着我国对外开放的不断推进，尤其是自 2001 年我国加入 WTO 之后，出口额突飞猛进，出口贸易迅速增长。虽然近年来，我们强调要扩大内需特别是扩大居民消费需求，但是从整体来看，外需在总需求中的比重不断上升，内需的比重却呈下降趋势，内需在总需求中的比重相对较低。[①] 我国经济增长长期依靠出口和投资拉动，内需相对不足，导致我国经济投资率过高和内外需比重失衡。在 2008 年国际金融危机后，我国出口导向型经济受到外需下滑的严重影响。2018 年以来，受中美贸易战和新冠肺炎疫情影响，我国发展的外部环境受到更多不确定性因素影响，扩大内需成为构建新发展格局的战略基点。

由于内需不振，经济增长对外需的依赖性过高，也使得我国经济对外贸易依存度不断攀升。国际金融危机以后，我国外贸依存度持续下降，到 2019 年，我国外贸依存度进一步降至 32%。

---

① 杨晓龙、葛飞秀：《中国需求结构失衡：现状、度量及调整》，《新疆财经》2012 年第 4 期。

三、进出口不平衡

进出口平衡就是国际贸易收支平衡，是一国国民经济健康发展的基础。长期的贸易顺差或逆差，都不利于国民经济的健康发展。

改革开放后我国对外贸易长期处于顺差并不断扩大。1981—2019 年，除个别年份外，我国对外贸易处于出超（顺差）地位。其中，1981—2008 年我国贸易顺差处于扩大趋势，到 2008 年增至 3025 亿美元；受国际金融危机影响，2009 年顺差降至 1803.4 亿美元，2011 年顺差降至 1081 亿美元，2012 年回升至 1505.8 亿美元，2015 年高达 3769.8 亿美元（历史最高），2019 年顺差为 2032 亿美元（见表 7）。[①] 我国长期处于贸易顺差地位，导致我国外汇储备长期处于高速增长趋势。2011 年 3 月中国广泛外汇储备超过 3 万亿美元，2014 年 6 月达到峰值 39932.13 亿美元，逼近 4 万亿美元，以后开始下降，2019 年年末为 31079.24 亿美元[②]，我国的外汇储备仍居世界第一。需要指出的是，中美贸易顺差逐年扩大，也成为 2018 年美国发动贸易战的借口。

四、对外贸易结构不合理

对外贸易结构指一国在一定时期内货物贸易和服务贸易在其贸易额中所占的比重。一般来说，货物贸易主要为第一、第二产业，服务贸易为第三产业，服务贸易又分为传统服务贸易和新兴高端服务贸易。我国贸易结构主要问题就是货物贸易与服务贸易比重不合理，货物贸易占比太高，服务贸易占比较低且质量不高。我国虽为世界第一贸易大国，但是贸易大而不强。

---

① 数据来源：根据《中国统计年鉴 2020·11—2、11—11》货物进出口总额与服务进出口总额合计算出。《中国统计年鉴 2020》，国家统计局网站，见 http://www.stats.gov.cn/tjsj/ndsj/2020/indexch.htm。

② 数据来源：国家外汇管理局网站。

表7 1990—2019年我国货物贸易差额、服务贸易差额、贸易总差额表

(单位：亿美元)

年度	1990	1991	1992	1993	1994	1995	1996	1997	1998	1999
货物进出口差额	87.5	80.5	43.6	-122.2	53.9	167.0	122.2	404.2	434.8	292.3
服务进出口差额	37.1	54.3	31.5	25.5	39.0	-8.0	54	62.7	-17.9	-22.8
贸易总差额	124.5	134.8	75.1	-196.7	92.9	159.0	176.2	466.9	416.9	269.5
年度	2000	2001	2002	2003	2004	2005	2006	2007	2008	2009
货物进出口差额	241.1	225.5	304.3	254.7	321.0	1020.0	1775.2	2639.4	2981.3	1956.9
服务进出口差额	-11.3	-1.0	-3.0	-39.8	-2.2	-3.4	21.4	51.9	43.7	-153.5
贸易总差额	229.8	224.5	301.3	214.9	317.8	1016.6	1796.6	2691.3	3025.0	1803.4
年度	2010	2011	2012	2013	2014	2015	2016	2017	2018	2019
货物进出口差额	1815.1	1549.0	2303.1	2590.2	3830.6	5939.0	5097.1	4195.5	3509.5	4210.7
服务进出口差额	-150.6	-468.0	-797.3	-1236.0	-2137.4	-2169.2	-2425.7	-2395.0	-2582.0	-2178.0
贸易总差额	1664.5	1081.0	1505.8	1354.2	1693.2	3769.8	2671.4	1800.5	927.5	2032.7

数据来源：根据《中国统计年鉴2020·十一、对外经济贸易》计算。

我国服务贸易长期滞后于货物贸易，服务贸易长期逆差并呈扩大趋势。从2013年起，中国货物贸易超过4万亿美元[①]，并超越美国，居全球第一位，货物贸易长期处于顺差地位且差额不断扩大；虽然从2014年开始我国服务贸易进出口额连续位居世界第二，但是服务贸易从1998年以来基本处于逆差地位，且逆差趋势不断扩大，2019年服务逆差已经达到2178亿美元（见表7）。

---

① 王希：《中国2013年成为世界第一货物贸易大国》，《新华每日电讯》2014年3月2日。

表 8　2011—2019 年我国服务出口占比情况

（单位：亿美元）

	货物出口额	服务出口额	出口总额	服务出口占比（%）
2011 年	18983.8	2010.5	20994.3	9.58
2012 年	20487.1	2015.8	22502.9	8.96
2013 年	22090.0	2070.1	24160.1	8.56
2014 年	23422.9	2191.4	25614.3	8.56
2015 年	22734.7	2186.2	24920.9	8.77
2016 年	20976.3	2095.3	23071.6	9.08
2017 年	22633.5	2280.9	24914.4	9.15
2018 年	24866.8	2668.4	27535.2	9.69
2019 年	24994.8	2836.0	27830.8	10.2

数据来源：根据《中国统计年鉴 2020·十一、对外经济贸易》计算。

我国服务贸易在对外贸易中的比重较低，且质量不高。从近几年情况来看，虽然我国服务贸易占比趋于升高，但是基本维持在 10% 以下，只有 2019 年超过 10%，服务贸易占比总体较低，与发达国家的服务贸易立国相比，差距很大。另外，我国在金融、保险等技术知识密集型高端服务业领域的出口规模偏小、竞争实力较弱。我国对外服务贸易优势领域主要集中于旅游、海运等比较传统的行业，而金融、保险、计算机等现代国际服务业的国际竞争力不强，缺少大企业大集团和知名品牌。[1]

货物贸易大而不强。我国货物贸易总额从 2013 年开始超越美国，居世界第一位，但是我国货物贸易占比长期高达 90% 以上（见表 8），出口产品主要以第一、第二产业产品为主，农产品、资源品、初级加工品、低端产品占比较高；由于缺乏自主知识产权和知名品牌，我国的加工贸易虽然占比较大，但是加工贸易的产品附加值长期偏低，且国际市场竞争力低下，造成我国产品在国际贸易中长期处于产业链和价值链的低端。我国制造业总体处于低端阶段，世界第一货物贸易大国的地位也使得我国成为"世界工厂"，亟待提高自主创新能力，使我国由"制造大国"转变为"制造强国"。

---

① 肖露露：《新形势下中国对外贸易结构与依存度变化趋势》，《人民论坛》2015 年第 36 期。

五、"引进来"与"走出去"不平衡

"引进来"主要是引进国外的资本、技术、设备、人才和管理方法，可分为两大类：引资与引技引智，就是资本为一类，知识技术为一类。"走出去"是指国内企业走出国门，在国外投资办厂，跨国经营，利用当地的市场、资源，在更大范围内以更加直接便利的方式参与国际经济合作和竞争。"引进来"与"走出去"共同构成了对外开放的两个方面，如鸟之两翼、车之双轮，使对外开放的含义更加丰富完整。

从"走出去"来看，直接对外投资是一个主要的方面和标志。大规模对外投资并伴随着我国的先进技术、重大装备和优势产能的对外交流合作，是我国成为经贸强国的重要标志和内容。首先，近几年我国对外直接投资规模越来越大。2019 年中国对外直接投资 1369.1 亿美元，投资流量蝉联全球第二，存量保持全球第三。其次，对外投资国家和地区高度集中，主要集中在发展中经济体。截至 2019 年末，我国对外直接投资存量的近九成（87.3%）分布在发展中经济体，在发达经济体的存量占比仅为 11.4%，另有 1.3% 存量在转型经济体；与 2015 年相比，在发展中国家存量上升 3.3 个百分点，发达国家存量减少 2.6 个百分点。第三，投资领域相对集中在租赁和商务服务业、金融业、采矿业、批发和零售业。2019 年，中国对外直接投资超七成投资流向租赁和商务服务、制造、金融、批发和零售领域。[①] 由此来看，虽然我国"走出去"的质量和规模在不断提升，但是总体上还是受我国科技创新能力、国际产业链排位不高的制约较大，对外直接投资质量效益有待进一步提升。

从"引进来"来看，我国还存在着引进结构性问题和引进来水平不高问题。从"引进来"结构看，引资与引技引智不平衡。过去 40 多年我国引进的外资主要投入到劳动密集型产业，利用我国劳动力、土地、资源等低成本比较优势发展低端制造业和初级加工品，对于高新技术产业和先进制造业投

---

① 2019 年数据来源：国家商务部、国家统计局、国家外汇管理局：《2019 年度中国对外直接投资统计公报》，中国商务出版社 2020 年版，第 7、13、22、23 页。2015 年数据来源：国家商务部、国家统计局、国家外汇管理局：《2015 年度中国对外直接投资统计公报》，中国统计出版社 2016 年版，第 18 页。

入较少。近年来，我国经济步入结构调整、转型升级的转型期，劳动力、土地、要素等成本升高，高质量、高水平的外资，特别是世界领先的技术和人才成为我国"引进来"的主要趋势；高新和生产性服务业、高端制造业、新兴产业、绿色环保产业成为我国吸引外资的重点领域。但是从整体上来看，我国"引进来"还存在低水平重复引进问题，引资与引技引智还不是很相称，存在引进外资和技术等方面的结构性问题，需要向高质量、高水平的服务业、制造业转型升级，以促进我国产业结构的转型升级。

第五节　社会公平正义问题

我国经过40多年的快速发展，经济水平和社会生活都有了很大提高，但是社会公平正义也出现了问题。主要是共享不足，公平正义原则在分配、发展、社会保障和民生建设等方面没有很好落实。因此，我们既有继续"做大蛋糕"的问题，更有"分好蛋糕"的问题，而后者已经成为我国"蛋糕问题"的主要方面。正如习近平说的那样："我国经济发展的蛋糕不断做大，但分配不公问题比较突出，收入差距、城乡区域公共服务水平差距较大。"[1]

一、贫富差距大

我国居民收入差距较大，基尼系数长期超国际警戒水平。国家统计局发布数据显示，从2003年开始，我国的基尼系数一直居于全球平均水平之上，2008年为0.491，达到了最高点，此后，基尼系数呈下降趋势，但是2019年我国基尼系数仍然高达0.465（见表9）。中国官方公布的基尼系数往往低于学者和研究机构的研究结果，如西南财经大学中国家庭金融调研中

---

[1]　习近平：《在党的十八届五中全会第二次全体会议上的讲话（节选）》，《求是》2016年第1期。

心发布报告称，我国 2010 年中国基尼系数为 0.61，在全世界处于较高的位置，2010 年全球基尼系数平均为 0.44[①]，而国家统计局发布的 2010 年我国基尼系数为 0.481。不过即便如此，仅从官方数据来看，我国的基尼系数也是长期高出国际警戒线水平（0.4），高出发达资本主义国家水平，显示我国社会贫富差距总体上较大。另外，从全国居民按收入五等份分组的人均可支配收入来看，2019 年，我国 20% 高收入家庭人均可支配收入为 76400.7 元，20% 低收入家庭人均可支配收入为 7380.4 元[②]，高收入是低收入的 10.35 倍。

表9　2003—2019 年我国基尼系数

年度	2003	2004	2005	2006	2007	2008	2009	2010	2011
基尼系数	0.479	0.473	0.485	0.487	0.484	0.491	0.490	0.481	0.477
年度	2012	2013	2014	2015	2016	2017	2018	2019	
基尼系数	0.474	0.473	0.469	0.462	0.465	0.467	0.468	0.465	

资料来源：国家统计局。

　　具体来看，我国区域居民收入差距、城乡居民收入差距、行业收入差距较大。如本章第一节所述，我国地区居民可支配收入差距，2019 年东部居民的人均可支配收入是西部居民的人均可支配收入的 1.64 倍，绝对差距为 1.55 万元（见表 1）；城乡居民收入差距较大，2019 年我国城镇居民人均可支配收入为 42359 元，农村居民人均可支配收入为 16021 元，城镇居民人均可支配收入是农村居民人均可支配收入的 2.64 倍，2013—2019 年，我国城镇居民人均可支配收入与农村居民人均可支配收入的倍数关系呈逐渐缩小趋势，绝对差距呈逐渐扩大趋势（见表 3）。行业收入差距较大。另据人民网报道，2012 年我国行业间收入差距超 8 倍，行业内差距数十倍。[③]

---

① 高晨：《中国家庭基尼系数达 0.61 高于全球平均水平》，《京华时报》2012 年 12 月 10 日。

② 数据来源：《中国统计年鉴 2020》。

③ 罗旭：《我国居民收入差距数十倍行业、区域方面表现突出》，2012 年 10 月 23 日，见 http://politics.people.com.cn/n/2012/1023/c1001-19352501.html。

二、公共服务水平差距较大

我国城乡和区域之间在公共服务水平方面存在着较大差距，这是影响共享发展成果的又一问题所在。

我国城乡之间公共服务差距较大。受新中国成立以后形成的城乡二元结构影响，在我国城乡之间的公共服务水平也呈明显的二元特征，主要表现在交通、教育、医疗、社会保障等方面城乡差距较大。在交通方面，城市交通网络发达，具有便捷的公交、地铁、高铁、城铁、高速公路等交通基础设施，农村出行主要依靠自行解决。在教育方面，优质教育资源基本上都集聚在城市，特别是大城市；农村教育设施基本上就是小学层次，初中以上都集中在城镇里面。医院集中在城市，农村基本上是以乡村卫生室为主。2019年，每千人医疗卫生机构床位数城镇为 8.78 张，农村为 4.81 张，城乡之比为 1.83∶1；每千人口卫生技术人员城市为 11.10 人，农村为 4.96 人[1]，城乡之比为 2.24∶1。在社会保障方面，我国城市已经建立了相对完善的社会保障制度，而农村的社会保障制度则处于起步阶段，在参保人数、保障项目和保障水平上与城市有着较大的差距。虽然从 2008 年起，我国新型农村合作医疗制度基本实现了全国农村居民全覆盖[2]，但是其他社保项目参保人数很低。大部分农村地区的教育、医疗资源与城市的差距犹如一道巨大的鸿沟，某些西部地区的农村小学校舍简陋，缺少现代化的教学设备，教师的知识结构也难以与现代化的教育理念相适应；农村地区甚至是小城镇大都与现代化的图书馆、数字电影院、文化宫、体育场馆、主题公园等文体设施远离，农村居民难以参与作为现代生活方式代表的高层次文体活动。[3]

我国区域之间公共服务水平差距较大。在基本医疗卫生方面，根据2019 年各省（区、市）每千人口卫生技术人员的情况来看，排名前 4 位的分别是北京、陕西、浙江、上海，有 3 个位于东部地区；低于 6.0 的 3 个省

---

①　数据来源：《中国统计年鉴 2020》。

②　卫生部：《全国已实现新型农村合作医疗制度全覆盖》，2008 年 7 月 10 日，见 http://www.chinanews.com/jk/kong/news/2008/07-10/1308252.shtml。

③　邱宇：《城乡公共服务差距大　部分农民因子女教育进城》，2016 年 6 月 13 日，见 http://www.chinanews.com/cj/2016/06-13/7902997.shtml。

（区、市）均位于中西部地区。从实际的情况来看，我国的优质卫生医疗资源主要分布在北京、上海、广州等东部发达城市和地区；而我国中西部山区更是缺乏卫生医疗资源。在基本教育投入方面，从2019年人均教育经费来看，位于东部的北京为6279元，天津为4066元，上海为5524元；而位于中部的河南为2529元，位于西部的甘肃为2797元，云南为2994元，东北地区的黑龙江为2029元[①]，北京是黑龙江的3.09倍，是河南的2.48倍。由此可见，东中西部的人均教育经费差距较大，区域教育经费的差距也直接影响了区域之间的教育质量和人才培养效率。在基本社会保障方面，受地区经济发展水平、我国社会保障制度本身的保障能力与保障水平的影响，造成地区之间实际社会保障水平较大差异，东部发达地区在基本社会保障水平、参保人数及类型等方面均高于中西部地区。

---

① 数据来源：根据《中国统计年鉴2020》（21—23教育经费情况）（2—6分地区年末人口数）计算得出。

第六章　贯彻落实新发展理念的现实路径

新发展理念是针对中国新发展阶段所面临的主要发展问题而提出来的应对之策，完整、准确、全面贯彻新发展理念，是推动中国经济实现高质量发展的关键。进入新发展阶段，主要从加强和完善党的领导、提升"关键少数"的能力和水平、构建有利于实现新发展理念的体制机制、加快建设现代化经济体系、构建新发展格局、增进民生福祉等几个方面入手，构建贯彻新发展理念的现实路径。

第一节　提升"关键少数"的能力和水平

办好中国的事，关键在党，关键在人。党的领导，是推动中国经济社会持续健康发展的根本保证，是战胜发展中一切困难和风险的"定海神针"。人的问题始终是发展的首要问题，贯彻落实新发展理念，领导干部这个"关键少数"是关键，必须提升"关键少数"贯彻落实新发展理念的能力和水平，建设好一支宏大的高素质干部队伍。

一、领导干部在贯彻新发展理念中的关键作用

推动中国经济社会持续健康发展，关键在党。从世界发展的一般规律和内在要求来看，对于后发现代化国家，强有力的政治领导是制胜的决定性因

素。从我国发展的历史逻辑来看，新中国成立 70 多年来，我国曾遭遇封锁与遏制，曾有过急躁与冒进，曾经历洪水、地震、疫情的考验，也曾面对金融危机、贸易摩擦的挑战，然而"中国号"巨轮劈波斩浪、一往无前，"根本的一条就是我们始终坚持共产党领导"[1]。从当前和未来的现实逻辑来看，在当代中国，"党是领导一切的"，"党是最高政治领导力量"，党的执政地位和中国的政治体制，决定了党的领导既是新中国成立 70 多年来取得辉煌成就的根本原因和最大逻辑，也是新发展阶段继续推动中国发展进步的现实力量。

贯彻落实新发展理念，干部是决定的因素。"政治路线确定之后，干部就是决定的因素。"[2] 中国共产党的组织原则是民主集中制，"下级服从上级"是重要的政治运行规则。中国的政治体制和社会现实都决定了党的领导干部在贯彻落实新发展理念过程中具有重要的决定作用。习近平指出，"新发展理念要落地生根、变成普遍实践，关键在各级领导干部的认识和行动"[3]。领导干部特别是党的高级领导干部，是我国经济社会运行发展的领导者、决策者和组织者，是推动新发展理念得以贯彻落实的重要力量。

贯彻落实新发展理念，必须正确发挥领导干部的作用。领导干部作用越大，越是要正确发挥这种作用，才能使他们成为推动中国经济社会持续健康发展的强大动力。在我国的发展历史中，因为一些领导干部的领导作用没有得到正确发挥而造成巨大损失的教训不少。党的领导干部特别是高级领导干部，掌握着重要权力，其作用发挥得正确与否，直接关系着各自领域事业的成败得失，所以更要慎用手中权力，做到科学、规范、理性使用权力，不使手中的权力成为阻碍经济社会发展的负面力量。

二、提升"关键少数"贯彻落实新发展理念的能力和水平

正确发挥领导干部这个"关键少数"推动经济社会发展的作用，必须要

---

[1] 人民日报评论部：《办好中国的事情，关键在党》，《人民日报》2019 年 7 月 17 日。

[2] 《毛泽东选集》第二卷，人民出版社 1991 年版，第 526 页。

[3] 习近平：《在省部级主要领导干部学习贯彻党的十八届五中全会精神专题研讨班上的讲话》，《人民日报》2016 年 5 月 10 日。

提升他们贯彻落实新发展理念的意识和能力。具体来看，主要包括意识观念、专业知识、领导组织能力、推动改革的能力与担当、政德等方面。

第一，转变发展观念。习近平指出，"发展理念是发展行动的先导，是管全局、管根本、管方向、管长远的东西，是发展思路、发展方向、发展着力点的集中体现。发展理念搞对了，目标任务就好定了，政策举措也就跟着好定了"①。贯彻新发展理念必须要变革传统的发展观念，实现发展观念上的革命。各级领导干部必须深刻认识到我国传统发展模式的危害性，转变政绩观。在我国过去长期的经济高速增长过程中，绝大多数领导干部乃至普通民众都把经济增长等同于经济发展，各地乃至国家层面片面强调经济增长速度、GDP 总量，忽视了生产效率提升和经济效益提高，过度依赖要素投入和规模扩张，忽视科技创新和基础研发能力的提升，缺乏核心关键技术，科技成果转化率不高，自主创新品牌少，导致产业链、价值链长期处于全球中低端，这种粗放发展方式下的高速增长代价很大，资源消耗过快、环境污染严重、生态平衡遭到破坏，持续增长难以为继。新发展理念是对我国和世界发展经验教训的深刻总结，体现着中国共产党对发展规律的新认知，也是对传统发展观的一种否定和替代。领导干部必须充分认识到过去以 GDP 论英雄政绩观和粗放式发展的严重危害性，彻底转变发展观念，牢固树立新发展理念，增强贯彻落实新发展理念的自觉性，才能够推动中国经济实现可持续的高质量发展。

第二，提升专业知识水平。对于新发展理念，领导干部不仅要知其然，更要知其所以然。新发展理念是以经济学、政治学、社会学为理论基础而提出的发展理论，具有较强的专业性和综合性，涉及创新理论、区域经济理论、市场经济理论、宏观经济理论、现代化理论、制度理论、国际贸易理论、社会民生建设、生态文明建设、人口理论等方面的知识。习近平指出，"在市场、产业、科学技术特别是互联网技术快速发展的情况下，领导干部必须有较高的经济专业水平"②。领导干部只有具备了较高的经济发展相关专

① 习近平：《关于〈中共中央关于制定国民经济和社会发展第十三个五年规划的建议〉的说明》，《人民日报》2015 年 11 月 4 日。

② 习近平：《在省部级主要领导干部学习贯彻党的十八届五中全会精神专题研讨班上的讲话》，《人民日报》2016 年 5 月 10 日。

业知识水平，才能成为推动经济社会发展的行家里手。虽然我们的干部队伍在年轻化、知识化、专业化等方面有了很大的进步，但从整体来看，我国干部队伍在知识结构上，懂经济的干部比例还比较少，甚至一些主要领导干部不懂经济，在处理经济社会发展问题上缺乏经济学常识，违背客观规律，过度强调主观意志，依赖行政手段，盲目批工程、上项目、捞政绩，导致一些行业重复投资、产能严重过剩，造成经济社会资源大量浪费甚至流失。为此，必须通过培训、自学、参观访问、继续教育等多种形式，提升各级领导干部经济社会发展相关知识水平，在实践中更加注重经济发展规律、社会治理规律和现代化建设规律，按照规律谋划经济发展、推进现代化建设。

第三，创新工作方法。坚持系统观念、善于运用市场机制和法治手段推动发展。系统观念是具有基础性的思想和工作方法。进入新发展阶段，我国发展环境面临深刻复杂变化，国际环境更加复杂多变，国内发展不平衡不充分问题仍然突出，经济社会发展中矛盾错综复杂，必须从系统观念出发加以谋划和解决，全面协调推动各领域工作和社会主义现代化建设。经济社会发展本身就是一个宏大的系统工程，领导干部必须坚持系统观点，依照新发展理念的整体性和关联性进行系统设计，在谋划和推动发展实践中，做到五大理念相互促进、齐头并进，不能单打独斗、顾此失彼，不能偏执一方、畸轻畸重。

善于运用市场机制推动发展。市场与政府都是调节经济活动正常运行的必要手段。《中共中央关于全面深化改革若干重大问题的决定》指出，"市场决定资源配置是市场经济的一般规律"①。在微观经济领域，市场机制通过供求、竞争、价格等手段调节经济运行。市场对供求和价格等信息反应敏捷，具有及时、高效、灵活等特征。当然，市场机制也有自身缺陷，需要政府来弥补市场失灵的缺陷。我国在历史上建立了强大的社会主义计划经济体制，主要依靠行政手段来规划和组织生产。改革开放之后虽然一直在强调发挥市场的作用，但是客观来说，我国的市场体系还不够完善，政府干预经济过多、市场监管不到位等问题还比较突出，领导干部习惯于依赖和运用行政手段发展经济、管理社会。贯彻落实新发展理念，必须更多运用市场机制和市

---

① 《中共中央关于全面深化改革若干重大问题的决定》，《人民日报》2013 年 11 月 16 日。

场手段来推动经济发展，通过市场充分竞争，让企业有技术创新的压力和动力；推动人口与资源的自由流动，市场主体可以通过向更高收入地区与行业流动以及努力工作，缩小地区之间、行业之间的收入差距；发挥资源价格调节机制，推动企业主动选择绿色低碳高效技术与经营模式；充分发挥两个市场、两种资源作用，促进国际贸易和开放发展；打破行政垄断和国企垄断，推动多元企业自由进入民生领域相关市场，通过市场平等和激烈竞争，推动民生产品价格降低和服务质量提升，增强各种企业经营效率，创造和高效满足民生市场需求。

运用法治思维和法治方式贯彻落实新发展理念。法治是人类现代社会的重要特征，是维护现代社会正常运行和发展的重要保障。厉行法治更是发展社会主义市场经济的内在要求，领导干部必须运用法治思维和法治方式推动发展。早在 1978 年邓小平就指出了当时普遍存在的"以言代法"的现象，"往往把领导人说的话当做'法'，不赞成领导人说的话就叫做'违法'，领导人的话改变了，'法'也就跟着改变"，并提出了"必须使民主制度化、法律化"的要求。① 然而长期以来，一些领导干部经常运用行政手段来推动生产，把"搞经济"作为"政治任务"，缺乏"法治观念"，运用行政命令方式推动经济发展工作，做出了许多违法行为，甚至为了牟取个人私利而违法乱纪，贪污受贿，触犯党纪国法，葬送个人前途，给党和国家的事业造成严重损失。在新发展阶段，实现高质量发展对于法治具有更高要求，领导干部必须"深入分析贯彻落实新发展理念在法治领域遇到的突出问题，有针对性地采取对策措施，运用法治思维和法治方式贯彻落实新发展理念"②，带头尊法学法守法用法。

第四，增强推动改革的能力与担当。习近平指出："贯彻落实新发展理念，涉及一系列思维方式、行为方式、工作方式的变革，涉及一系列工作关系、社会关系、利益关系的调整，不改革就只能是坐而论道，最终到不了彼

---

① 《邓小平文选》第二卷，人民出版社 1994 年版，第 146 页。

② 习近平：《在省部级主要领导干部学习贯彻党的十八届五中全会精神专题研讨班上的讲话》，《人民日报》2016 年 5 月 10 日。

岸。"①这些方式变革和关系调整都离不开制度变革，制度变革的本质就是改革。贯彻落实新发展理念，必须建立符合新发展理念要求的经济社会运行体制，既要做好制度的"顶层设计"，更要做好各项具体的制度安排。中国之所以在发展过程中出现了比较突出的自主创新能力不足问题、发展不平衡问题、人与社会和谐共生问题、内外联动问题和社会公平正义问题，说到底就是因为存在着产生这些问题的体制机制根源。这些体制机制如果不能够从根本上改变，那么这些发展问题不但不能够解决，反而会因长期累积而产生更多更深层次的其他问题。

制度改革说易行难。2014 年习近平指出："中国改革经过 30 多年，已进入深水区，可以说，容易的、皆大欢喜的改革已经完成了，好吃的肉都吃掉了，剩下的都是难啃的硬骨头。"②新形势下，改革每推进一步，触碰的都是难题和利益，必须勇于攻坚克难，勇于突破利益固化的藩篱，才能够到达理想的彼岸。这就需要我们党，特别是党的领导干部，坚定改革再难也要向前推进的决心和勇气，敢于担当，敢于啃硬骨头，敢于涉险滩。

第二节　构建有利于实现新发展理念的体制机制

制度问题是根本性问题，是实现发展的根本保障。贯彻落实新发展理念，必须通过深化改革，构建有利于贯彻落实新发展理念的制度体系，为贯彻新发展理念提供体制机制保障。

一、制度是发展的根本保障

制度是关系党和国家事业发展的根本。邓小平曾明确指出，"制度是决

---

① 习近平：《在省部级主要领导干部学习贯彻党的十八届五中全会精神专题研讨班上的讲话》，《人民日报》2016 年 5 月 10 日。

② 《习近平接受俄罗斯电视台专访》，2014 年 2 月 9 日，见 http://www.xinhuanet.com//world/2014-02/09/c_119248735.htm。

定因素"，"制度问题更带有根本性、全局性、稳定性和长期性"；而且认为，人与制度相比，制度问题更重要，"制度好可以使坏人无法任意横行，制度不好可以使好人无法充分做好事，甚至会走向反面"①。习近平在庆祝改革开放 40 周年大会上的讲话中也指出，"改革开放 40 年的实践启示我们：制度是关系党和国家事业发展的根本性、全局性、稳定性、长期性问题。"②

创造的发展奇迹也好，产生的发展问题也罢，都根源于制度。新中国成立后，经过 70 多年的不懈奋斗，中国作为世界上最大的发展中国家，摆脱了贫困落后面貌，成为世界第二大经济体，创造了人类社会发展的奇迹。"而这一切归根结底是因为中国走出了一条适合自身国情的发展道路，建立并不断完善中国特色社会主义制度。可以说，中国制度是中国创造发展奇迹的根本保障。"③然而，中国特色社会主义制度还不完善，还有很多弊端和不足，在经济社会发展过程中，制度自身也在不断完善之中；也正是由于这个制度在不同领域不同层面存在的弊端和不足，才产生了发展过程中的种种问题。比如备受诟病的户籍制度，这个制度在新中国成立初期主要是为了防止农民无序进入城市、给城市管理与生活带来更大压力和更多问题而设置的，户籍制度在客观上也在一定程度上有利于保持社会稳定；但是户籍制度却是产生我国城乡二元体制、城乡发展差距过大的主要推手，导致我国在现代化过程中城市化水平较低、城市化严重滞后于工业化；从深层次来讲，国内经济大循环的很多堵点，与户籍制度多少也有些关系。再者，我国由于历史等原因建立了计划经济管理体制，在这种体制下，政府和企业长期用管控思维和行政命令管理经济活动、调配资源，导致经济领域中产生了严重的国企垄断和行政垄断，垄断必然导致市场竞争不足，市场竞争不足必然导致企业的创新动力不足。计划经济体制下很多企业经营效率不高，这种浪费型经营模式也带来了资源和环境问题，加重人与自然矛盾。制度的不完善也催生了一些民生问题，并阻碍了一些民生问题的快速高效解决，造成一部分群众生活困难，遭遇发展瓶颈。

---

① 《邓小平文选》第二卷，人民出版社 1994 年版，第 308、333 页。

② 习近平：《在庆祝改革开放 40 周年大会上的讲话》，《人民日报》2018 年 12 月 19 日。

③ 成龙：《中国制度是中国发展的根本保障》，《人民日报》2017 年 9 月 7 日。

二、必须深化体制机制改革

2021 年 1 月 28 日，习近平在中央政治局第二十七次集体学习时强调："完整、准确、全面贯彻新发展理念，既要以新发展理念指导引领全面深化改革，又要通过深化改革为完整、准确、全面贯彻新发展理念提供体制机制保障。"[①]

改革是发展的根本动力。新中国成立之后学习和借鉴了苏联的制度模式与建设经验，建立了传统的社会主义计划经济体制。这种传统的计划经济体制在新中国成立初期特别是在开展大规模的经济建设实践中发挥了巨大的威力，使我国经济保持了较快的发展速度，经济实力显著增强，基本建立了独立的比较完整的工业体系和国民经济体系。但是这种传统的计划经济体制也存在着很大的弊端，阻碍了社会主义优越性的发挥和经济社会的进一步发展。邓小平认为，"党和国家现行的一些具体制度中，还存在不少的弊端，妨碍甚至严重妨碍社会主义优越性的发挥。如不认真改革，就很难适应现代化建设的迫切需要，我们就要严重地脱离广大群众。"[②] 不改革这些传统计划经济体制机制的弊端，就不能解放被严重束缚了的生产力，不能释放社会的创新创造活力和生产积极性。通过改革，才能扫除阻碍社会生产力发展的体制机制障碍，才能推动经济社会快速发展。所以说，改革是中国特色社会主义发展的根本动力。

只有通过深化改革，才能构建有利于实现新发展理念的体制机制。改革是社会主义实现自我完善和发展的根本途径与动力。江泽民认为，"社会主义制度的自我完善和发展，说到底，是一个体制创新的问题"。[③] 不改革，不进行体制机制创新，许多问题就得不到解决。在旧的体制机制已经深入经济社会发展方方面面的背景下，只有在全面深化改革的基础上才能建立起有利于发展的新体制。所以，要构建有利于实现新发展理念的制度体系，必须深入推进体制机制改革。习近平在十九大报告中指出："坚决破除一切不合

---

① 习近平：《完整准确全面贯彻新发展理念》，《新华每日电讯》2021 年 1 月 30 日。
② 《邓小平文选》第二卷，人民出版社 1994 年版，第 327 页。
③ 江泽民：《论"三个代表"》，中央文献出版社 2001 年版，第 66 页。

时宜的思想观念和体制机制弊端，突破利益固化的藩篱，吸收人类文明有益成果，构建系统完备、科学规范、运行有效的制度体系，充分发挥我国社会主义制度优越性。"[①]

三、全面构建有利于实现新发展理念的体制机制

贯彻落实新发展理念，必须在深化改革的基础上，构建有利于实现新发展理念的体制机制。习近平强调："坚持问题导向，围绕增强创新能力、推动平衡发展、改善生态环境、提高开放水平、促进共享发展等重点领域和关键环节，继续把改革推向深入，更加精准地出台改革方案，更加全面地完善制度体系"。[②]

（一）构建有利于创新发展的体制机制

创新发展的主要内涵是通过科技创新驱动经济发展，而科技创新的前提则是体制创新，通过体制改革和体制创新来释放被束缚的科技创新活力。

确立市场主导创新活动的体制机制。阻碍我国科技创新驱动发展的关键问题是政府与市场的关系没有处理好，市场化水平低，政府干预过多。政府干涉资源配置、价格等微观经济活动过多，尤其在科技创新领域，过度行政化导致政府主导了创新资源的配置，使更多的资源流向了大型国有企业、科研院所、高校等体制内的企事业单位。过度行政化和行政干预，市场和创新主体的积极性与活力也得不到释放，扼杀了企业的创新活力，导致创新动力与意愿不高。政府利用项目扶持或资金扶持个别企业的做法也破坏了市场竞争的公平性，从而引发了民营企业的生存危机和国有企业的惰性。市场化水平决定市场竞争程度，市场竞争的程度决定企业的创新动力和能力。市场化水平越高，企业竞争就越激烈，生存压力也就越大，创新的压力也就越大，这样整个国家的创新能力就会越强。相反，市场化水平越低，企业竞争和创

① 习近平：《决胜全面建成小康社会　夺取新时代中国特色社会主义伟大胜利》，《人民日报》2017年10月19日。

② 习近平：《完整准确全面贯彻新发展理念》，《新华每日电讯》2021年1月30日。

新的压力就越小，整个国家的创新意愿和创新能力也就越薄弱。市场对新技术新产品的需求，市场竞争压力，才是激发创新主体进行持续技术创新活动的内生动力。所以，必须让市场机制成为引导创新活动的主要机制，把创新活动交给市场调节，交给市场主体主动去完成，而不仅仅是依靠政府主导下的体制内的企事业单位来完成。所以，必须打破由政府主导创新活动的局面和思维定式，坚定推进市场化改革，建立完善的市场化运作机制，才能够真正推动我国创新主体的创新动力，释放创新的活力。

转变政府科技管理职能和体制。政府职能应从研发管理向创新服务转变，从直接管理向间接引导转变。《中共中央国务院关于深化体制机制改革　加快实施创新驱动发展战略的若干意见》指出，"转变政府科技管理职能，建立依托专业机构管理科研项目的机制，政府部门不再直接管理具体项目，主要负责科技发展战略、规划、政策、布局、评估和监管"[1]。政府对科技项目和研发活动的管理方式从直接管理转变为依托专业机构的间接管理，从微观具体项目管理转变为宏观战略规划管理，主要依靠政策导向、市场机制、法治手段管理科研活动。

完善激励创新的政策法律制度。政府是制度供给主体，通过提供各种规则、法律程序和行为规范，为社会提供最基本的运行保障。"加强科技、经济、社会等方面的政策、规划和改革举措的统筹协调和有效衔接"，"提高普惠性财税政策支持力度，坚持结构性减税方向，逐步将国家对企业技术创新的投入方式转变为以普惠性财税政策为主。"[2] 国家不再单纯支持某个企业或某一些企业，而是营造有利于创新的财税环境，使每个企业都可以从中受益。政府要健全优先使用创新产品的采购政策，发挥政府采购对技术创新的支持和引导作用。完善知识产权保护相关的法律法规体系，实行严格规范的知识产权保护制度。从根本上和长远来看，营造一个有利于创新的政策制度环境，远比政府直接参与创新活动要更为有效。

---

[1] 《中共中央国务院关于深化体制机制改革　加快实施创新驱动发展战略的若干意见》，《人民日报》2015 年 3 月 24 日。

[2] 《中共中央国务院关于深化体制机制改革　加快实施创新驱动发展战略的若干意见》，《人民日报》2015 年 3 月 24 日。

（二）构建有利于协调发展的体制机制

我国发展大局中城乡之间、区域之间、物质文明与精神文明、经济与国防等方面表现的发展差异性，与我国在推动改革开放和发展过程中的一些非均衡政策、体制机制有很大关系。缩小发展差距，也要从实施均衡性发展战略、改革造成发展差异的体制机制入手。

构建统筹城乡、区域协同发展的体制机制。构建统筹城乡、区域协同发展的体制机制的基本目标是深化要素市场化配置改革，促进要素在城乡、区域之间自由流动。党的十八届五中全会提出，"塑造要素有序自由流动、主体功能约束有效、基本公共服务均等、资源环境可承载的区域协调发展新格局"[①]。2020 年 3 月 30 日，中共中央、国务院下发《中共中央国务院关于构建更加完善的要素市场化配置体制机制的意见》，提出要"深化要素市场化配置改革，促进要素自主有序流动，提高要素配置效率，进一步激发全社会创造力和市场活力"。[②] 深化市场化改革，必须打破阻碍要素有序自由流动的体制机制障碍，使市场成为资源配置的主要手段，有效规范和约束政府行为，促进资源、人才、要素在区域、城乡和不同领域之间自由流动和高效配置，解决由于政府干预过多而造成的行政性、制度性不公平和发展不平衡问题。户籍壁垒与公共服务不均等，一直是妨碍我国劳动力自由流动的制度性障碍。必须尽快彻底改革户籍制度，打破阻碍人口自由流动的户籍壁垒和生产要素流动的市场壁垒，消除户籍、身份、编制、档案、人事关系等对人才流动的制约，畅通劳动力和人才社会性流动渠道，促进人口在地区和城乡之间自由流动与落户，促进东部产业有序向中西部转移，缩减区域之间发展差距。当前需尽快实施基本养老保险金全国统筹，消除养老保险省际流动障碍，使劳动力在全国范围内自由流动得到更加有力的制度保障。在全国统筹基础上，再进一步推动基本公共服务全国均等化，消除地区差距。

健全促进军民融合发展的体制机制。推动军民融合深度发展是世界主要

---

① 《中共中央关于制定国民经济和社会发展第十三个五年规划的建议》，《人民日报》2015年 11 月 4 日。

② 《中共中央国务院关于构建更加完善的要素市场化配置体制机制的意见》，《中华人民共和国国务院公报》2020 年第 11 期。

国家的一种普遍做法，也是推动我国经济发展方式转型的重要途径。经过十多年的探索和实践，我国的军民融合发展已经实现了初步融合，今后主要任务是向深度融合迈进。党的十八届五中全会提出，"坚持发展和安全兼顾、富国和强军统一，实施军民融合发展战略，形成全要素、多领域、高效益的军民深度融合发展格局"①。《解放军报》评论员发文强调，"强化改革创新，打破军民二元分离结构，着力解决制约军民融合发展的体制性障碍、结构性矛盾、政策性问题。强化战略规划，加强监督检查、建立问责机制，提高规划的约束力和执行力。强化法治保障，善于运用法治思维和法治方式推动军民融合发展，提高军民融合发展法治化水平"②。应该遵循市场化、法治化规律，在市场化运作基础上，促进信息、技术、人才、资本、设施、服务等全要素在军地双向流动、渗透兼容，促进技术、人才共享和基础设施共建共用。构建军地资源共享平台，必须提高资源使用综合效率，促进军地资源通过市场机制合理流动和优化配置，尽可能避免重复建设、资源浪费等问题。

（三）构建有利于绿色发展的制度和法治保障

理念和价值观的落实，还需要有制度保障和法治规范。实现绿色发展，建设生态文明，必须依托严格的制度和严密的法治为保障。

制定实施严格的绿色导向制度。一般来说，凡是那些反复出现和长期无法解决的问题，必然有其自身机制上的原因。必须尽快建立和完善生态文明建设的相关制度，才能遏制住生态环境持续恶化的趋势。使制度变绿变严，最重要的是要尽快完成两点。第一，完善经济社会发展的考核评价体系。把资源消耗、环境损害、生态效益等体现生态文明建设状况的指标纳入经济社会发展评价体系，使之成为推进生态文明建设的重要导向和约束。第二，建立责任追究制度和问责机制。对那些不顾生态环境盲目决策、造成严重后果的人，必须启动问责程序，事故责任应当终身追究。③ 在此基础上，把生态

---

①　《中共中央关于制定国民经济和社会发展第十三个五年规划的建议》，《人民日报》2015年11月4日。

②　解放军报评论员：《推动经济建设和国防建设融合发展》，《解放军报》2015年11月4日。

③　《习近平主持中共中央政治局第六次集体学习划定严守红线　大力治理污染》，《人民日报·海外版》2013年5月25日。

环境指标纳入经济社会发展的各项制度之中，使制度变绿变严。实施绿色发展导向的制度，主要抓手是强化约束性指标管理这个关键点。"实行能源和水资源消耗、建设用地等总量和强度双控行动；建立健全用能权、用水权、排污权、碳排放权初始分配制度，创新有偿使用、预算管理、投融资机制，培育和发展交易市场。"①

实施严密的法治。环境保护和污染治理必须有法治保驾护航，才能有效推进。如果说制度是生态文明建设的根本保障，那么法治就是治污之利器。建立最严密的环境保护执法体制，修改和完善环境保护相关法律法规，健全执法队伍，严格执行相关法律，才能有效制止污染环境行为。严格执法是环保法治工作的一个重要环节。必须纠正实际工作中"只做经济处罚，不追究其刑事责任"的环保执法方式。过去一些地方政府因为地方经济增长和政绩考核需要，会经常干预环保部门的执法行为，而环保执法部门迫于一些压力或者部门利益、私人利益而违法执法，除了从制度本身进行修订之外，对于环保工作中的那些不作为、乱作为的行为，都必须依法依规严格追究问责相关领导和责任人，做出相应的行政处分或法律处罚。

不断修改完善环保标准。从我国的空气污染指数等环保标准来看，我国的环保标准与美国、欧盟、日本等国际标准相比，远远低于这些国家或地区的标准。而从现实的污染情况来看，我国环境污染和生态破坏的程度却远远高于这些国家或地区，所以我们国家的环保标准和法规还需要与国际接轨，以适应我国生态环境保护治理新要求，满足人民对提高生活环境质量的新期盼。鉴于我国面临的生态环境问题的严峻形势，实施更严的制度和法规、更高的环保标准，才是建设生态文明的有效路径。

建立健全生态保护补偿制度和机制。我国生态补偿的基础性制度还不够完善，主要是产权制度不健全，生态补偿标准体系、生态服务价值评估核算体系、生态环境监测评估体系等制度建设滞后；补偿范围偏窄、补偿标准普遍偏低、补偿资金来源渠道和补偿方式单一、补偿资金支付和管理办法不完善；保护者和受益者的权责落实不到位，导致生态保护者的合理补偿不到

---

① 《中共中央关于制定国民经济和社会发展第十三个五年规划的建议》，《人民日报》2015年11月4日。

位、生态保护者的责任不到位、生态受益者履行补偿义务的意识不强和开发者的生态保护义务履行不到位等问题；我国还没有生态补偿的专门立法，现有涉及生态补偿的法律规定分散在多部法律之中，缺乏系统性和可操作性。总的来看，我国的生态补偿机制还没有根本确立，谁开发谁保护、谁受益谁补偿的利益调节格局还没有真正形成，在促进生态环境保护方面的作用还没有充分发挥。[①] 今后主要是要尽快建立健全生态保护的制度和机制，规范和保障生态补偿机制的正常合理运转。

（四）构建有利于开放发展的制度

实现更高水平的开放发展，体制环境是关键。要形成对外开放新体制，就必须加快体制机制改革，"完善法治化、国际化、便利化的营商环境，健全有利于合作共赢并同国际贸易投资规则相适应的体制机制"[②]，"推动由商品和要素流动型开放向规则等制度型开放转变"。[③]

加快建立贸易便利化的体制机制。促进贸易便利化，必须简化贸易程序和行政障碍，降低贸易时间、经济、行政成本，以更好地推动货物和服务快速跨境流通。要强化大通关协作机制，促进通关一体化。推动实施跨部门、跨区域的内陆、沿海、沿边的通关协作，实现口岸管理相关部门信息互换、监管互认、执法互助。全面实施单一窗口、"一站式作业"模式和建立健全信息共享共用机制等措施。"一站式作业"就是推行"联合查验、一次放行"等通关新模式。强化跨部门、跨地区通关协作，加快推进内陆沿海沿边一体化通关管理，实现在货物进出口岸或申报人所在地海关和检验检疫机构均可以办理全部报关报检手续。

完善推广自由贸易试验区、自由贸易港新体制。设置自由贸易实验区、自由贸易港将开启中国改革开放的新一轮征程，其意义不亚于改革开放初期

---

① 徐绍史：《国务院关于生态补偿机制建设工作情况的报告》，《中华人民共和国全国人民代表大会常务委员会公报》2013 年第 3 期。

② 《中共中央关于制定国民经济和社会发展第十三个五年规划的建议》，《人民日报》2015 年 11 月 4 日。

③ 《中共中央国务院关于新时代加快完善社会主义市场经济体制的意见》，《中华人民共和国国务院公报》2020 年第 15 期。

设置经济特区。目前我国已经在大陆设置二十多个自由贸易试验区和海南自由贸易港，用市场机制、国际惯例来打造开放发展升级版。自由贸易实验区以制度创新为核心，在构建开放型经济新体制、探索区域经济合作新模式和建设法治化便利化营商环境等方面，率先挖掘改革潜力，破解发展难题。

创新和完善投资管理体制。第一，创新外商投资管理体制。实施《中华人民共和国外商投资法》，全面实行准入前国民待遇加负面清单管理制度，积极促进外商投资，保护外商投资合法权益，规范外商投资管理。第二，完善境外投资管理体制，主要从促进企业境外投资便利化和金融双向开放制度两个方面入手。实施促进境外投资便利化的制度，研究制定境外投资法规，推进境外投资管理法制化，实行境外投资项目备案制度，贯彻企业在境外投资上的自主决策、自负盈亏原则，放宽其在境外投资限制，简化境外投资管理程序。扩大金融业双向开放，主要是规范和放宽对境外投资、汇兑等方面的一些管理制度，促进境外投资的便利化。推进资本市场双向开放，逐步取消境内外对投资额度的限制。

构建广泛的高标准双边协作体制。推动同更多国家签署高标准双边投资协定、司法协助协定，争取同更多国家互免或简化签证手续。第一，签署高标准双边投资协定。要同更多国家和地区签署高标准的双边投资协定，通过法律的形式来保护中国企业和人员在海外的利益，以维护我国企业和投资人的海外权益。第二，签署司法协助协定。双边司法协定就是一种缔约双方司法部门间提供互惠对等的司法协助的法律约定。签订双边司法协定有利于双边在一定程度上和范围内，依靠法律手段来共同打击经济社会犯罪，维护经济社会发展环境稳定，有利于缔约国之间维护经贸、人文等交往活动的正常进行。广泛缔结双边司法协定有利于震慑经济犯罪，维护开放发展的司法环境。

（五）构建有利于共享发展的体制机制

我国社会贫富差距较大，是产生社会公平正义问题的主要因素。深化收入分配制度改革，提高公共服务水平和质量，建立更加公平更可持续的社会保障制度，是构建共享发展体制机制的关键环节。

构建公平合理的收入分配机制。规范收入分配秩序，必须通过完善法律制度、加强执法监管和提升技术保障等手段，达到保护合法收入、规范隐性收入、取缔非法收入的目的。第一，加快收入分配相关领域的立法和制度建设。尽快出台社会救助、慈善事业、扶贫开发、企业工资支付保障、集体协商、国有资本经营预算、财政转移支付管理等方面的法律法规；及时修订完善土地管理、矿产资源管理、税收征管、房产税等方面法律法规；建立健全财产登记制度，完善财产法律保护制度，保障公民合法财产权益。第二，加强执法监管。保护合法收入，主要做到落实清偿欠薪，加大对拖欠工资和商业欠款的监督和打击力度，维护劳动者合法权益；规范隐性收入，主要做到清理规范工资外收入，加强领导干部收入管理，严格规范非税收入；打击和取缔非法收入，主要是打击经济犯罪活动、权力腐败、商业贿赂、洗钱与资本外逃。第三，提升技术保障，运用现代数字信息技术手段，健全现代支付和收入监测体系。大力推进薪酬支付工资化、货币化、电子化，加快现代支付结算体系建设，落实金融账户实名制，推广持卡消费，规范现金管理；完善机关和国有企事业单位发票管理和财务报销制度，全面推行公务卡支付结算制度；整合公安、民政、社保、住房、银行、税务、工商等相关部门信息资源，建立健全社会信用体系和收入信息监测系统，完善个人所得税信息管理系统；建立城乡住户收支调查一体化制度。

构建公平合理的再分配体制机制。再分配必须更加注重公平原则，加大再分配的调节力度，健全以税收、社会保障、转移支付为主要手段的再分配调节机制。第一，加大税收调节力度。改革个人所得税，完善财产税，推进结构性减税，减轻中低收入者和小型微型企业税费负担，形成有利于结构优化、社会公平的税收制度。加快建立综合与分类相结合的个人所得税制度；改革完善房地产税；扩大资源税征收范围，提高资源税税负水平；合理调整部分消费税的税目和税率；适时开征遗产税。第二，全面建成覆盖城乡居民的社会保障体系。按照全覆盖、保基本、多层次、可持续方针，以增强公平性、适应流动性、保证可持续性为重点，不断完善社会保险、社会救助和社会福利制度，稳步提高保障水平，实行全国统一的社会保障卡制度。第三，完善转移支付制度。健全公共财政体系，完善转移支付制度，调整财政支出结构，大力推进基本公共服务均等化。

第三节 加快建设现代化经济体系

贯彻落实新发展理念必须有一定的现实依托，这就是建设现代化经济体系。习近平指出："建设现代化经济体系是一篇大文章，既是一个重大理论命题，更是一个重大实践课题，需要从理论和实践的结合上进行深入探讨。建设现代化经济体系是我国发展的战略目标，也是转变经济发展方式、优化经济结构、转换经济增长动力的迫切要求。"[1] 构建现代化经济体系就是打造贯彻落实新发展理念的坚实基础。

一、建设现代化经济体系是贯彻落实新发展理念的现实依托

任何理念的实现，都不能停留在思想层面，必须在现实层面有一个坚实的依托，作为实现理念的现实基础。贯彻落实新发展理念，实现体现新发展理念的高质量发展，就必须有一个坚实的依托，作为实现发展目标的坚固桥梁，这就是建设现代化经济体系。建设现代化经济体系也是建设社会主义现代化强国的基础性工程。

现代化经济体系是相对于我国传统的经济体系而言的，即农业时代的自然经济体系和新中国成立后建立的传统计划经济体系。习近平指出："现代化经济体系，是由社会经济活动各个环节、各个层面、各个领域的相互关系和内在联系构成的一个有机整体。"具体来看，现代化经济体系主要包括"六大体系、一大体制"共七个部分组成：一是"创新引领、协同发展的产业体系"；二是"统一开放、竞争有序的市场体系"；三是"体现效率、促进公平的收入分配体系"；四是"彰显优势、协调联动的城乡区域发展体系"；五是"资源节约、环境友好的绿色发展体系"；六是"多元平衡、安全高效的全面开放体系"；七是"充分发挥市场作用、更好发挥政府作用的经济体制"。[2]

---

① 《习近平谈治国理政》第三卷，外文出版社 2020 年版，第 240 页。
② 《习近平谈治国理政》第三卷，外文出版社 2020 年版，第 240—241 页。

这七个方面涵盖了生产、流通、分配、消费等经济循环的各个环节，实体组织、运转机制、制度理念等各个层面，是相互联系、相互支撑、相辅相成的有机统一体。

构建现代化经济体系内在地体现了新发展理念，是新发展阶段推动中国实现高质量发展的现实基础。现代化经济体系的七大组成部分突出了创新引领、协同联动、效率公平、绿色低碳、开放高效等发展价值，这些发展价值体现了新发展理念的基本内涵，是新发展理念的具体化。现代产业体系、现代市场体系和现代收入分配体系体现了发达国家现代经济体系的共同特征，也是贯彻落实新发展理念的现实依托，是推动中国经济高质量发展的硬核组成部分；绿色发展体系、全面开放体系则体现了发展的时代趋势性，体现了中国发展应有的绿色属性和第二大经济体自身的开放属性；城乡区域发展体系彰显了发展的中国特色，主要针对中国发展过程中出现的城乡区域发展不平衡问题；充分发挥市场作用、更好发挥政府作用则是经济治理现代化的动力机制和运行法则。由此可见，建设现代化经济体系是解决中国发展动力问题、发展不平衡问题、人与自然和谐共生问题、发展的内外联动问题、社会公平正义问题等五大主要问题，跨越转变发展方式、优化经济结构、转换增长动力三大关口，实现经济发展质量变革、效率变革、动力变革三大变革的根本途径和现实依托。"只有形成现代化经济体系，才能更好顺应现代化发展潮流和赢得国际竞争主动，也才能为其他领域现代化提供有力支撑。我们要按照建设社会主义现代化强国的要求，加快建设现代化经济体系，确保社会主义现代化强国目标如期实现。"[①]

二、加快建设现代化经济体系应做好的重点工作

根据中国发展所面临的主要问题和现实情况，结合现代化经济体系的内涵、结构和特征，新发展阶段主要抓好以下几个方面的工作。

---

① 《习近平谈治国理政》第三卷，外文出版社 2020 年版，第 240 页。

（一）大力发展实体经济

现代产业体系主要包括实体经济、科技创新、现代金融、人力资源等几个方面。其中，实体经济是主体、是根本，其他几个方面都是为实体经济服务的。实体经济与现代金融是相互融合相互促进的。[①] 实体经济主要是指物质的、精神的产品和服务的生产、流通等经济活动，主要由工业、农业和部分服务业构成，其中，制造业是实体经济的典型产业和支柱。虚拟经济是以金融为主体，包括金融业、房地产业、博彩业、收藏业等。虚拟经济是市场经济高度发达的产物，以服务于实体经济为最终目的。"实体经济是一国经济的立身之本，是财富创造的根本源泉，是国家强盛的重要支柱。"[②] 只有大力发展实体经济，才能筑牢现代化经济体系的坚实基础。

必须防止中国经济"脱实向虚"。2018 年 10 月，习近平在广东考察调研时强调，"经济发展任何时候都不能脱实向虚"。[③]"脱实向虚"指脱离实体经济的投资、生产、流通，转向虚拟经济的投资。现代市场经济条件下，很多产业出现金融化。比较典型的是房地产业，由于土地具有天然的金融属性，使得房地产行业和金融行业的联系越来越紧密，房地产行业的金融化程度也越来越高，房地产的金融属性就远远大于其物理属性。虚拟经济发展过度，就会带来经济泡沫，资产价格会远远高于实际价值。金融业泡沫反过来会通过增加生产成本对实体经济造成伤害。如美国的金融业围绕金融产品不断创新，导致金融业完全脱离实体经济自我循环，最终引发了2008 年世界金融危机，金融危机又引发了实体经济危机。中国近年来也出现了经济"脱实向虚"问题，金融可以离开实体经济自我循环，再加上房地产金融化、资产泡沫化，导致实体经济的经营成本越来越高，盈利越来越难，很多企业不得不投资房地产业和金融业，离开自己的实体主业，进一步加重了经济"脱实向虚"问题。党的十八大以来，习近平在多个场合指出，"不论经济发展到什么时候，实体经济都是我国经济发展、在国际经

---

① 周绍朋：《强国之路：建设现代化经济体系》，《国家行政学院学报》2018 年第 5 期。

② 《习近平谈治国理政》第三卷，外文出版社 2020 年版，第 240 页。

③ 南方日报评论员：《经济发展任何时候都不能脱实向虚》，《南方日报》2018 年 11 月 2 日。

济竞争中赢得主动的根基"，"高度重视实体经济健康发展，增强实体经济赢利能力"。①

大力发展实体经济，必须深化供给侧结构性改革。新发展阶段中国的经济问题主要不是规模速度问题，而是发展结构效益问题。中国经济由于存在重大结构问题，从而导致经济循环不畅。要发展实体经济，构建现代经济体系，就必须把着力点放在结构上；要解决结构性问题，就必须推进供给侧结构性改革。习近平指出："供给侧结构性改革，重点是解放和发展社会生产力，用改革的办法推进结构调整，减少无效和低端供给，扩大有效和中高端供给，增强供给结构对需求变化的适应性和灵活性，提高全要素生产率。""推进供给侧结构性改革，要从生产端入手，重点是促进产能过剩有效化解，促进产业优化重组，降低企业成本，发展战略性新兴产业和现代服务业，增加公共产品和服务供给，提高供给结构对需求变化的适应性和灵活性。"②先进制造业是实体经济的一个关键，更是现代化经济体系的支柱。要加快发展先进制造业，推动互联网、大数据、人工智能同实体经济深度融合，推动资源要素向实体经济集聚、政策措施向实体经济倾斜、工作力量向实体经济加强。要加快发展现代服务业，"推动生产性服务业向专业化和价值链高端延伸"，"推动生活性服务业向高品质和多样化升级"。③

（二）加快实施创新驱动发展战略

创新是引领发展的第一动力，也是建设现代化经济体系的战略支撑。建设现代化经济体系，必须切实推动科技创新和体制机制创新。科技创新既是现代产业体系的重要内容，又是实体经济发展的技术支撑；体制机制创新是推动科技创新的重要制度保障和基础，没有体制机制创新，就很难实现科技创新。通过实施创新驱动发展战略，推动科技创新与经济社会发展深度融合，塑造更多依靠创新驱动、更多发挥先发优势的引领型发展。

---

① 乔瑞庆：《坚持金融服务实体经济助力高质量发展》，《经济日报》2019 年 10 月 21 日。

② 习近平：《在省部级主要领导干部学习贯彻党的十八届五中全会精神专题研讨班上的讲话》，《人民日报》2016 年 5 月 10 日。

③ 《中共中央关于制定国民经济和社会发展第十四个五年规划和二〇三五年远景目标的建议》，《人民日报》2020 年 11 月 4 日。

解决关键核心技术"卡脖子"难题。习近平指出："实践反复告诉我们，关键核心技术是要不来、买不来、讨不来的。"①首先，要明确创新的方向和重要内容。打好关键核心技术攻坚战，必须瞄准世界科技前沿，加强应用基础研究，拓展实施国家重大科技项目，突出关键共性技术、前沿引领技术、现代工程技术、颠覆性技术创新，为建成强大的现代化经济体系提供有力支撑。其次，要深化国际科技交流合作。"任何一个国家都不可能只依靠自己的力量解决所有创新难题，世界各国和地区都把深化国际科技交流合作，作为提升自主创新能力和国际竞争力的重要手段。"②只有加强技术领域国际合作，才能有力有效解决"卡脖子"问题。最后，要让企业成为真正的创新主体。必须强化企业创新主体地位，发挥企业家在技术创新中的重要作用，利用政策、税收、法律、科技工程等手段促进各类创新要素更多向企业集聚，推进产学研深度融合，积极引导企业突破核心技术。

深入推进科技体制改革。习近平指出："如果把科技创新比作我国发展的新引擎，那么改革就是点燃这个新引擎必不可少的点火系。"③提升科技创新能力，关键是尽快破除体制机制障碍，最大限度解放和激发科技作为第一生产力所蕴藏的巨大潜能。必须通过深化改革，打破阻碍科技创新的体制机制障碍，充分释放和激发科技创新活力。厘清政府与市场在国家创新体系中的关系，发挥市场对技术研发方向、路线选择、要素价格、各类创新要素配置的导向作用，让市场真正在创新资源配置中起决定性作用。建立以企业为主体、市场为导向、产学研深度融合的技术创新体系，为科技创新提供有效的体制机制保障。

（三）积极推动城乡区域协调发展

新时代我国社会主要矛盾的主要方面是发展的不平衡不充分问题。发展不平衡主要表现在城乡差距和地区差距，发展不充分主要表现在乡村与中西

---

① 习近平：《在中国科学院第十九次院士大会、中国工程院第十四次院士大会上的讲话》，《人民日报》2018 年 5 月 29 日。

② 武卫政、赵永新等：《提升科技创新能力》，《人民日报》2019 年 2 月 18 日。

③ 习近平：《在中国科学院第十七次院士大会、中国工程院第十二次院士大会上的讲话》，《人民日报》2014 年 6 月 10 日。

部欠发达地区。只有积极推动城乡区域协调发展，才能优化现代化经济体系的空间布局，这就是建设彰显优势、协调联动的城乡区域发展体系。彰显优势和协调联动是城乡区域发展体系的两大特征，也是两大要件。彰显优势是前提条件，各地区要培育各自的比较优势，才能产生不同地区交流互动、优势互补的需要与动力；协调联动是必要保障，各地区必有首先能够进行交流互动，才能发挥比较优势，进而建成城乡区域良性互动局面。从建设城乡区域发展体系的具体任务来说，就是实施区域协调发展战略和乡村振兴战略，促进区域良性互动、城乡融合发展。

加快推动实施区域协调发展战略。党的十九大报告指出，"加大力度支持革命老区、民族地区、边疆地区、贫困地区加快发展，强化举措推进西部大开发形成新格局，深化改革加快东北等老工业基地振兴，发挥优势推动中部地区崛起，创新引领率先实现东部地区优化发展，建立更加有效的区域协调发展新机制"[1]。实施区域协调发展战略，不仅要建立更加有效的区域协调发展新机制，还必须依托具体的区域协调发展规划，主要是推动京津冀协同发展和长江经济带发展，同时协调推进粤港澳大湾区发展。以建设区域经济带为龙头，带动全国范围内的区域协调发展。

大力实施乡村振兴战略。城乡融合发展的短板是乡村，必须推动乡村振兴，缩小城乡发展差距。乡村振兴是一盘大棋，如何把这盘大棋走好是关键。党的十九大报告指出，"要坚持农业农村优先发展，按照产业兴旺、生态宜居、乡风文明、治理有效、生活富裕的总要求，建立健全城乡融合发展体制机制和政策体系，加快推进农业农村现代化"[2]。乡村振兴离不开城乡融合发展，城乡融合发展必须要有相应的融合体制机制和政策体系保障，其中最主要的就是农村产权问题与城乡资本等要素流通问题。必须深化农村土地制度、集体产权制度改革，保障农民和投资者的财产权益，尽快实现城乡之间土地可流转、资本可交易、要素可流动、产权有保障，逐步建立和完善与现代化市场经济相适应的城乡一体化的生产、经营、流通和分配体系。

---

[1] 习近平：《决胜全面建成小康社会　夺取新时代中国特色社会主义伟大胜利》，《人民日报》2017年10月19日。

[2] 习近平：《决胜全面建成小康社会　夺取新时代中国特色社会主义伟大胜利》，《人民日报》2017年10月19日。

（四）着力发展开放型经济

全面开放体系是现代化经济体系与外部世界的联系机制。全球化时代，每个国家想要更好发展，就必须保持与世界在各方面的紧密联系和交流合作，不可能孤立于世界之外，谋求独自发展。高水平的开放体系是实现我国经济深度融入全球分工体系、与世界经济实现良性循环的机制与桥梁。必须着力发展更高层次开放型经济，提高现代化经济体系的国际竞争力，推动我国开放朝着优化结构、拓展深度、提高效益方向转变。

建设更高水平开放型经济新体制。新冠肺炎疫情全球大流行使世界百年未有之大变局加速演进，经济全球化遭遇倒流逆风，我国发展的内部条件和外部环境也正在发生深刻复杂变化。必须全面提高对外开放水平，推动贸易和投资自由化便利化，推进贸易创新发展，增强我国对外贸易综合竞争力。在新发展格局下，既要扩大对外贸易，深化资金、人才、科技等领域国际合作，推动商品、要素等领域开放、形成协同效应；更要借鉴国际先进经验，推动规则、规制、管理、标准等制度型开放，积极参与全球经济治理体系改革，增强我国在国际经贸规则制定中的话语权。[①]

推动共建"一带一路"高质量发展。要推动实现更高层次的开放发展，必须依托具体的开放战略。"一带一路"是党的十八大以来形成的主要开放战略，是推进我国同相关国家之间进行国际产能和装备制造合作的桥梁，是形成我国东西双向开放、陆海内外联动开放新格局的具体载体。从目前国内外形势来看，应该继续推进"一带一路"框架下的国际交流合作，构筑互利共赢的产业链、供应链合作体系，继续深化国际产能合作，进一步扩大双向贸易和投资。新发展格局下，必须遵循经济规律与市场原则，"坚持以企业为主体，以市场为导向，遵循国际惯例和债务可持续原则，健全多元化投融资体系"。[②] 发挥企业主体作用，就必须主要依靠经济手段，降低非经济手段使用范围，遵循经济规律与市场原则，才能保证其获取可持续性的内生动

---

① 鹿心社：《以高水平对外开放打造发展新优势》，《人民日报》2020 年 10 月 19 日。

② 《中共中央关于制定国民经济和社会发展第十四个五年规划和二〇三五年远景目标的建议》，《人民日报》2020 年 11 月 4 日。

力，实现"一带一路"高质量发展。

（五）深化经济体制改革

能否高质量构建现代化经济体系，归根结底还在于能否构建有利于现代化经济体系生成与运转的体制机制。构建适合现代化经济体系运行的现代经济体制的根本途径只能是改革，通过深化经济体制改革，建设充分发挥市场作用、更好发挥政府作用的经济体制，实现市场机制有效、微观主体有活力、宏观调控有度的良序运行。

深化经济体制改革的核心问题是进一步处理好政府与市场关系，目标是使市场在资源配置中起决定性作用和更好发挥政府作用。市场决定资源配置是市场经济的一般规律，健全社会主义市场经济体制必须遵循这条规律。在现代市场经济体系中，政府和市场是相互关联的两个重要组成部分，政府作用和市场作用各有千秋、各有其用。政府行为往往表现为经济管理和宏观调控，市场功能往往表现为供求、价格自发调节和公平竞争，两者相辅相成、缺一不可，是辩证统一的关系。要管好"看得见的手"，用好"看不见的手"。

必须更好发挥政府作用。市场能否发挥资源配置的决定性作用，最终取决于政府作用发挥的好坏。当前存在的主要问题是政府干预过多和监管不到位问题。对此，一是更好发挥政府作用，标准是不缺位、不越位、不错位，建立和完善权力清单、负面清单和责任清单三大制度；二是把"放手"当作最大的"抓手"，政府对权力清单外的事务多做减法；三是"放手"而不"甩手"，为市场活动制定规范，纠正市场失灵，为市场发挥作用提供良好制度环境。①

在更好发挥政府作用的基础上，坚决破除各方面体制机制弊端，充分发挥市场配置资源的决定性作用，激发全社会的创新创业活力，为建设现代化经济体系创造良好的体制机制保障。

---

① 刘志彪：《把握现代化经济体系的内涵和重点》，《人民日报》2018 年 6 月 24 日。

第四节　着力构建新发展格局

统筹国内发展与对外开放，充分利用国内国际两个市场两种资源，是贯彻落实新发展理念的重要途径。根据发展环境、发展阶段、发展任务变化，调整发展格局、发展战略、发展模式，是实现更高质量发展的必然要求。在我国开启全面建设社会主义现代化国家新征程的新发展阶段，国际国内形势和发展环境发生深刻变化，构建新发展格局就成为顺应我国发展特点新变化、更好解决我国发展内外联动问题的战略抉择，是新形势下统筹我国国内发展与对外开放的重要战略安排。

一、我国发展环境面临深刻复杂变化

世界百年未有之大变局进入加速演变期。当今世界正经历百年未有之大变局，"新冠肺炎疫情全球大流行使这个大变局加速变化"。[①]"国际环境日趋复杂，不稳定性不确定性明显增加，新冠肺炎疫情影响广泛深远，经济全球化遭遇逆流，世界进入动荡变革期，单边主义、保护主义、霸权主义对世界和平与发展构成威胁"[②]。新冠肺炎疫情使全球经济陷入第二次世界大战结束以来最严重的衰退，全球市场萎缩，一些国家遏制打压中国也全面升级。今后一个时期，我们将面对更多逆风逆水的外部环境，给我国发展带来巨大挑战。

我国进入新发展阶段。党的十九大提出，我国经济已由高速增长阶段转向高质量发展阶段。党的十九大后，又经过两三年的努力，我国已进入高质量发展阶段，"人均国内生产总值达到 1 万美元，城镇化率超过 60%，中等收入群体超过 4 亿人"。[③]2020 年我国现行标准下农村贫困人口全面脱贫，

---

① 习近平：《在经济社会领域专家座谈会上的讲话》，《人民日报》2020 年 8 月 25 日。

② 《中共中央关于制定国民经济和社会发展第十四个五年规划和二〇三五年远景目标的建议》，《人民日报》2020 年 11 月 4 日。

③ 习近平：《在经济社会领域专家座谈会上的讲话》，《人民日报》2020 年 8 月 25 日。

"十三五"规划确定的发展目标如期完成，全面建成小康社会目标如期实现。"十四五"时期，我国开启了全面建设社会主义现代化国家新征程，进入了一个新的发展阶段。但是，我国发展不平衡不充分问题仍然突出，科技创新能力不强，社会贫富差距较大，民生领域还存在很多短板，脱贫后的一些地区和一些群众的相对贫困问题可能长期存在，我国面临的发展任务依然很重。

党中央顺势提出构建新发展格局。构建新发展格局是应对国际环境的复杂变化、适应国内经济发展任务的新要求。新冠肺炎疫情大流行加速改变了世界格局，我国发展的外部环境面临更多的不稳定不确定因素，传统的国际大循环动能明显减弱，我国"两头在外"的发展模式不可持续。另外，我国已进入高质量发展阶段，多方面优势和条件更加凸显，国内需求潜力巨大，经济结构进一步优化，国内大循环活力日益强劲。同时，我国经济也存在生产体系内部循环不畅、供求脱节、关键技术"卡脖子"和结构转换复杂性上升等问题。2020 年 4 月 10 日，在中央财经委员会第七次会议上，习近平以《国家中长期经济社会发展战略若干重大问题》为题发表重要讲话，首次提出构建新发展格局的重要思想①。2020 年 5 月 14 日，中共中央政治局常务委员会召开会议，提出"构建国内国际双循环相互促进的新发展格局"。②2020年 5 月 23 日，习近平在看望参加政协会议的经济界委员时强调，"形成以国内大循环为主体、国内国际双循环相互促进的新发展格局"。③党的十九届五中全会把"加快构建以国内大循环为主体、国内国际双循环相互促进的新发展格局"④作为"十四五"规划的重大部署。新发展格局是根据我国发展阶段、发展环境、发展条件变化提出来的，是重塑我国国际合作和竞争新优势的战略抉择。

---

① 习近平：《国家中长期经济社会发展战略若干重大问题》，《求是》2020 年第 21 期。

② 《中共中央政治局常务委员会召开会议》，《人民日报》2020 年 5 月 15 日。

③ 《坚持用全面辩证长远眼光分析经济形势努力在危机中育新机于变局中开新局》，《人民日报》2020 年 5 月 24 日。

④ 《中共中央关于制定国民经济和社会发展第十四个五年规划和二〇三五年远景目标的建议》，《人民日报》2020 年 11 月 4 日。

二、构建新发展格局的基本内涵

关于新发展格局的主要表述是，"构建以国内大循环为主体、国内国际双循环相互促进的新发展格局"，其基本内涵主要包括以下几个方面。

构建新发展格局的关键是畅通经济循环。马克思主义社会再生产循环理论认为，社会再生产是由生产、分配、交换、消费四个环节构成的一个有机整体。其中，生产是社会再生产循环的起点，具有决定作用，"一定的生产决定一定的消费、分配、交换和这些不同要素相互间的一定关系"①；"没有消费，也就没有生产"，"因为消费创造出新的生产的需要"，"消费创造出生产的动力"②，消费是生产的目的；分配和交换是连接生产与消费的桥梁和纽带。所以，生产、分配、交换、消费四个环节是有机结合且相互作用的，只有各个环节顺畅配合、相互促进，才能顺利实现社会再生产的循环。社会再生产的循环是国民经济循环的基础。在经济全球化时代，一国的经济循环体系，按照经济循环范围，可划分为国内经济大循环和本国参与下的国际经济大循环，这两大经济循环既有区别，又交叉融合。构建新发展格局的基础就是贯通生产、分配、流通、消费各环节，推动整个国民经济在国内国际范围内良性循环。

构建新发展格局的主体是畅通国内大循环。实现经济高质量发展需要以国内大循环为主。畅通国内经济大循环是构建新发展格局的首要任务。以国内大循环为主体，就是把发展立足点放在国内，办好自己的事，充分发挥我国最大最全工业体系、超大规模市场优势，以国内市场主导国民经济循环，贯通生产、分配、流通、消费各环节，更多依靠国内市场实现经济发展；同时以国际分工和国际市场为补充和支持，带动世界经济复苏、共同发展。只有形成宏大顺畅的国内经济循环，中国市场才能更好吸引全球资源要素，既满足国内需求，又提升中国产业技术发展水平，形成参与国际经济合作和竞争新优势，为中国经济高质量发展培育新动能、注入新活力。

构建新发展格局的优势是国内国际双循环相互促进。新发展格局不是封闭的国内循环，而是更加开放的国内国际双循环。经济全球化时代，不可能

---

① 《马克思恩格斯选集》第 2 卷，人民出版社 2012 年版，第 699 页。
② 《马克思恩格斯选集》第 2 卷，人民出版社 2012 年版，第 691 页。

什么都靠国内自己做，必须参与国际分工与合作。中国经济要实现高质量发展，需要进一步实施开放政策，培育参与国际合作和竞争新优势，在国际贸易中能够更好发挥比较优势，更好利用国内国际两个市场、两种资源，推动形成国内国际双循环内外联动、相互促进、优势互补，推动经济共同发展。贯通国内经济大循环是构建新发展格局的主体，对接国际经济循环是构建新发展格局的优势，双循环的关系不是相互独立的，而是相互融合、相互促进的。必须通过融入国际循环促进国内循环、以畅通国内循环支撑国际循环，在充分挖掘国内市场潜能的同时，让国内市场成为吸引国际商品和要素资源的巨大引力场。[①] 国内国际双循环相互促进可以促进优势互补，比单纯的国内大循环或者单纯的国际大循环具有更大优势。

构建新发展格局最本质的特征是实现高水平的自立自强[②]。构建新发展格局的实质是要实现经济发展战略从出口导向型转向内需增长型。改革开放后，中国形成了一个市场和资源"两头在外"的发展模式，以"世界工厂"身份参与国际分工，为全球提供多种主要工业产品，经济对外依赖度很高，是一种出口导向型的发展模式。这种发展格局是一种以国际大循环为主体的外向型发展格局，国内供给与需求失衡（即产能过剩），国内经济循环不顺畅，一旦外部实施脱钩、断供、制裁，就会危及国内经济发展和经济安全。从历史和现实层面来看，中国一直是国际贸易保护主义的首要目标国和最大受害者，连续多年成为世界上遭受反倾销、反补贴调查最多的国家。我国在以国内大循环为主体的同时，实现国内国际双循环相互促进，实质是力促改变外向型经济主导的发展格局，形成现内外经济循环相互促进和平衡增长、经济增长的动力更加协调的新发展格局。[③] 由此可见，新发展格局是一种以国内大循环为主体的内需增长型双循环体系，属于经济发展的高水平自立自强，能够统筹发展和安全，不同于传统的出口导向型经济循环体系。

---

① 胡敏：《深入理解新发展格局》，《光明日报》2020 年 10 月 6 日。

② 《习近平在省部级主要领导干部学习贯彻党的十九届五中全会精神专题研讨班开班式上发表重要讲话》，2021 年 1 月 12 日，见 https://www.ccps.gov.cn/tpxw/202101/t20210112_147078.shtml。

③ 黄群慧：《"双循环"新发展格局：深刻内涵、时代背景与形成建议》，《北京工业大学学报（社会科学版）》2021 年第 1 期。

三、建构新发展格局的现实路径

构建新发展格局，必须通过深化改革贯通国内大循环各环节，立足扩大内需战略基点，优化供给结构和质量，推动供需良性互动和平衡，形成强大国内市场，以更高水平对外开放推动国内国际双循环联动发展。

（一）完善社会主义市场经济体制

经济循环畅通与否，最为关键的决定因素是市场体系的健全程度与运行效率。必须通过深化体制机制改革，破除市场运行的体制机制障碍，进一步完善社会主义市场经济体制，构建市场机制有效、微观主体有活力、宏观调控有度的现代化市场体系，为畅通国民经济循环、形成新发展格局提供有力的制度保障和强劲的内生动力。

深化体制机制改革是完善社会主义市场经济体制的唯一途径。构建新发展格局是发展问题，但本质上是改革问题。刘鹤指出："我们必须运用改革思维和改革办法，形成充满活力的市场主体，建立有效的激励机制，营造鼓励创新的制度环境，扫除阻碍国内大循环和国内国际双循环畅通的制度、观念和利益羁绊，破除妨碍生产要素市场化配置和商品服务流通的体制机制障碍，形成高效规范、公平竞争、充分开放的国内统一大市场，形成高标准的市场化、法治化、国际化营商环境，降低全社会交易成本，构建高水平社会主义市场经济体制，实现社会生产力大发展。"[①]

（二）着力提升居民消费

由于全球经济环境的变化，特别是受新冠肺炎疫情影响，中国经济可能会遇到需求侧的制约。在外需不振的情况下，扩大内需就成为进一步激发经济活力、积蓄发展动能、对冲经济下行风险的必然选择。构建新发展格局，必须坚持扩大内需这个战略基点。

消费是最终需求。扩大内需的关键在于提高消费，特别是居民消费能

---

① 刘鹤：《加快构建以国内大循环为主体、国内国际双循环相互促进的新发展格局》，《人民日报》2020 年 11 月 25 日。

力和水平。居民消费特别是农村居民的消费、低收入群体的消费，应该成为越来越重要的拉动经济的需求因素。[1] 我国在 2020 年基本消除了绝对贫困，但仍然存在大量的低收入人口，消费能力不足；虽然拥有世界上最大规模的中等收入群体，但占总人口比例较低；由于我国住房、医疗、教育和养老等社会保障制度还不健全、不完善且保障水平较低，致使居民对未来支出缺少稳定预期，不得不降低消费意愿，以应对未来可能出现的风险或不确定性。[2] 对此，就要通过稳就业、促增收、保民生和提升消费品质量、优化消费环境，使被抑制和冻结的消费潜力充分释放出来，促进消费提档升级扩容，着力提高居民消费意愿和能力；构建完善的社保、医疗和养老保险制度，从根本上消除居民消费的后顾之忧；要继续深化收入分配制度改革，优化收入分配结构，倡导勤劳致富、支持创业创新、保护合法经营，普遍提高人民富裕程度，通过采用转移支付等方式，提高低收入群体的消费水平。[3]

（三）推动供给侧结构性改革

需求牵引供给，供给创造需求。实施扩大内需战略，必须同深化供给侧结构性改革有机结合起来，以创新驱动、高质量供给引领和创造新需求。习近平指出："坚持供给侧结构性改革这条主线，使生产、分配、流通、消费更多依托国内市场，提升供给体系对国内需求的适配性，以高质量供给满足日益升级的国内市场需求。"[4]

推动科技创新，解决关键技术产品的"卡脖子"问题。我国虽然具有全球最完整、规模最大的工业体系和强大的生产能力，但是关键技术方面仍然存在"卡脖子"的问题，一旦供给不畅，对产业循环形成"瓶颈"制约，生产就会受到严重影响。新冠肺炎疫情又带来了国际上所谓供应链"去中国化"

---

[1]　蔡昉：《深刻剖析中国"双循环新格局"》，2020 年 9 月 6 日，见 https://www.thepaper.cn/newsDetail_forward_9059314。

[2]　李增刚：《以制度创新打通经济循环中的"堵点"》，《国家治理》2020 年第 31 期。

[3]　李步前：《内需挖潜是形成新发展格局的关键》，《经济日报》2020 年 9 月 16 日。

[4]　习近平：《在深圳经济特区建立 40 周年庆祝大会上的讲话》，《人民日报》2020 年 10 月 15 日。

问题，这对我国产业链稳定性带来新的挑战。① 必须推动科技创新，打通生产体系内部堵点，调动各类创新主体特别是企业的创新活力，增强自主创新能力，提升原始创新能力，努力在关键核心技术领域实现自主可控，推动科技创新在畅通经济循环中发挥关键性作用。

优化供给结构和质量，提升供给体系对国内需求的适配性。我国的生产供给结构仍不能适应消费需求结构的变化，无效供给和低端供给过多，产品和服务的品种、质量难以满足多层次、多样化的市场需求。引导企业加快传统产业改造升级，提高供给质量，改善供给结构，减少无效和低端供给，创新产品、服务和供给模式，以多样化、高品质和高附加值的产品满足市场需求，创新适应新需求的有效供给，增强供给结构对需求变化的适应性和灵活性，并发挥供给创造和引领新需求的功能，推动产业链再造和价值链提升，实现供需匹配和良性互动。

（四）实行高水平对外开放

新发展格局不是封闭的，也不同于传统模式的"两头在外"，而是在更高水平开放基础上的双循环联动发展。构建新发展格局，必须依托我国大市场优势，实施更大范围、更宽领域、更深层次对外开放，使中国经济更深度地融入全球经济，充分利用国内国际两个市场两种资源，增强中国经济在全球范围内配置使用资源的能力，促进国际合作，实现互利共赢。

着力改善优化营商环境。优化营商环境既是建设超大规模国内市场的需要，更是进一步吸引全球资源要素的需要，能够进一步提升"引进来"的质量和水平。必须着眼于制度型开放，对标国际高水平经贸规则，全面实施准入前国民待遇加负面清单管理制度，推进投资自由化便利化，为所有企业打造公平竞争的市场环境。要进一步缩减外商投资准入负面清单，并推动在负面清单以外领域，全面清理取消针对外资的准入限制，实现市场准入内外资标准一致；进一步扩大服务业开放空间，统筹推进金融服务业开放、人民币汇率形成机制改革和人民币国际化；进一步加大对外商投资权益和知识产权的保护。以优良的营商环境，打造国内大市场，提升对外开放水平。

---

① 王一鸣：《百年大变局、高质量发展与构建新发展格局》，《管理世界》2020 年第 12 期。

塑造我国参与国际合作和竞争新优势。以提升产业链供应链现代化水平为抓手，推动国内国际双循环相互促进，培育我国参与国际合作和竞争新优势，进一步提升"走出去"能力和水平。习近平指出，我们"应该努力重塑新的产业链，全面加大科技创新和进口替代力度，这是深化供给侧结构性改革的重点，也是实现高质量发展的关键。一是要拉长长板，巩固提升优势产业的国际领先地位，锻造一些'杀手锏'技术，持续增强高铁、电力装备、新能源、通信设备等领域的全产业链优势，提升产业质量，拉紧国际产业链对我国的依存关系，形成对外方人为断供的强有力反制和威慑能力。二是要补齐短板，就是要在关系国家安全的领域和节点构建自主可控、安全可靠的国内生产供应体系，在关键时刻可以做到自我循环，确保在极端情况下经济正常运转"。[①] 通过不断提高我国企业自主创新能力，把解决"卡脖子"问题与锻造"杀手锏"技术相结合，把补齐产业链供应链"短板"与锻造产业链供应链"长板"相结合，全面提升我国产业链供应链现代化水平，从而占据全球产业竞争的制高点，推动高水平对外开放，推进贸易强国建设。

第五节　始终坚持解决好民生问题

以人民为中心的发展思想是贯穿新发展理念的一条主线，也是新发展理念发展价值的核心表述。贯彻新发展理念，坚持以人民为中心的发展思想，必须把增进人民福祉、促进人的全面发展作为发展的出发点和落脚点，把保障和改善民生作为主要抓手，从人民群众最关心最直接最现实的利益问题入手，统筹做好各项工作，不断提高人民生活水平，把实现好、维护好、发展好最广大人民根本利益落到实处，使人民获得感、幸福感、安全感更加充实、更有保障、更可持续。

---

① 习近平:《国家中长期经济社会发展战略若干重大问题》，《求是》2020 年第 21 期。

一、抓民生就是抓发展

民生，即人民的生计，主要包括教育、就业、收入分配、社会保障、医疗卫生、住房等事关老百姓生产生活等方面的内容。

民生是发展的题中应有之义。正如我们在第三章讨论发展的时候提到，发展不仅仅是经济增长和经济发展，而是一个多维的改进过程，涵盖了社会结构、流行的观念、国家制度等方面的改善，以及经济加速增长、降低不平等和根除贫困等诸多方面。以改善人的生存状态、提高人的发展能力和生活质量为主要内容的民生，就是发展的主要内涵之一。事关民生的教育、就业、收入分配、社会保障、医疗卫生、住房等内容，也都与经济发展有着密不可分的关系，本身就是体现发展的重要内容。

增进民生福祉是发展的根本目的。追求发展的根本目的是为了人民，而与人民关系最直接最重要最现实的是民生建设。扎扎实实推进民生建设，着力于提高老百姓的生活水平，改善老百姓的人居环境，增加老百姓的劳动收入，切实解决好医疗、教育、住房以及养老等问题才是切切实实地为人民谋福利，才是真正实现了发展的目标。因此，抓民生建设也是抓发展，发展不能仅限于经济建设，更要注重民生建设。习近平指出："必须多谋民生之利、多解民生之忧，在发展中补齐民生短板、促进社会公平正义，在幼有所育、学有所教、劳有所得、病有所医、老有所养、住有所居、弱有所扶上不断取得新进展，深入开展脱贫攻坚，保证全体人民在共建共享发展中有更多获得感，不断促进人的全面发展、全体人民共同富裕。"[1]

改善民生是推动发展的重要动力。改善民生不是经济发展的负担，而是重要的增长点、动力源。通过不断保障和改善民生能够创造更多的有效需求。持续不断改善民生，能有效解决群众后顾之忧，调动人们发展生产的积极性，又能释放居民消费潜力、拉动内需，催生新的经济增长点，为经济发展、转型升级提供强大内生动力。[2] 所以，破解民生难点，抓好民生工作，

---

[1]　习近平：《决胜全面建成小康社会　夺取新时代中国特色社会主义伟大胜利》，《人民日报》2017 年 10 月 19 日。

[2]　唐巍、王晓霞：《坚持在发展中保障和改善民生》，《经济日报》2018 年 1 月 25 日。

有利于培育新动能、提高长期增长潜力，既利百姓，又利国家，既利当下，又利长远，是一举多得的好事实事。[①]

二、切实解决好民生问题

"保障和改善民生要抓住人民最关心最直接最现实的利益问题。"[②] 积极解决好教育、就业、收入分配、社会保障、医疗卫生等直接关系人民群众根本利益和现实利益的问题，努力使全体人民学有所教、劳有所得、病有所医、老有所养、住有所居，不断提高人民群众的生活质量和幸福指数。

（一）努力办好人民满意的教育

教育是民生之基。教育不仅是构成民族复兴、社会进步的重要基石，更关乎个人的发展和前途命运，牵动着无数家庭。党的十九大提出要建设教育强国，加快教育现代化，办好人民满意的教育。从民生视角来看，能不能办好让人民满意的教育，不仅要看我国有多少所高校进入世界"双一流"行列，更要看我国教育公平的实现程度和整体教育质量的提升情况。

大力促进教育公平，让教育资源惠及所有家庭和孩子。现代教育是公平的教育，必须坚持教育的公益性和普惠性。对于农村和贫困家庭的孩子来说，读书可能是改变个人命运、阻断贫困代际传递的唯一途径，受教育是他们到达理想彼岸的重要过程。促进教育公平，必须"要稳定教育投入，优化投入结构，缩小城乡、区域、校际差距，让教育资源惠及所有家庭和孩子，让他们有更光明未来"。[③] 这就要强化政府促进教育公平的主体责任，合理配置教育资源，重点向农村、边远、贫困、民族地区倾斜，支持特殊教育，提高家庭经济困难学生资助水平，积极推动农民工子女平等接受教育。

加大教育投入，为教育优先发展提供重要经济基础。坚持教育优先发

---

① 新华社评论员：《抓民生就是抓发展》，2017 年 3 月 31 日，见 http://www.xinhuanet.com//comments/2017-03/31/c_1120735288.htm。

② 习近平：《决胜全面建成小康社会　夺取新时代中国特色社会主义伟大胜利》，《人民日报》2017 年 10 月 19 日。

③ 李克强：《2020 年政府工作报告》，《人民日报》2020 年 5 月 30 日。

展，必须加大教育投入，优化教育投入支出结构。长期以来，我国教育投入水平较低，历史性欠账较大。早在 1993 年，《中国教育改革和发展纲要》就提出，国家财政性教育经费支出占 GDP 比例要在 20 世纪末达到 4%[①]。由于种种原因，这一目标多年并没有实现，直到 2012 年国家财政性教育经费支出占 GDP 比例才达到 4%，中国教育经费支出比例首次"达标"。[②]2019 年国家财政性教育经费占 GDP 比例为 4.04%，连续 8 年超过 4%[③]，但是这一标准也还没有达到世界平均水平，与发达国家相比，还有不小差距，而且世界排名还比较靠后。因此，必须进一步加大教育投入，弥补历史性欠账，优化投入支出结构，提高资金使用效益，为教育优先发展提供重要经济基础。

深化教育综合改革，构建科学、合理、公平的教育制度体系。深化改革是推动教育公平发展的根本动力。教育改革最主要的是落实并深化考试招生制度改革和教育教学改革。必须推动招生录取与户籍制度分离，打破招生户籍限制，实行按人口（或考生人数）比例配置招生指标制度，严格按照分数及权重从高到低录取，增加招生录取工作透明度，接受社会监督。"严禁以各类考试、竞赛、培训成绩或证书证明等作为招生依据，不得以面试、评测等名义选拔学生。"[④]坚持教学相长，注重启发式、互动式、探究式教学，优化教学方式，促进信息技术与教育教学融合发展，提升教育教学信息化水平和覆盖范围。教育公平的实现和教育质量的提升，均离不开教育改革的深化，离不开科学、合理、公平的制度保障。

（二）推动实现更高质量和更充分就业

就业是民生之本。就业从收入消费、财富创造和劳动者自身价值实现等方面推动民生建设和经济发展。有了就业，才能有收入，才能提高生活水平；有了收入，才有消费，才能拉动生产，实现经济增长。另外，有了就

---

① 中共中央、国务院：《中国教育改革和发展纲要》，《中国高等教育》1993 年第 4 期。

② 马扬、徐扬、贾钊：《中国教育经费支出比例首次"达标"》，2013 年 3 月 5 日，见 http://news.xinhuanet.com/2013lh/2013-03/05/c_114898916.htm。

③ 余颖：《2019 年教育投入首次突破 5 万亿元》，《经济日报》2020 年 6 月 13 日。

④ 《中共中央国务院关于深化教育教学改革全面提高义务教育质量的意见》，《人民日报》2019 年 7 月 9 日。

业，劳动才有机会创造价值和财富。就业是劳动者融入社会、实现自身价值、共享经济社会发展成果的基本条件。所以，就业是最大的民生，牵动着千家万户的生活，必须"坚持就业优先战略和积极就业政策，实现更高质量和更充分就业"。[①]

必须实施更加积极的就业政策。千方百计稳定和扩大就业，打破城乡、地区、行业分割和身份、性别歧视，消除户籍、档案、编制等体制因素限制，破除妨碍劳动力、人才社会性流动的体制机制弊端，促进劳动力、人才在地区、行业、企业之间自由流动，使人力资源配置和使用效率最大化。引导劳动者转变就业观念，鼓励多渠道多形式就业。促进以创业带动就业，加强对中小民营企业和个体工商户实施税费减免、投融资便利化等政策扶持，做好以高校毕业生为重点的青年就业工作和农村转移劳动力、城镇困难人员、退役军人就业工作。完善政府、工会、企业共同参与的协商协调机制，建立和谐劳动关系，维护职工和企业合法权益。

着力解决结构性就业矛盾。随着供给侧结构性改革的深化，在经济结构调整过程中，结构性就业矛盾会更加凸显，劳动供需就会出现错配。解决结构性就业矛盾的主要渠道是加强职业技能培训，提升劳动者就业创业能力和素质，使劳动供给满足岗位需求。为此，就要完善重点群体的就业支持体系，积极开展贫困家庭子女、未升学初高中毕业生、农民工、失业人员和转岗职工、退役军人免费接受职业培训行动。必须推动高校教育改革，使高校专业设置更加适宜就业市场需求。

（三）千方百计提高居民收入水平

收入分配是民生之源，是改善民生、实现发展成果由人民共享最重要最直接的方式。[②] 目前我国收入分配问题，主要表现在两个方面：第一，在政府、企业和居民三大部门的收入分配格局中，居民收入分配占比较低。居民可支配收入 1992—2008 年趋于下降趋势，从 68.1% 下降到 55.5%，降低

---

① 习近平：《决胜全面建成小康社会　夺取新时代中国特色社会主义伟大胜利》，《人民日报》2017 年 10 月 19 日。

② 中共中央宣传部编：《习近平新时代中国特色社会主义思想学习纲要》，学习出版社、人民出版社 2019 年版，第 160 页。

12.6 个百分点；2008—2018 年趋于上升趋势，从 55.5% 上升到 59.4%，增加 3.9 个百分点；2018 年比 1992 年下降 8.7 个百分点。政府部门可支配收入从 1992 年的 12.9% 上升到 2018 年的 18.7%，增加 6.8 个百分点，最高年份为 2012 年的 21.4%，比 1992 年增加 8.5 个百分点；企业部门可支配收入从 1992 年的 19.0% 上升到 2018 年的 21.8%，增加 2.8 个百分点，最高为 2008 年的 25.1%，比 1992 年增加 6.1 个百分点。[1] 第二，居民部门内部收入分配差距较大。我国基尼系数长期超国际警戒水平，最高年份 2008 年为 0.491，2019 年为 0.465（见第四章表 9）。因此，必须采取有效措施，深化收入分配制度改革，调整国民收入分配格局，在千方百计增加居民收入同时，缩小居民收入分配差距，实现共同富裕。

切实提高居民收入水平。必须调整国民收入分配关系，提高居民收入在国民收入分配中的比重，提高劳动报酬在初次分配中的比重，实现居民收入增长和经济发展同步、劳动报酬增长和劳动生产率提高同步。降低政府收入比重，主要通过减税降费的办法实现。具体来说，主要是通过结构性减税和简政放权等改革措施，适度降低政府财政收入比重，以增加居民收入和企业的收入比重。要提高劳动报酬在初次分配中的比重，完善工资制度，健全工资合理增长机制，完善市场评价要素贡献并按贡献分配的机制，处理好资本所得与劳动报酬的比例关系。

尽快缩小居民收入差距。缩小居民收入差距的主要思路是，通过有效措施增加低收入者收入水平、扩大中等收入者数量、调节过高收入，以形成"橄榄形"分配结构。首先，要充分发挥三次分配协同调节作用。完善劳动、资本、技术、管理等要素按贡献参与分配的初次分配机制，加快健全以税收、社会保障、转移支付为主要手段的再分配调节机制，"发挥第三次分配作用，发展慈善事业，改善收入和财富分配格局"[2]。其次，必须规范收入分配秩序。主要通过完善法律制度、加强执法监管和提升技术保障等手段，保护合法收入，规范隐性收入，取缔非法收入。当然，还要通过缩小城乡、

---

[1]　国家统计局：《中国统计年鉴 2020·3—18 企业、广义政府与住户部门可支配总收入及比重》。

[2]　《中共中央关于制定国民经济和社会发展第十四个五年规划和二〇三五年远景目标的建议》，《人民日报》2020 年 11 月 4 日。

区域、行业三大差距来缩小居民收入差距。主要通过农村土地产权改革、户籍制度改革、加大转移支付、要素市场化配置改革等手段，打破城乡二元体制、地区壁垒、行业垄断，通过更好发挥市场机制和政府手段的"两手合力"作用，逐步消除城乡之间、区域之间、行业之间的收入差距。

（四）建立更加公平更可持续的社会保障制度

社会保障是民生之安全网。社会保障是保障人民生活、国民收入再分配的一项基本制度。社会保障是国家和社会依法帮助无收入、低收入、遭受意外灾害的公民能够维持生存，保障劳动者在年老、失业、患病、工伤、生育时的基本生活不受影响的行为。社会保障主要由社会保险、社会救济、社会福利、优抚安置等组成，其中，社会保险是社会保障的核心内容。全球的社会保障模式，大致可分为国家福利、国家保险、社会共济和积累储蓄四种类型。我国的社会保障制度属于社会共济型，由国家、单位、个人三方共同为社会保障融资。目前我国已经基本建立了全覆盖的社会保障制度，但是保障水平比较低，有待于继续提高完善社保体制机制，以增强公平性、适应流动性、保证可持续性为重点，建立多层次社会保障体系。

完善筹资机制，保证可持续性。一方面，要分清政府、单位、个人等的责任，适度调整三方承担比例，降低社保费率，为企业和个人减负，不让社保成为企业发展和个人生活的新负担。另一方面，还要拓展社保资金来源渠道，确保社保基金收支平衡。拓展社保资金的来源渠道主要有三：第一，划转部分国有资本充实社保基金。划转部分国有资本来充实社会保障基金，提高国有资本收益上缴公共财政比例，新增部分的一定比例用于社保等民生支出。第二，加大社保财政资金补贴力度。明确和增加政府财政支出用于社会保障的比例。第三，提升社保基金收益率。在保障社保基金运营安全的基础上，适当扩大社会保障基金投资范围，改善投资比例结构，不断提高基金的投资效益。

促进社保更加公平、更富流动性。目前我国社会保障制度还存在地区、群体、身份差异而标准不一的问题，应加快建设和完善统一标准下的社会保障体系，增强社保公平性。我国的社会保险一般是省级统筹，还没有实现全国统筹，在城乡、区域之间差异较大，人员跨省（区、市）流动受到社会保险关系转移接续和费用报销等方面的制约，并且重复参保缴费、漏保及中断等现象比较多。所以，必须适应我国城镇化加速发展背景下人口跨省区和城乡流动较强的形势，增强社会保险制度的流动性和便捷性，使社会保险制度更加完善、可持续性更强。主要是要做到：第一，尽快实现职工基础养老金的全国统筹；第二，实现医疗费用跨省异地就医直接结算；第三，整合城乡居民医保制度和经办管理办法。

（五）加快发展医药卫生事业

医疗卫生是民生之需。健康是人民生活幸福快乐的前提，医疗卫生服务直接关系人民身体健康，发展医药卫生事业是实施健康中国战略的主要组成部分。

深化医药卫生体制改革。深化医药卫生体制改革，是推动我国医药卫生事业发展的重要动力。深化医疗卫生改革有以下几个重要发力点。第一，全面推进公立医院综合改革。坚持公益属性，破除逐利机制，全面取消以药养医，建立符合医疗行业特点的人事薪酬制度。第二，促进医疗资源向基层和农村流动。推进全科医生、家庭医生、急需领域医疗服务能力提高。第三，鼓励社会力量兴办健康服务业，推进非营利性民营医院和公立医院同等待遇。第四，完善突发公共卫生事件监测预警处置机制。健全医疗救治、科技支撑、物资保障体系，提高应对突发公共卫生事件能力。

必须注重提高应对突发公共卫生事件能力。突发公共卫生事件具有突发性、公共性和严重的危害性，一旦爆发，可能很快对人民生命安全造成重大危害。新冠肺炎疫情是新中国成立以来在我国发生的传播速度最快、感染范围最广、防控难度最大的一次重大突发公共卫生事件。新冠肺炎疫情"是一次危机，也是一次大考"，在应对疫情中，"暴露出我国在重大疫情防控体制机制、公共卫生应急管理体系等方面存在的明显短板"。[1]必须补短板、堵漏洞、强弱项，从体制机制上创新和完善重大疫情防控举措，健全国家公共卫生应急管理体系，提高应对突发重大公共卫生事件的能力水平，最大限度

---

[1] 习近平：《在统筹推进新冠肺炎疫情防控和经济社会发展工作部署会议上的讲话》，《人民日报》2020年2月24日。

预防和控制公共卫生事件的发生，减轻、避免和消除事件危害。

此外，还要加强和创新社会治理。完善社会治理体系，健全党组织领导的自治、法治、德治相结合的城乡基层治理体系，完善基层民主协商制度，实现政府治理同社会调节、居民自治良性互动，建设人人有责、人人尽责、人人享有的社会治理共同体，为人民幸福生活创造和谐稳定的社会环境。

第七章　新发展理念的理论价值与现实意义

为中国人民谋幸福，为中华民族谋复兴，是中国共产党的初心和使命，中国共产党为此进行了百年孜孜不倦的奋斗和拼搏，如今已经全面开启了建成社会主义现代化强国的新征程，中国进入新的发展阶段。新发展阶段必须坚持新发展理念，引领中国经济实现高质量发展。新发展理念坚持马克思主义立场、观点和方法，是对马克思主义发展观的坚持与发展，是引领中国经济社会实现高质量发展的行动指南。

第一节　新发展理念对马克思主义发展观的坚持与发展

新发展理念"不是凭空得来的，是我们在深刻总结国内外发展经验教训的基础上形成的，也是在深刻分析国内外发展大势的基础上形成的，集中反映了我们党对经济社会发展规律认识的深化，也是针对我国发展中的突出矛盾和问题提出来的"。[1] 新发展理念既坚持和体现了马克思主义发展观的一般原理，又是对马克思主义发展观的发展和创新。

---

[1] 习近平：《在党的十八届五中全会第二次全体会议上的讲话（节选）》，《求是》2016年第1期。

一、新发展理念坚持了马克思主义发展观

马克思主义发展观，是马克思主义关于发展的世界观和方法论的集中体现，是建立在唯物辩证法和唯物史观基础上的发展理论。新发展理念集中体现了马克思主义发展观的一般原理。

第一，新发展理念深刻体现了马克思主义发展观关于人民既是发展主体又是发展目的原理及促进"人的自由全面发展"思想。"人既是推动经济社会发展的主体，又是经济社会发展的最终目的"是唯物史观的基本观点，实现人的解放和人的自由全面发展是马克思主义发展观的根本目标。马克思恩格斯关于人的自由全面发展的思想是他们针对资本主义社会中物对人的统治、资本对劳动力的占有、机器支配人、分工限制人等条件下造成人的不平等发展、畸形发展和不自由发展而提出来的。在世界社会主义发展的历史中，过度重视生产力和生产关系的发展，人的发展问题长期被忽略掉了，从而使发展理论和发展实践脱离了人这个主体和目标。在中国共产党的发展理论中，也只是到了21世纪初的时候才开始提倡和重视。2001年江泽民在中国共产党建党80周年纪念大会上首次提出了"促进人的全面发展"思想。2003年胡锦涛在提出科学发展观的时候提出"以人为本"，人的发展问题才得以真正重视。2015年习近平在中国共产党第十八届五中全会上提出了实现"以人民为中心"的发展思想，使人的发展思想有了进一步的发展。

中国共产党在十八届五中全会上明确提出："人民是推动发展的主体和根本力量，实现好、维护好、发展好最广大人民根本利益是发展的根本目的；必须坚持以人民为中心的发展思想，把增进人民福祉、促进人的全面发展作为发展的出发点和落脚点。""必须坚持发展为了人民、发展依靠人民、发展成果由人民共享；使全体人民在共建共享发展中有更多获得感。"① 新发展理念中的共享理念，更是对人民主体地位和发展终极目的的直接体现。共享理念强调"共建共享"，其中"共建"体现了人民是社会发展的主体，"共享"则强调人民是发展的终极目的。共享发展理念和以人民为中心的发展思

① 《中共中央关于制定国民经济和社会发展第十三个五年规划的建议》，《人民日报》2015年11月4日。

想是新发展理念关于发展价值目标的核心表述，也在根本上体现了马克思主义发展观的根本发展价值目标，并从中国发展的现实层面找到了一条实践马克思主义人的自由全面发展思想的现实路径。

第二，新发展理念突出体现了马克思主义发展观中关于科学技术及科技创新作用的观点。马克思恩格斯在《共产党宣言》中指出："自然力的征服，机器的采用，化学在工业和农业中的应用，轮船的行驶，铁路的通行，电报的使用，整个整个大陆的开垦，河川的通航，仿佛用法术从地下呼唤出来的大量人口——过去哪一个世纪料想到在社会劳动里蕴藏有这样的生产力呢？"①这是他们对科学技术促进生产力飞跃式发展作用的重要描述，从中能够看出马克思恩格斯对科技发明推动社会发展贡献的由衷赞美。重视科学技术及其作用是马克思主义发展观的基本观点。20世纪80年代，邓小平提出"科学技术是第一生产力"的论断，更加形象地描述了科学技术与生产力的关系以及科学技术的重要作用。中国共产党从20世纪90年代开始提出并高度重视科技创新的作用。

在新发展理念中，首先强调的就是创新，"创新是引领发展的第一动力"，尤其强调要在重要领域和关键环节中实现重大科技的创新与突破。"必须把创新摆在国家发展全局的核心位置；塑造更多依靠创新驱动、更多发挥先发优势的引领型发展；坚持战略和前沿导向，集中支持事关发展全局的基础研究和共性关键技术研究，加快突破新一代信息通信、新能源、新材料、航空航天、生物医药、智能制造等领域核心技术。"②新发展理念对科技创新、创新驱动发展、科技创新的突破环节等方面都有明确的表述，是中国共产党对马克思恩格斯关于科技创新思想的坚持和发展。

第三，新发展理念体现了马克思主义发展观关于人与自然和解的思想。资本主义工业文明的发展，造成了人与自然关系紧张，并酿成了全球性的生态危机。促进人与自然关系从"紧张"到"和解"是马克思恩格斯的一个重要主张，而且促进人与自然"和解"也是马克思主义发展观的一个重要观点。

---

① 《马克思恩格斯选集》第 1 卷，人民出版社 2012 年版，第 405 页。
② 《中共中央关于制定国民经济和社会发展第十三个五年规划的建议》，《人民日报》2015年 11 月 4 日。

恩格斯在《自然辩证法》中指出："我们决不像征服者统治异族人那样支配自然界，决不像站在自然界之外的人似的去支配自然界"。[①]"决不像征服者统治异族人那样支配自然界"可以说是恩格斯对资本主义条件下人类对自然界肆意掠夺和破坏的一种严重警告。而且恩格斯又警告："我们不要过分陶醉于对自然界的胜利。对于每一次这样的胜利，自然界都报复了我们。"[②] 因为"我们连同我们的肉、血和头脑都是属于自然界和存在于自然之中的"[③]，人和自然具有一体性。

人与自然关系紧张在中国长期的粗放发展过程中也不可避免地出现了。鉴于此，促进人与自然和谐共生成为中国共产党发展理论中的一个重要内容和价值追求。促进人与自然和谐共生、推动绿色发展、建设美丽中国也成为中国共产党自十八届五中全会以来谋划和推动经济社会发展的一个鲜明特征，强调要形成绿色发展方式和生活方式，坚定走生产发展、生活富裕、生态良好的文明发展道路，强化约束性指标管理，实行能源和水资源消耗、建设用地等总量和强度双控行动。其他如技术创新、协调发展和开放政策，也都必须以绿色化和低碳化为导向，以保证我国经济社会发展实现绿色低碳和可持续。可以说，新发展理念在本质属性上就是一种绿色发展观，目的就是促进中国在建设工业文明的基础上向生态文明转型和过渡，建设美丽中国。

第四，新发展理念体现了马克思主义发展观关于发展的整体性和平衡性思想。强调经济社会发展的整体性平衡性是马克思主义发展观的重要内容。辩证唯物主义认为，任何事物的运动、变化、发展都不是孤立的、单一的，而是普遍联系、相互影响、相互制约的；整个世界是相互联系的整体，也是相互作用的系统。首先，马克思主义认为，必须使上层建筑与经济基础相适应、生产关系与生产力的发展水平和状况相适应，"两个相适应"是马克思主义关于经济与社会协调发展思想的重要内容。其次，马克思交往理论的一个重要思想就是，建立在生产力大发展基础上的交往扩大化必然导致世界普

---

① 《马克思恩格斯选集》第 3 卷，人民出版社 2012 年版，第 998 页。

② 《马克思恩格斯选集》第 3 卷，人民出版社 2012 年版，第 998 页。

③ 《马克思恩格斯选集》第 3 卷，人民出版社 2012 年版，第 998 页。

遍交往和世界市场的形成，并使世界发展越来越具有趋同性和同步性，各地区、各民族之间的发展差距和不平衡也会随着世界交换的日益扩大而趋于平衡，这就为区域协调发展理论奠定了重要理论基础。再次，马克思协调发展思想的另一个重要内容就是两大部类生产部门（生产资料生产部门和消费资料生产部门）之间按比例平衡发展思想，这是在整个经济领域中生产与消费相协调的思想。这些观点对后来的社会主义发展实践有着重大影响，中国共产党新发展理念中的协调发展就体现和坚持了马克思主义的社会协调发展思想。

经济社会发展与发展环境、人的发展有着密切的联系，经济发展不能忽视社会、环境和人的协调发展。新发展理念提出协调发展，就是认为社会发展是一个整体系统，必须注重发展的整体性和平衡性，不能顾此失彼、厚此薄彼，必须协同发展。"必须牢牢把握中国特色社会主义事业总体布局，正确处理发展中的重大关系，重点促进城乡区域协调发展，促进经济社会协调发展，促进新型工业化、信息化、城镇化、农业现代化同步发展，在增强国家硬实力的同时注重提升国家软实力，不断增强发展整体性。"[①] 这些思想都是马克思主义协调发展思想在中国发展理论和发展实践中的进一步深化。

第五，新发展理念体现了马克思主义关于世界交往理论。马克思关于世界交往的理论是马克思主义发展观的一个重要内容和理论基础。世界交往理论的主要内容是：在生产力普遍发展基础上形成各民族之间的普遍交往，随着交往扩大为世界普遍交往，地方史和民族史变为世界史，世界性的普遍交往使地域性的人变为世界历史性的人，共产主义将在世界普遍交往的基础上成为现实。马克思交往理论指出了人类社会交往发展的基础是生产力和分工的发展，这就决定了社会交往的普遍性是具有客观性的，也是谁也阻断不了的，因为现代生产力的大发展必然摧毁地方和民族的狭隘性与封闭性，形成世界性大市场。这也就决定了在经济全球化背景下，每个国家和地区都要积极开展对外交流与合作，在对外交流合作中才能够取长补短、优势互补，在共同发展中促进各自发展。

----

① 《中共中央关于制定国民经济和社会发展第十三个五年规划的建议》，《人民日报》2015年11月4日。

马克思主义关于世界交往理论是中国共产党坚持对外开放政策和促进更高层次开放发展的理论基础。中国共产党提出开放发展理念，强调要推动双向开放，发展更高层次的开放型经济，积极参与全球经济治理，体现了中国在新的阶段主动顺应世界发展潮流、实施更高层次的对外开放战略的理论自觉和实践创新。

从上述五个方面的分析来看，新发展理念集中体现了马克思主义发展观的一般原理，体现了中国共产党对马克思主义发展理论基本观点、基本立场、基本方法的坚持。

二、新发展理念是对经济社会发展规律的新认知

新发展理念不但是对马克思主义发展观的坚持，还体现了在新的历史条件下对经济社会发展规律的新认知，创造性地发展了马克思主义的发展理论。

第一，新发展理念使发展的含义和理念进一步扩展和深化。在使用范围上，发展最初是适用于经济领域，后来逐步扩展到政治领域、文化领域、社会领域和生态领域。绿色发展强调人与自然的和谐共生，筑牢生态安全屏障，是针对当前我国发展中资源环境生态问题提出的，也是"绿水青山就是金山银山"思想的发展；共享发展理念，是针对社会领域中存在的收入分配不公、贫富差距过大，以及社会保障、住房、教育、卫生等社会民生问题而提出的，这都是一些迫切需要解决的社会发展问题。新发展理念使发展的含义和理念得以进一步扩展和深化。

第二，新发展理念使中国关于发展的含义和理论顺应了世界发展潮流。从最初单纯的经济增长，扩展到经济发展，再到经济社会全面协调发展，到后来强调人的全面发展、人与自然和谐共生，等等，新发展理念关于发展的含义越来越丰富和全面。新发展理念使中国共产党关于发展的含义和理论也实现了与世界发展含义和理论的同步发展，在指导中国实现高质量发展的实践中顺应了世界发展潮流。

第三，在发展目标和价值取向上，新发展理念实现了从"物"到"人"的回归。在发展的目标和价值取向上，中国共产党的发展理论越来越回归到

马克思主义创始人的"人的自由全面发展"学说的本源上。中国共产党对"人的发展"内涵的探索也经历了一个不断丰富和深化的过程。江泽民在庆祝中国共产党成立八十周年大会上的讲话中，从共产主义社会的本质是"每个人的自由而全面发展"立论，从社会主义社会与共产主义社会、人的全面发展与社会的全面发展的关系上，提出了努力促进"人的全面发展"是马克思主义关于建设社会主义新社会的本质要求。[①] 胡锦涛更是从"以人为本"为核心的高度上提出了科学发展观，对人的全面发展问题做了进一步的论述。[②] 习近平在党的十八届五中全会上提出了坚持以人民为中心的发展思想，并且新发展理念中也充分体现了这一思想，从而丰富和发展了人的全面发展思想。

第四，新发展理念在关于发展速度、动力和方式的认识上也实现了转变。党的十七大提出了促进经济增长要实现"三个转变"：由主要依靠投资、出口（"两驾马车"）拉动向依靠消费、投资、出口（"三驾马车"）协调拉动转变，由主要依靠第二产业带动向依靠第一、第二、第三产业协同带动转变，由主要依靠增加物质资源消耗向主要依靠科技进步、劳动者素质提高、管理创新转变。[③] 党的十八大以后，习近平在中国经济发展进入新常态的认识基础上逐步提出了发展速度从高速转为中高速的速度换挡论，"从要素驱动、投资驱动转向创新驱动"[④] 的动力转换论，"发展方式从规模速度型转向质量效益型，经济结构调整要从增量扩能为主转向调整存量做优增量并举的结构方式"[⑤] 的方式转变和结构优化论。这些新的提法都是在原来基础上关于发展速度、动力、结构、方式上的新发展。这也使得中国共产党在关于发展的深层理念上，逐渐摆脱速度纠结、GDP情结，更加注重发展的协调性、

---

① 《江泽民文选》第三卷，人民出版社 2006 年版，第 293—295 页。

② 胡锦涛：《高举中国特色社会主义伟大旗帜 为夺取全面建设小康社会新胜利而奋斗》，《人民日报》2007 年 10 月 15 日。

③ 胡锦涛：《高举中国特色社会主义伟大旗帜 为夺取全面建设小康社会新胜利而奋斗》，《人民日报》2007 年 10 月 15 日。

④ 习近平：《谋求持久发展共筑亚太梦想——在亚太经合组织工商领导人峰会开幕式上的演讲》，《人民日报》2014 年 11 月 10 日。

⑤ 习近平：《关于〈中共中央关于制定国民经济和社会发展第十三个五年规划的建议〉的说明》，《人民日报》2015 年 11 月 4 日。

绿色化、普惠性，更加注重高质量发展。

新发展理念是对新中国成立 70 多年来特别是改革开放 40 多年来中国发展经验的科学总结，是新发展阶段中国共产党关于发展思路、发展方向、发展着力点的集中体现，体现了中国共产党对中国经济社会发展规律的新认知，对破解我国发展难题、增强发展动力、厚植发展优势具有重大指导意义。新发展理念是对马克思主义发展观的坚持和发展，与党在不同阶段的发展理论既一脉相承，又与时俱进，体现了党的发展理论的不断发展与创新。

第二节　新发展理念是引领中国经济社会实现高质量发展的行动指南

"两个一百年"目标中的第一个目标"全面建成小康社会"已经顺利完成，第二个目标"建成社会主义现代化强国家"新征程已经开启，继续发展成为中国实现当前目标和长远目标的唯一选择。新发展理念就是引领中国经济实现高质量的行动指南。

一、我国经济持续健康发展的难度加大

发展始终是硬道理。要实现预定目标，发展速度也不能完全不考虑。新发展阶段保持我国经济实现中高速增长，成为我们党带领人民实现社会主义现代化强国的必要选择。然而，在新发展阶段我国经济保持中高速基础上的持续健康发展难度较大，处于一种内外夹击的境地，要突破很多困难和考验。

首先，从外部环境来看，形势不容乐观。2008 年国际金融危机后，我国的发展外部环境就开始发生巨大变化，欧美国家受危机打击，对外降低需求，对内实施再工业化战略，以增加就业和提振经济。发达国家在金融危机后也纷纷实施"再工业化"战略，重塑制造业竞争新优势，加速推进

和塑造新一轮全球贸易投资新格局；一些新兴周边国家则凭借其低成本优势，承接产业及资本转移，与我国争夺国际市场。我国制造业面临发达国家和其他发展中国家"双向挤压"的严峻挑战。2018年中美贸易争端爆发并不断升级，美国还对中国实施科技封锁，着力打压中国，全方位升级对华战略遏制。2020年新冠肺炎疫情全球大流行推动世界百年未有之大变局加速演进，世界进入动荡变革期，我国发展的外部环境更加严峻，不稳定性不确定性增大。

其次，从国内因素来看，转型升级任务艰巨。中国经济发展进入新常态，发展速度下滑、发展方式粗放、生态环境破坏严重、低端产能过剩严重、经济结构性矛盾凸显、发展动力不足、贫富分化严重、国内需求不足等问题交织。

具体来看，我国经济的技术基础薄弱，经济增长对外依存度很高，国内需求较弱；制造业大而不强，部分行业产能严重过剩；改革进入攻坚期，改革进程缓慢导致体制性弊端累积，改革阻力加大，生产力和社会活力有待进一步释放；随着"刘易斯拐点"的出现，我国劳动年龄人口大量减少，社会老龄化加速，人口红利消失；国有企业和地方政府债务高企，房地产泡沫较大，居民负债率较高，金融业问题较为突出，防范系统性金融风险难度加大。我国经济长期高速发展积累了很多结构性矛盾，粗放式的要素投入驱动和投资出口拉动经济发展方式导致资源匮乏、污染严重而难以为继，创新发展动力不足。国内分配收入差距较大，部分群众生活困难，国内需求特别是居民需求不足。有学者已经提出："在中等收入阶段上，经济增长减速开始的同时，中国面临着一些与中等收入陷阱相关的特征，例如较大的并且未见明显改善的收入差距。"[1]

新发展阶段建设社会主义现代化强国、实现中华民族伟大复兴，中国将面临跨越"中等收入陷阱"的考验，面临转变发展方式和经济结构优化升级的考验，面临社会道德下滑和社会矛盾凸显的考验，面临资源匮乏、环境污染和生态危机的考验。由此可见，我国经济持续健康发展的难度加大。

---

[1]　蔡昉、王美艳：《中国面对的收入差距现实与中等收入陷阱风险》，《中国人民大学学报》2014年第3期。

二、以新发展理念为引领应对发展新挑战

新发展阶段，构建新发展格局，必须在新发展理念引领下实施新的发展战略，破解发展难题，厚植发展优势，应对发展新挑战。新发展理念具有鲜明的问题导向和目标导向，是引领我国经济社会实现高质量发展的行动指南。

第一，从创新发展来看，只有实施创新驱动、建设创新型国家才是实现现代化、成为发达国家的必然途径。从世界发展历史经验来看，依靠要素驱动和低成本劳动力优势，只能突破低收入陷阱、进入中等收入阶段，而不能推动中等收入经济体突破中等收入陷阱、进入高收入经济体；进入高收入经济体的国家，在研发投入强度上都比较高，依靠科技创新推动产业升级，进入创新型国家行列。所以，发达国家完成工业化、现代化，必须依靠创新推动，依靠先进的科学和发达的技术为支撑，产业结构才能从低端走向中高端；而那些依赖低成本大规模低附加值的要素投入的经济体只能陷入粗放发展的恶性循环，陷入"中等收入陷阱"的泥潭无法自拔。因此，中国要继续走完工业化、实现现代化，进入发达国家行列，只能依靠创新驱动，成为真正的创新型国家，才有可能成为和有资格称为"发达国家"，才能真正实现了中华民族的伟大复兴。

第二，从协调发展来看，抓薄弱环节和补齐短板，才能够实现发展全局的平衡性和持续性，进一步拓宽发展空间，增强发展后劲。"我国发展不协调是一个长期存在的问题，突出表现在区域、城乡、经济和社会、物质文明和精神文明、经济建设和国防建设等关系上。"[①]"木桶效应"比较明显，一系列社会矛盾不断加深。协调是持续健康发展的内在要求，必须补齐短板，才能破解难题。必须牢牢把握中国特色社会主义事业总体布局，正确处理发展中的各种重大关系，不断增强发展的整体性和协调性，使经济社会持续健康发展。

第三，从绿色发展来看，坚持和实现绿色发展，才能够解决人与自然、

---

① 习近平：《在党的十八届五中全会第二次全体会议上的讲话（节选）》，《求是》2016年第1期。

经济发展与环境保护、当前发展与长远发展之间的矛盾，才会使发展更加具有可持续性。如果不惜以资源枯竭、环境污染、生态破坏为代价，即便是使GDP和人均收入都达到了世界第一，然而失去了生存环境，一切的经济增长和发展成果都没有了任何意义。所以，从中华民族的生存和中华子孙的绵延生息来看，必须在继续实现和完成新型工业化的同时走向发展的绿色化、生态化，才是发展的根本出路。历史上公认的已经实现工业化、现代化的西方七国，正在从工业文明走向生态文明，开启了人类生态文明的新时代，绿色发展和建设生态文明是人类社会发展的未来趋势。中国必须顺应人类社会发展的时代趋势，在实现工业化的同时实现绿色发展、走向生态文明。坚持和实现科技创新驱动下的绿色发展，才能够实现我国的可持续发展和中华民族的伟大复兴。

第四，从开放发展来看，开放发展是中国进一步繁荣发展的基础。中国四十多年的快速发展，得益于对外开放政策的实施，中国进入了国际分工体系，利用了国外资本、技术和国际市场发展本国经济。从世界发展历史来看，每一个完成工业化、实现现代化的发达国家或者跨过"中等收入陷阱"进入高收入经济体的国家，都充分利用了国际市场和外部资源，并最终在国际分工中占据产业链和价值链的高端位置。在世界经济一体化背景下，中国继续发展已经不可能仅仅依靠国内市场和资源，必须充分利用国内国际两个市场、两种资源，发展更高层次的开放型经济，促进内外联动，实施更加开放的对外政策，才能够促进中国实现从发展中国家走向发达国家的目标。

第五，从共享发展来看，实现中华民族的伟大复兴，完成我国的社会主义现代化建设目标，必须共建共享、走共同富裕道路。社会贫富差距过大不可能为经济社会发展提供持续的动力，也根本不可能跨越"中等收入陷阱"，更不用说实现现代化。陷入"中等收入陷阱"的拉美国家和东南亚国家，基尼系数都比较高。比如拉美国家在20世纪70年代的基尼系数高达0.44—0.66，巴西到90年代末仍高达0.64，一些国家还由于贫富悬殊，社会严重分化，引发激烈的社会动荡，甚至政权更迭，对经济发展造成严重影响。[1]发达国家基本上都已经形成了"橄榄形"的收入分配结构和社会结构，中等

---

① 牛文元主编：《中国科学发展报告2011》，科学出版社2011年版，第104页。

收入群体和中产阶级居于社会大多数，社会稳定。纵观现代化的历史和现实，还没有一个发达国家是在贫富两极分化的基础上实现的，中国自然也概莫能外。所以，中国要想实现社会主义现代化，就必须实现共同富裕。

综上所述，坚持和实施"创新、协调、绿色、开放、共享"新发展理念，既是进一步发展的手段，也是发展的目标，更是实现现代化、成为发达国家的判断标准和尺度。新发展理念是我国新发展阶段发展思路、发展方向、发展着力点的集中体现，完整、准确、全面贯彻新发展理念是推动我国实现更高质量、更有效率、更加公平、更可持续发展的必由之路，是指引我国全面建成社会主义现代化强国的行动指南。

主要参考文献

经典文献

《马克思恩格斯选集》第1—4卷，人民出版社2012年版。

《资本论》第1—3卷，人民出版社2004年版。

《马克思恩格斯文集》第1卷，人民出版社2009年版。

马克思：《1844年经济学哲学手稿》，人民出版社2000年版。

《列宁选集》第3、4卷，人民出版社2012年版。

《列宁全集》第37、38、40卷，人民出版社1986年版。

《斯大林选集》（下），人民出版社1979年版。

《毛泽东选集》第一至四卷，人民出版社1991年第2版。

《毛泽东文集》第五卷，人民出版社1996年版。

《毛泽东文集》第七卷，人民出版社1999年版。

《邓小平文选》第二、三卷，人民出版社1994年版。

《江泽民文选》第一、三卷，人民出版社2006年版。

江泽民：《论"三个代表"》，中央文献出版社2001年版。

《习近平谈治国理政》（第一至三卷），外文出版社2014、2017、2020年版。

中文图书文献

中共中央文献研究室编：《邓小平年谱（1904—1974）》下卷，中央文献出版社2004年版。

中共中央宣传部编：《习近平总书记系列重要讲话读本（2016年版）》，学习出版社、人民出版社2016年版。

中共中央宣传部编：《习近平新时代中国特色社会主义思想学习纲要》，学习出版社、人民出版社 2019 年版。

国家环境保护部等编：《中国生物多样性保护战略与行动计划》（2011—2030 年），中国环境科学出版社 2011 年版。

国家统计局、科学技术部编：《中国科技统计年鉴 2013》，中国统计出版社 2013 年版。

国家统计局编：《中国统计年鉴数据 2020》，中国统计出版社 2020 年版。

世界银行：《1992 年世界发展报告》，中国财政经济出版社 1992 年版。

中共中央党校哲学教研部编著：《新发展理念》，中央党校出版社 2016 年版。

陈宇学：《创新驱动发展战略》，新华出版社 2014 年版。

盖军主编：《新编中共党史简明教程》，中共中央党校出版社 2003 年版。

高放、李景治、蒲国良主编：《科学社会主义的理论与实践》，中国人民大学出版社 2008 年版。

葛正鹏主编：《西方经济史论》，北京理工大学出版社 2008 年版。

韩树英主编：《马克思主义哲学纲要》（修订本），人民出版社 2004 年版。

郎咸平：《郎咸平说：中国经济的旧制度与新常态》，东方出版社 2014 年版。

罗正楷主编：《中国共产党大典》上篇，红旗出版社 1996 年版。

牛文元主编：《中国科学发展报告 2011》，科学出版社 2011 年版。

庞元正、苏振兴、丁冬红主编：《当代西方社会发展理论新词典》，吉林人民出版社 2001 年版。

魏后凯等著：《中国区域协调发展研究》，中国社会科学出版社 2012 年版。

魏后凯主编：《走中国特色的新型城镇化道路》，社会科学文献出版社 2014 年版。

吴敬琏、厉以宁、林毅夫主编：《小趋势 2015：读懂新常态》，中信出版社 2015 年版。

萧贵毓、张海燕主编：《社会主义思想史纲》，中共中央党校出版社 1998 年版。

颜晓峰、谈万强主编：《发展观的历史进程》，人民出版社 2007 年版。

于今主编、本书编写组编著：《统筹区域协调发展：领导干部读本》，党建出版社 2004 年版。

译文图书文献

［印］阿马蒂亚·森：《以自由看待发展》，任赜、于真译，中国人民大学出版社 2002 年版。

［美］彼特·德鲁克：《创新与企业家精神》，蔡文燕译，机械工业出版社 2013 年版。

［英］E.F.舒马赫：《小的是美好的》，虞鸿钧、郑关林译，商务印书馆 1984 年版。

［法］弗朗索瓦·佩鲁：《新发展观》，张宁、丰子义译，华夏出版社1987年版。

［美］迈克尔·P.托达罗、斯蒂芬·C.史密斯：《发展经济学》，余向华、陈雪娟译，机械工业出版社2009年版。

世界环境与发展委员会：《我们共同的未来》，王之佳、柯金良译，吉林人民出版社1997年版。

［美］约瑟夫·熊彼特：《经济发展理论》，何畏等译，商务印书馆1990年版。

期刊文献

毛泽东：《关于正确处理人民内部矛盾的问题》，《人民日报》1957年6月19日。

江泽民：《全面建设小康社会开创中国特色社会主义事业新局面》，《人民日报》2002年11月18日。

胡锦涛：《坚持走中国特色自主创新道路为建设创新型国家而努力奋斗》，《求是》2006年第2期。

胡锦涛：《高举中国特色社会主义伟大旗帜　为夺取全面建设小康社会新胜利而奋斗》，《人民日报》2007年10月15日。

胡锦涛：《坚定不移沿着中国特色社会主义道路前进为全面建成小康社会而奋斗》，《人民日报》2012年11月9日。

习近平：《在中国科学院第十七次院士大会、中国工程院第十二次院士大会上的讲话》，《人民日报》2014年6月10日。

习近平：《谋求持久发展共筑亚太梦想——在亚太经合组织工商领导人峰会开幕式上的演讲》，《人民日报》2014年11月10日。

习近平：《关于〈中共中央关于制定国民经济和社会发展第十三个五年规划的建议〉的说明》，《人民日报》2015年11月4日。

习近平：《在党的十八届五中全会第二次全体会议上的讲话（节选）》，《求是》2016年第1期。

习近平：《在省部级主要领导干部学习贯彻党的十八届五中全会精神专题研讨班上的讲话》，《人民日报》2016年5月10日。

习近平：《为建设世界科技强国而奋斗》，《人民日报》2016年6月1日。

习近平：《决胜全面建成小康社会　夺取新时代中国特色社会主义伟大胜利》，《人民日报》2017年10月19日。

习近平：《在中国科学院第十九次院士大会、中国工程院第十四次院士大会上的讲话》，《人民日报》2018年5月29日。

习近平：《在庆祝改革开放40周年大会上的讲话》，《人民日报》2018年12月19日。

习近平：《在统筹推进新冠肺炎疫情防控和经济社会发展工作部署会议上的讲话》，《人民日报》2020 年 2 月 24 日。

习近平：《在经济社会领域专家座谈会上的讲话》，《人民日报》2020 年 8 月 25 日。

习近平：《在深圳经济特区建立 40 周年庆祝大会上的讲话》，《人民日报》2020 年 10 月 15 日。

习近平：《国家中长期经济社会发展战略若干重大问题》，《求是》2020 年第 21 期。

习近平：《让多边主义的火炬照亮人类前行之路——在世界经济论坛"达沃斯议程"对话会上的特别致辞》，《人民日报》2021 年 1 月 26 日。

习近平：《完整准确全面贯彻新发展理念》，《新华每日电讯》2021 年 1 月 30 日。

赵紫阳：《当前的经济形势和今后经济建设的方针》，《人民日报》1981 年 12 月 14 日。

温家宝：《政府工作报告》（2009 年），《人民日报》2009 年 3 月 15 日。

温家宝：《政府工作报告》（2010 年），《人民日报》2010 年 3 月 16 日。

温家宝：《讲真话察实情——同国务院参事和中央文史研究馆馆员座谈时的讲话》，《人民日报》2011 年 4 月 18 日。

李克强：《政府工作报告》（2014 年），《人民日报》2014 年 3 月 15 日。

李克强：《政府工作报告》（2015 年），《人民日报》2015 年 3 月 17 日。

李克强：《政府工作报告》（2016 年），《人民日报》2016 年 3 月 18 日。

李克强：《政府工作报告》（2020 年），《人民日报》2020 年 5 月 30 日。

《中共中央关于深化文化体制改革推动社会主义文化大发展大繁荣若干重大问题的决定》，《人民日报》2011 年 10 月 26 日。

《中共中央关于全面深化改革若干重大问题的决定》，《人民日报》2013 年 11 月 16 日。

《中共中央关于制定国民经济和社会发展第十三个五年规划的建议》，《人民日报》2015 年 11 月 4 日。

《中共中央关于制定国民经济和社会发展第十四个五年规划和二〇三五年远景目标的建议》，《人民日报》2020 年 11 月 4 日。

中共中央、国务院：《中国教育改革和发展纲要》，《中国高等教育》1993 年第 4 期。

中共中央、国务院：《国家新型城镇化规划（2014—2020 年)》，《农村工作通讯》2014 年第 6 期。

《中共中央国务院关于深化体制机制改革加快实施创新驱动发展战略的若干意见》，《人民日报》2015 年 3 月 24 日。

《中共中央国务院关于构建开放型经济新体制的若干意见》，《人民日报》2015 年 9 月 18 日。

中共中央、国务院：《国家创新驱动发展战略纲要》，《光明日报》2016 年 5 月 20 日。

《中共中央国务院关于深化教育教学改革全面提高义务教育质量的意见》，《人民日报》2019 年 7 月 9 日。

《中共中央国务院关于构建更加完善的要素市场化配置体制机制的意见》,《中华人民共和国国务院公报》2020 年第 11 期。

《中共中央国务院关于新时代加快完善社会主义市场经济体制的意见》,《中华人民共和国国务院公报》2020 年第 15 期。

中华人民共和国国务院新闻办公室:《中国的能源政策白皮书(2012)》,《人民日报》2012 年 10 月 25 日。

国家环境保护部、国土资源部:《全国土壤污染状况调查公报》,《中国环保产业》2014 年第 5 期。

国家环境保护部:《2015 中国环境状况公报》,2016 年 6 月 1 日,国家生态环境部网站。

国家商务部、国家统计局、国家外汇管理局:《2015 年度中国对外直接投资统计公报》,中国统计出版社 2016 年版。

国家商务部、国家统计局、国家外汇管理局:《2019 年度中国对外直接投资统计公报》,中国商务出版社 2020 年版。

国家生态环境部:《2017 中国生态环境状况公报》,2018 年 5 月 31 日,国家生态环境部网站。

国家生态环境部:《2019 中国生态环境状况公报》,2020 年 6 月 2 日,国家生态环境部网站。

国家统计局:《中华人民共和国 2009 年国民经济和社会发展统计公报》,《人民日报》2010 年 2 月 25 日。

国家统计局:《中华人民共和国 2015 年国民经济和社会发展统计公报》,《人民日报》2016 年 3 月 1 日。

国家统计局:《中华人民共和国 2016 年国民经济和社会发展统计公报》,《人民日报》2017 年 3 月 1 日。

国家统计局:《中华人民共和国 2019 年国民经济和社会发展统计公报》,《人民日报》2020 年 2 月 29 日。

国家统计局:《2019 年农民工监测调查报告》,《建筑》2020 年第 11 期。

国家行政学院宏观经济课题组:《国际金融危机对中国经济的影响及对策研究》,《经济研究参考》2009 年第 13 期。

刘云山:《深入学习贯彻党的十八届五中全会精神牢固树立和自觉践行新发展理念》,《学习时报》2015 年 11 月 16 日。

刘鹤:《加快构建以国内大循环为主体、国内国际双循环相互促进的新发展格局》,《人民日报》2020 年 11 月 25 日。

王作安:《宗教工作关键在"导"——学习习近平总书记在全国宗教工作会议上的讲

话精神》，《学习时报》2016 年 8 月 8 日。

徐绍史：《国务院关于生态补偿机制建设工作情况的报告》，《中华人民共和国全国人民代表大会常务委员会公报》2013 年第 3 期。

人民日报评论员：《经济形势闪耀新亮点——新常态下的中国经济（上）》，《人民日报》2014 年 8 月 5 日。

人民日报评论员：《经济运行呈现新特征——新常态下的中国经济（中）》，《人民日报》2014 年 8 月 6 日。

人民日报评论员：《经济发展迈入新阶段——新常态下的中国经济（下）》，《人民日报》2014 年 8 月 7 日。

人民日报评论部：《办好中国的事情，关键在党》，《人民日报》2019 年 7 月 17 日。

解放军报评论员：《推动经济建设和国防建设融合发展》，《解放军报》2015 年 11 月 4 日。

南方日报评论员：《经济发展任何时候都不能脱实向虚》，《南方日报》2018 年 11 月 2 日。

蔡昉、王美艳：《中国面对的收入差距现实与中等收入陷阱风险》，《中国人民大学学报》2014 年第 3 期。

陈漓高、齐俊妍、韦军亮：《第五轮世界经济长波进入衰退期的趋势、原因和特点分析》，《世界经济研究》2009 年第 5 期。

成龙：《中国制度是中国发展的根本保障》，《人民日报》2017 年 9 月 7 日。

邓海建：《"垃圾围城"，城伤几许》，《湖南日报》2013 年 7 月 20 日。

范建军：《我国储蓄率偏高的原因分析》，《中国经济时报》2014 年 3 月 21 日。

冯飞、王晓明、王金照：《对我国工业化发展阶段的判断》，《中国发展观察》2012 年第 8 期。

高晨：《中国家庭基尼系数达 0.61 高于全球平均水平》，《京华时报》2012 年 12 月 10 日。

金芳：《金融危机后的世界经济格局变化及其对美国经济的影响》，《世界经济研究》2010 年第 10 期。

何平、刘思扬、赵承、徐扬：《事关全局的决胜之战——新常态下"新东北现象"调查》，《人民日报》2015 年 2 月 16 日。

黄群慧：《"双循环"新发展格局：深刻内涵、时代背景与形成建议》，《北京工业大学学报（社会科学版）》2021 年第 1 期。

黄益平：《适应经济增长的"新常态"》，《21 世纪经济报道》2012 年 11 月 5 日。

加润国：《全球信教人口有多少》，《中国民族报》2015 年 5 月 26 日。

李步前：《内需挖潜是形成新发展格局的关键》，《经济日报》2020 年 9 月 16 日。

李昌平：《当前农业农村发展的主要问题和路线政策选择》，《经济导刊》2014 年第

12 期。

李林：《21 世纪中国人口发展与现代化道路》，中国人口出版社 2007 年版。

李薇薇：《科技部：创新型国家具备四大共同特征》，《光明日报》2006 年 2 月 5 日。

李晓华：《中国工业化的阶段特征与发展任务》，《中国经贸导刊》2015 年第 4 期。

李扬、张晓晶：《"新常态"：经济发展的逻辑与前景》，《经济研究》2015 年第 5 期。

李扬：《中国经济新常态与改革创新》，《中国人大》2016 年第 1 期。

李增刚：《以制度创新打通经济循环中的"堵点"》，《国家治理》2020 年第 31 期。

李振宇、黄格省、黄晟：《推动我国能源消费革命的途径分析》，《化工进展》2016 年第 1 期。

李佐军：《中国进入"中等收入转型升级陷阱"敏感期》，《中国经济时报》2014 年 5 月 30 日。

刘火雄：《人祸酿成史上最大核泄漏事故"死亡之城"切尔诺贝利 25 年祭》，《文史参考》2011 年第 8 期。

刘璐璐：《专家：我国核心关键技术对外依存度高达 50%》，《经济参考报》2015 年 12 月 22 日。

刘胜军：《通往"新常态"之路》，《中国经济报告》2015 年第 1 期。

刘志彪：《把握现代化经济体系的内涵和重点》，《人民日报》2018 年 6 月 24 日。

鹿心社：《以高水平对外开放打造发展新优势》，《人民日报》2020 年 10 月 19 日。

乔瑞庆：《坚持金融服务实体经济助力高质量发展》，《经济日报》2019 年 10 月 21 日。

邵锦华：《论中国特色"军民融合"式发展路子的科学性——从国防建设与经济建设关系的角度分析》，《黑河学刊》2010 年第 5 期。

佘颖：《2019 年教育投入首次突破 5 万亿元》，《经济日报》2020 年 6 月 13 日。

苏振锋：《论现代发展观的演进与科学发展观的内涵》，《西北大学学报（哲学社会科学版）》2009 年第 2 期。

唐巍、王晓霞：《坚持在发展中保障和改善民生》，《经济日报》2018 年 1 月 25 日。

王冬梅：《中国 90% 左右的草原存在不同程度退化、沙化》，《工人日报》2015 年 8 月 7 日。

王希：《中国 2013 年成为世界第一货物贸易大国》，《新华每日电讯》2014 年 3 月 2 日。

王一鸣：《百年大变局、高质量发展与构建新发展格局》，《管理世界》2020 年第 12 期。

武卫政、赵永新等：《提升科技创新能力》，《人民日报》2019 年 2 月 18 日。

肖露露：《新形势下中国对外贸易结构与依存度变化趋势》，《人民论坛》2015 年第 36 期。

邢丹、任红禧：《"规矩意识"缺失的典型特征》，《党的生活》2015 年第 4 期。

许宪春：《我国经济面临着五大结构性问题》，《光明日报》2015 年 7 月 16 日。

鄂来雄：《谨防输入型通胀带来"叠峰效应"》，《中国信息报（网络版）》2008 年 8 月 4 日。

杨圣明：《美国金融危机的由来与根源》，《人民日报》2008 年 11 月 21 日。

杨晓龙、葛飞秀：《中国需求结构失衡：现状、度量及调整》，《新疆财经》2012 年第 4 期。

杨宇、刘毅、齐元静：《基于不同区域尺度的中国经济发展阶段判断》，《经济问题探索》2012 年第 12 期。

易兰、赵万里、杨历：《大气污染与气候变化协同治理机制创新》，《科研管理》2020 年第 10 期。

佚名：《传统发展观面临挑战》，《当代世界社会主义问题》1994 年第 4 期。

佚名：《发展观的历史沿革和发展国际上的几种发展观》，《求是》2004 年第 5 期。

袁于飞：《"垃圾围城"怎么破》，《光明日报》2016 年 1 月 4 日。

翟金良：《中国农业科技成果转化的特点、存在的问题与发展对策》，《中国科学院院刊》2015 年第 3 期。

翟烜：《我国将减化肥农药用量》，《京华时报》2015 年 4 月 15 日。

张铎、鞠鹏：《深化改革发挥优势创新思路统筹兼顾确保经济持续健康发展社会和谐稳定》，《人民日报》2014 年 5 月 11 日。

张钦辉、吉昱华：《国际金融危机对世界及中国经济的影响》，《特区经济》2011 年第 8 期。

郑功成：《共享：国家发展理念的突破与升华》，《人民论坛》2015 年第 S2 期。

郑建红、徐少华：《当前全球金融危机对中国实体经济的影响及应对措施》，《金融与经济》2009 年第 2 期。

中国经济增长与宏观稳定课题组：《全球失衡、金融危机与中国经济的复苏》，《经济研究》2009 年第 5 期。

周靖祥：《中国区域城镇化差异及成因解释》，《数量经济技术经济研究》2015 年第 6 期。

周绍朋：《强国之路：建设现代化经济体系》，《国家行政学院学报》2018 年第 5 期。

外文文献

Christine Lagarde, The Challenge Facing the Global Economy: New Momentum to Overcome a New Mediocre, October 2, 2014, 见 http://www.imf.org/external/np/speeches/2014/100214.htm.

Christine Lagarde, Lift Growth Today, Tomorrow, Together, April 9, 2015, 见 http://www.imf.org/external/np/speeches/2015/040915.htm.

Mohamed A. El-Erian, "Navigating the New Normal in Industrial Countries", Per Jacobsson Foundation Lecture, October 10, 2010, 见 http://www.imf.org/external/np/speeches/2010/101010.htm.

Romer, P.M., The Origins of Endogenous Growth, Journal of Economic Perspectives, Vol.8(1), 3-22, 1994.

责任编辑：余　平
封面设计：徐　晖
责任校对：白　玥

图书在版编目（CIP）数据

新发展理念的理论逻辑与实践研究／刘宗涛　著．——
　北京：人民出版社，2021.10
ISBN 978－7－01－023800－5

I.①新…　II.①刘…　III.①中国经济－经济发展－研究
　IV.①F124

中国版本图书馆CIP数据核字（2021）第195116号

新发展理念的理论逻辑与实践研究

XIN FAZHAN LINIAN DE LILUN LUOJI YU SHIJIAN YANJIU

刘宗涛　著

人民出版社 出版发行

（100706　北京市东城区隆福寺街99号）

北京汇林印务有限公司印刷　新华书店经销

2021年10月第1版　2021年10月北京第1次印刷
开本：710毫米×1000毫米 1/16　印张：13.25
字数：210千字

ISBN 978－7－01－023800－5　定价：48.00元

邮购地址 100706　北京市东城区隆福寺街99号
人民东方图书销售中心　电话（010）65250042　65289539